Lindemann · »Schule muss schmecken!«

Florian Lindemann

»Schule muss schmecken!«

Ermutigende Erfahrungen junger Roma im deutschen Bildungswesen

Beltz Verlag · Weinheim und Basel

Florian Lindemann, Jg. 1953, ist Publizist, seit 2003 Geschäftsführer beim Deutschen Kinderschutzbund Bezirksverband Frankfurt am Main e.V.

Lektorat: Peter E. Kalb

www.beltz.de
Herstellung: Lore Amann
Satz: Druckhaus »Thomas Müntzer«, Bad Langensalza
Druck: Druckpartner Rübelmann, Hemsbach
Printed in Germany

ISBN 3-407-32062-0

Inhaltsverzeichnis

Vorwort

»Roma« und »Schule« sind zwei Begriffe, die schlecht zueinander zu passen scheinen. Wenn Lehrer davon sprechen, dass sie Roma-Kinder unterrichten, dann wird man in der Regel klagende Stimmen und zum Beispiel folgende Sätze hören: »Sie kommen unregelmäßig und wenn, stören sie. Sie lassen sich auf Schule nicht ein. Von den Eltern ist keine Unterstützung zu erwarten. Sie fördern zu wollen, ist vergebliche Liebesmühe.« Auch von den Roma sind meist keine freundlicheren Worte über die Schule zu vernehmen. »Schule, das passt einfach nicht zu unseren Kindern«, sagte mir einmal ein Vater, um mich vor weiteren Enttäuschungen zu bewahren. Wenn man nach den Wurzeln solcher Einstellungen suchen will, muss man bis zur Kaiserin Maria Theresia zurückgehen. Sie war die erste einer langen Kette von Herrschern und Regierungen, die es sich zum Ziel setzten, die Zigeuner zwangsweise zu assimilieren und dafür auch die Schule zu nutzen versuchten. In ihren Regulationen von 1761 verbot sie den »Zigeunern« ihre Sprache, das Romanes, zu sprechen. Sie förderte Mischehen, befahl, ihnen die Kinder wegzunehmen, diese z.B. bei ungarischen Bauernfamilien aufziehen zu lassen und führte die Schulpflicht für sie ein. Die Schule wurde als Mittel verstanden, den Roma die eigene Kultur und Sprache zu nehmen und die Kinder ihren Eltern zu entfremden oder, um es in der Sprache der markgräflich-badischen Verwaltung von 1782 auszudrücken, ihnen die »unerlaubte Lebensart« auszutreiben.

Gewiss, das ist lang her. Und man sollte annehmen, dass nach einer langen Verfolgungsgeschichte in Europa und nach dem Versuch des nationalsozialistischen Deutschlands sie sogar physisch zu vernichten, solche Ziele der Zwangsassimilierung zumindest nicht mehr öffentlich vertreten würden. Das ist leider aber nicht der Fall. Im Jahre 2004 sagte der Botschafter der EU-Kommission in der Slowakei: »Es mag etwas schlicht klingen, aber die Wurzel des Problems ist, denke ich, dass wir die Bildung der Roma stärken und dass wir das Bildungssystem entsprechend reorganisieren müssen. Wir müssen damit beginnen, die Roma-Kinder zu zwingen, von Montagmorgen bis Freitagabend ein Internat zu besuchen, wo sie dem Wertesystem unterworfen werden, das unsere Gesellschaft bestimmt. Nun leben wir hier in einer Demokratie, daher denke ich nicht, dass wir sie dazu zwingen können, aber man könnte versuchen, es auf etwas sanfterem Weg durch finanzielle Anreize zu erreichen. Man könnte sich vorstellen, dass man den Familien Geld gibt, um sie dazu zu veranlassen, ihre Kinder in die Schule zu schicken. Die Generation, die dann gebildet und erzogen sein wird, wird besser in die herrschende Gesellschaft passen und besser im Stande sein, produktiv zum Wirtschaftswachstum beizutragen.« Dieses Interview verbreitete sich wie ein Lauffeuer bei den Roma-Organisationen und bestätigte und bekräftigte die ahnungsvollen Ängste und die durch Jahrhunderte gelernte misstrauische Abwehr gegen Schule. In einem hat der Botschafter Recht: Bildung der Roma ist ein wichtiges gesellschaftspolitisches Ziel für die Roma. Dies sehen die Regierungen der osteuropäischen Staaten so, die auf Anregung der Weltbank zusammengekommen sind, um über die Förderung von Roma in den kommenden zehn Jahren nachzudenken. Und so sieht es der Europarat. Und viele Roma-Organisationen. Die Frage ist nur, wie die Bildung der Roma wirkungsvoll gefördert werden kann? Was ist zu tun, damit die Distanz zwischen Roma und Schule sich verringert?

Die besten Antworten auf solche Fragen sind die, die man in der Praxis findet. Im Gegensatz zu oft gehörten Vorurteilen gibt es in vielen Orten Europas durchaus gute Praxis, von der man ausgehen kann. Auch in Deutschland. Florian Lindemann hat im Auftrag der Freudenberg Stiftung, der Lindenstiftung für vorschulische Erziehung, der Heinrich Stoess- und Gerda Koepff Stiftung Initiativen und Bildungsprojekte beschrieben, von denen zu lernen ist, wie sinnvolle Bildungsförderung von Roma aussehen kann. Zu lernen ist zum Beispiel. dass Roma solche Projekte selbst in die Hand nehmen müssen, dass man sich nicht eng auf Lernstoffe konzentrieren kann, sondern die Lebensverhältnisse (und oft auch: rechtliche Situation) einbeziehen sollte und vor allem: dass das Gelingen oft von der Kreativität, dem Humor und anderen persönlichen Eigenschaften einzelner Menschen abhängt. Dort, wo die Subsysteme der Bildung keinen guten Ruf haben, braucht es Menschen, die durch ihr Vorbild zeigen, dass Lernen und Lehren wichtige und positive Dimensionen des Lebens sind. Florian Lindemann zeigt uns einige in diesem Buch. Zum Teil wurden und werden diese Projekte von den genannten Stiftungen unterstützt.

Christian Petry

Einleitung

»Was uns alle verbindet, ist die Diskriminierung.«

Schule in Deutschland ist für Sinti- und Roma-Kinder immer die Schule der anderen. Begriffe wie »Bildungskarriere«, »individueller Lernerfolg«, »Schulverwaltung« sind für ein Volk nicht nachvollziehbar, dessen zentrale Bildungsinstanz die Familie ist. Eine Aufteilung der elterlichen Erziehungskompetenz in einen »privaten«, familiären Bereich und in einen institutionellen Sektor unter staatlicher Aufsicht ist für Sinti und Roma unverständlich und nicht akzeptabel, solange die Schule nicht in der Lage ist, auch nur in Ansätzen dem Reichtum der Roma-Kultur gerecht zu werden und ihren Kindern zu signalisieren, dass auch sie willkommen seien.

Vielmehr war (und ist) es hierzulande üblich, die vielfältig und fein verzweigten Roma-Völker[1] über den Kamm des Sammelbegriffs »Zigeuner« zu scheren. Nach dem Völkermord im Dritten Reich, dem im Herrschaftsbereich der Nationalsozialisten (nach Schätzungen) 500.000 Sinti und Roma zum Opfer fielen, hat es sich in Deutschland herumgesprochen, dass der Begriff »Zigeuner« irgendwie unfein und deshalb durch »Sinti und Roma« zu ersetzen sei. Doch der Etikettenwechsel hat bis heute kaum nachweisbare Auswirkungen auf das »Zigeunerbild« im Kopf der Mehrheit. Wer nachfragt, was denn »Sinti und Roma« seien, erfährt: Das sind Zigeuner. Dementsprechend unterscheidet sich bis heute ihre Teilhabe am kulturellen und materiellen Reichtum der Mehrheitsgesellschaft, zumal an den Bildungsressourcen.

In den 1980er Jahren wurde mit zunehmender Erforschung der fortgesetzten Diskriminierung und Ausgrenzung der Roma und Sinti der Begriff des *Antiziganismus* geprägt, der sowohl die von Politik und (Mehrheits-)Gesellschaft gegen Roma und Sinti gerichteten rassistischen Programme als auch die Ressentiments und Klischees, sprich »Zigeunerbilder« in der Literatur, Musik und Sprache umfasst.[2]

1 Die Forschung unterscheidet bis zu 60 unterschiedliche Stämme.

2 »Mit diesem Begriff (...) werden spezifische Vorurteile gegen die Minderheit der Sinti und Roma bezeichnet, die weitaus massiver, langlebiger und ausgrenzender sind als die gegen andere nationale, ethnische und religiöse Minderheiten. Es handelt sich dabei nicht einfach um eine beliebige Form der Vorbehalte gegenüber Fremden, sondern um ein neben dem Antisemitismus zweites Grundmuster der Xoenophobie. Mit Antiziganismus bezeichnet man sowohl die Gegnerschaft gegenüber Sinti und Roma im Rahmen politischer Bewegungen mit nationalistischen und rassistischen Programmen als auch die Gesamtheit der Bilder und Mythen vom ›Zigeuner‹, die gängigen Klischees, die Bestandteil des kulturellen Erbes in Literatur, Musik usw. geworden sind. (...) Umfragen von Meinungsforschungsinstituten belegen bis heute einen erheblichen Anteil von Hass und Vorurteilen bei der Mehrheitsbevölkerung gegenüber Sinti/Roma. Nach einer EMNID-Umfrage 1994 bekannten sich 68 Prozent der Befragten offen zu ihren Vorurteilen gegenüber ›Zigeunern‹.« (Hessisches Landesinstitut für Pädagogik, HeLP, Wiesbaden 1998)

Die Erkenntnis, dass die Teilhabe an den Bildungsangeboten einer Gesellschaft nachhaltige Bedeutung für die Lebenschancen der Menschen hat, führte schließlich im Mai 1989 zu der Entschließung des Rates und der im Rat vereinigten Minister für das Bildungswesen der Europäischen Gemeinschaft, heute Europäische Union, mit dem Ziel, die schulische und schulbegleitende Betreuung der Kinder von Sinti- und Roma-Familien und Fahrenden zu verbessern.

Mit dieser Entschließung wurde deutlich, dass die Benachteiligung der Roma und Sinti auf dem Bildungssektor keine nationale Besonderheit, sondern in ganz Europa verbreitet, wenn nicht gar selbstverständlich ist. So ähneln sich die Bildungs»karrieren« der Roma-Kinder in ganz Europa. Um es mit den Worten des Düsseldorfer Sozialpädagogen Sami Dzemailovski zu sagen: »Was uns alle verbindet, ist die Diskriminierung.«

Immerhin lassen sich heute in vielen europäischen Ländern Ansätze nachweisen, auch die Kinder der Sinti und Roma auf ganz unterschiedlichen Bildungswegen adäquat zu begleiten. Denn, wie ein Hamburger Roma-Lehrer[3] treffend formulierte – »Schule muss schmecken!« – Sonst ist es kein Wunder, dass die Kinder sich nicht dafür interessieren.

Angesichts der europäischen Dimension der Schulschwierigkeiten von Sinti- und Roma-Kindern erscheint ein Buch, das sich ausschließlich *deutschen* Beispielen der Problembewältigung widmet, als nicht zeitgemäß. Andererseits sind die hier vorgestellten Erfahrungen so unterschiedlich und – wie Gespräche mit europäischen Nachbarn gezeigt haben – in der Beschreibung der Symptomatik und erfolgreicher Maßnahmen durchaus mit Modellen in anderen europäischen Ländern vergleichbar, dass sich die isolierte Betrachtung von »best practice made in germany« durchaus lohnt.

Die paneuropäische Erörterung der strukturellen und programmatischen Benachteiligung der jungen Sinti und Roma, die konsequente Blockade ihrer Bildungsinteressen entwickelt sich etwa seit 1985 und gewinnt kontinuierlich an Intensität und inzwischen auch an Bedeutung. Heute stehen vor allem zwei Aspekte im Vordergrund:

- die Feststellung und Dokumentation ungerechter Chancenverteilung und ihrer unterschiedlichen Begründungen;
- die Entwicklung von Modellen zur Überwindung der vorherrschenden Zustände.

Opré Roma (Die Kinder des Windes), eine 1999 gegründete belgische Organisation zur Förderung von Roma-Kindern und ihrer Familien, malt ein düsteres Bild der Situation in Belgien, wo Roma keinerlei staatliche Unterstützung zu erwarten haben, da Minderheiten politisch keine Rolle spielen. Der Verein konzentriert sich darauf, ehrenamtliche Begleiter zu schulen, damit sie den Kindern »einen Weg zur Bildung bahnen«. Die Initiatoren sind überzeugt, dass die Entmündigung der Roma nur von

3 Stefan Glowacki.

diesen selber überwunden werden könne. Zur Unterstützung entwickelt *Opré Roma* Programme zur Stärkung des Selbstvertrauens und zur Stabilisierung des Zusammengehörigkeitsgefühls der Betroffenen. »Roma müssen lernen, ihre Sache selber zu vertreten.« – Allerdings: »Die richtigen sind nur schwer zu finden.«

In Österreich wiederum zeigte Anfang der 1990er-Jahre die Gründung zahlreicher Roma-Kulturvereine das wachsende Selbstbewusstsein der Minderheit. Die einstimmige Annahme eines parteiübergreifenden Entschließungsantrages durch die Abgeordneten aller Parlamentsfraktionen führte schließlich Ende 1993 zum Beschluss des Nationalrates, die österreichischen Sinti- und Roma-Gruppen als Volksgruppe offiziell anzuerkennen. Aufgerüttelt durch einen rassistisch motivierten, heimtückischen Mordanschlag, dem Anfang 1995 in Oberwart (Burgenland) vier Roma zum Opfer fielen, wurde im Schulgesetz des Burgenlandes der muttersprachliche Unterricht in Romanés festgeschrieben. Bald darauf konnte ein Existenzgründerfonds zur Förderung von Roma-Betrieben eingerichtet werden, in den von Beginn an auch Fördermittel des Staates fließen. Eigene Sendezeiten im Rundfunk und im Fernsehen begünstigen die Bemühungen um Gleichberechtigung und Integration der Roma in Österreich.

Die Roma-Integration ist heute in Europa ein verbreitetes Thema, ohne allerdings zum »Europäischen Thema« avanciert zu sein. Gleichwohl ist es gelungen, Kriterien für eine erfolgversprechende Integration, gewissermaßen Standards einer besseren interkulturellen Verständigung zu entwickeln, an denen sich auch deutsche Projekte messen lassen müssen:

- Einbeziehung der Betroffenen;
- Förderung des Romanés als Muttersprache;
- Anerkennung als Minderheit mit eigenem Status;
- Bildung und berufliche Qualifizierung;
- Unterstützung durch die Politik;
- Existenzsicherung durch Bleiberecht;
- Förderung des gegenseitigen Vertrauens.

Spätestens mit der Erweiterung der EU wird sich auch über die heute engagierten Nicht-Regierungs-Organisationen (NGO) hinaus die europäische Politik ganz offiziell mit der Integration eines der ältesten Völker unseres Kontinentes befassen müssen: wenn nämlich die südosteuropäischen Länder als integrale Bestandteile der »Festung Europa« in die EU kommen. Damit werden aus den Flüchtlingen von heute die Einwanderer von morgen. Spätestens dann werden sich die Parlamentarier in Straßburg über den Austausch von Ressentiments hinaus auch offiziell dem Thema und seinen unbeantworteten Fragen stellen müssen.

Die Situation in Deutschland ist geprägt von sehr unterschiedlichen Versuchen, die Angehörigen der Roma und Sinti besser zu integrieren und ihre Kinder in der Schule nicht weiter zu benachteiligen. Viele der Initiativen sind jedoch vorrangig mit der Lösung örtlicher Detailfragen befasst und arbeiten meist zusammenhanglos nebeneinanderher, da sie nicht übergreifend miteinander in Kontakt stehen. Gleichwohl wird hier vielerorts hervorragende Arbeit geleistet. Beispielhaft steht für Projekte dieser Art die Göttinger Beratungsstelle für Sinti und Roma (GBSR e.V.). In bester Selbsthilfetradition entstanden, ist die GBSR das einzige Hilfeangebot in Deutschland, das von Sinti selber getragen und aufrechterhalten wird.

Gleichfalls herausragende Bedeutung hat der im Auftrag der Deutschen Bischofskonferenz von der katholischen Zigeunerseelsorge[4] herausgegebene Pressespiegel *Latscho diwes*, der unter der redaktionellen Obhut von Christian Neye allwöchentlich die meisten von der Presse aufgegriffenen und bearbeiteten Themen im Faksimile reproduziert und damit kontinuierlich Öffentlichkeit schafft. *Latscho diwes* liefert die Grundlage für einen repräsentativen Eindruck von der Präsenz der Roma und Sinti in der deutschen Presselandschaft. Es gibt wohl kaum eine für Sinti und Roma engagierte Initiative, die diesen Pressespiegel nicht abonniert hat.

Unweit des Erscheinungsortes von *Latscho diwes* residiert seit 1983 in Düsseldorf im Rahmen des Jugendamtes bzw. städtischen Sozialdienstes Deutschlands einziger Sonderbeauftragte für Sinti und Roma: Rudolf Kosthorst, der »Zigeunerbeauftragte«. Er ist Ansprechpartner und Kontaktperson für alle im Zusammenhang mit Sinti und Roma zu klärenden Fragen und Probleme. Zu seinen Aufgaben gehören die allgemeine Bezirkssozialarbeit für die Siedlung Otto-Pankok-Straße, wo etwa die Hälfte der ca. 350 Düsseldorfer Sinti leben, aber auch die Einzelfallbetreuung von Sinti oder Roma außerhalb der Siedlung, Gemeinwesenarbeit, Beratung, Kulturförderung und Öffentlichkeitsarbeit für die Sinti und das Gros der (geschätzt) 5.000 in Düsseldorf lebenden Roma.

Sowohl Christian Neye wie auch Rudolf Kosthorst zeichnen sich durch ein für die Sozialarbeit mit Sinti und Roma sehr charakteristisches Profil aus: Sie sind Einzelkämpfer, aus einer aktuellen Situation heraus installierte Sonderbeauftragte und seit vielen Jahren »im Geschäft«. Ihre Daseinsberechtigung erschließt sich aus ihrer Persönlichkeit. Sie genießen das unbedingte Vertrauen ihres Klientel, aber kein Mensch vermag mit Bestimmtheit vorauszusagen, ob die sie tragenden Instanzen gewillt sind, ihr Engagement zu institutionalisieren und damit ihre Nachfolge zu sichern. Insofern bestätigen die beiden Herren eine für erfolgreiche Sozialarbeit typische Erfahrung: Die Planstelle bildet die strukturelle Voraussetzung, entscheidend für die politische und praktische Bedeutung aber ist die Person, mit der sie besetzt wird.

Nicht selten jedoch stagniert vor Ort der innovative Elan der Initiativen, und große Ratlosigkeit befällt die beteiligten Bürgerinnen, Bürger und Fachkräfte, wenn sie allem Engagement zum Trotz mit ihren Angeboten bei den Sinti- und Roma-Kindern einfach nicht landen. Manch viel versprechender Ansatz entwickelt sich nicht weiter, weil die Beteiligten mit Fragen konfrontiert werden, die sich anderswo nicht stellen – vielleicht, weil sie dort schon beantwortet werden konnten, oder weil sie dort dank anderer örtlicher Umstände keine vergleichbare Rolle spielen. So wich-

4 http://www.kath-zigeunerseelsorge.de

tig *Latscho diwes* als unabhängiges Medium für die Öffentlichkeit auch ist – es gibt bis heute kein Forum für den Austausch von Erfahrungen, warum an einem Ort etwas gescheitert ist, das an anderer Stelle geklappt hat. Die projektübergreifende Kommunikation ist erst in den letzten Jahren in Form von kleinen Fachtagungen zum Thema zaghaft in Gang gekommen.

Es blieb der *Freudenberg Stiftung* und der *Lindenstiftung für vorschulische Erziehung* vorbehalten, dem verbreiteten Informationsbedarf über die unterschiedlichen Ansätze schul- und sozialpädagogischer Bildungsarbeit für die Kinder in Deutschland lebender Sinti- und Roma-Familien zu entsprechen und eine Recherche über bestehende Angebote zu veranlassen. Drei der dokumentierten Beispiele profitier(t)en direkt oder indirekt vom Förderprogramm der beiden Stiftungen (Berlin, Düsseldorf und Göttingen). Alle hier vorgestellten Projekte zeichnen sich durch jeweils unterschiedliche Ansätze aus. Sie illustrieren, welche (mitunter verschlungenen) Wege und (ungewöhnlichen) Methoden gewählt wurden, um Roma-Kindern Perspektiven zu erschließen, die für Kinder der Mehrheitskultur selbstverständlich sind. Eine weitere Gemeinsamkeit aller hier vorgestellten Projekte besteht darin, dass die Frage der Staatsangehörigkeit der Familien und ihrer Kinder für ihr Leben in Deutschland von existenzieller Bedeutung ist. Der (meist ungesicherte) Aufenthaltsstatus der Roma-Familien prägt in so nachhaltiger Weise die Bedingungen, unter denen gelebt, gearbeitet und zumal gelernt wird, dass der besseren Vergleichbarkeit wegen in diesem Buch nur Beispiele der Bildungsarbeit mit Roma-Kindern (in der Regel aus Flüchtlingsfamilien) vorgestellt werden, auch wenn Sinti-Kinder in ihrem Schulalltag häufig ganz ähnliche Erfahrungen machen.

Die politischen Rahmenbedingungen und ihre entsprechenden Prioritäten spielen gerade im Hinblick auf die Erfolgschancen der Bildungsanstrengungen von Roma-Kindern in Deutschland eine erhebliche Rolle. Ein Bleiberecht der Flüchtlinge, unabhängig von ihrem Bildungsstand und der Dauer ihres Aufenthaltes im Land, wird bisher nur in Ausnahmefällen gewährt. Solche Sonderregelungen gehen zulasten der jeweiligen Kommune und müssen im Einzelfall begründet werden. Ein Rechtsanspruch auf das Bleiberecht besteht nicht, es sei denn, alle Bundesländer lassen diese Option zu. Für das erforderliche gemeinsame Votum der Länderinnenminister stehen die Chancen seit Jahren gleich bleibend schlecht. Dieser Umstand begründet das tiefe Misstrauen der betroffenen Eltern in die Politik, und es wird nachvollziehbar, warum Roma-Eltern die Institution Schule und ihr System mangels verständlicher Erklärung als zweifelhafte Konkurrenz zur eigenen Erziehungskompetenz begreifen. So konzentrieren sich notwendigerweise die Anstrengungen der meisten Träger von Bildungsprojekten darauf, die Eltern erst einmal dafür zu gewinnen, ihre Kinder überhaupt in die Schule zu schicken. Die Bereitschaft der Eltern, über ihren Schatten zu springen ist vor allem in moralischer Hinsicht von Bedeutung, da sie oft mangels Sprachkenntnis ihren Kindern praktisch nur selten helfen können. Zusätzliche Schwierigkeiten ergeben sich dadurch, dass die Kinder zu Hause in den engen Wohnunterkünften kaum Rückzugsmöglichkeiten finden, um die Hausaufgaben halbwegs zu bewältigen. Wer die Schule trotzdem meistert, ist ein Held.

Zu Beginn des Schuljahres 2003/2004 wird in Hamburg die Bedeutung politischer Konstellationen für den Erfolg oder Misserfolg integrativer Arbeit und Bildungsförderung vor Ort deutlich. Das außerordentlich erfolgreiche »Hamburger Modell« bietet nach und nach ein nahezu flächendeckendes Angebot schulischer Begleitung von Roma- und Sinti-Kindern und Jugendlichen durch Mediatoren. Dreh- und Angelpunkt für die praktische Umsetzung des Modells ist eine Personalstelle in der Hamburger Schulbehörde, die für die »Förderung nicht deutscher Schülerinnen und Schüler an Hamburger Schulen« (muttersprachlicher Unterricht u.a.) zuständig ist. Knapp zwei Jahre nach der Wahl eines neuen Senats wurde nun, unmittelbar vor Beginn des neuen Schuljahres 2003/2004, diese Stelle zur Koordination der vielfältigen Bemühungen gestrichen und auf mehrere andere Referate verteilt. In welcher Weise die politischen Kräfteverhältnisse in der Hansestadt das »Hamburger Modell« gefährden oder zu seiner Entwicklung beitragen werden, lässt sich gegenwärtig nicht vorhersagen.

Jenseits aller Politik aber spielt die unmittelbare individuelle Förderung der Kinder die entscheidende Rolle. Die vermutlich wichtigste Voraussetzung dafür, dass es Roma-Kindern gelingt die vielfältigen Hürden, die ihnen die Schullaufbahn verbauen, zu überklettern, ist ein gesundes Selbstbewusstsein. Dazu gehört zunächst das Bekenntnis zur eigenen Identität. Viele Roma jedoch bringen dafür den Mut nicht auf, verleugnen die eigene Herkunft und flüchten sich in eine angenommene Rolle, in einen »Dienstanzug«, um in der Mehrheitskultur möglichst wenig aufzufallen. Eine große Zahl der seit 1970 vom Balkan stammenden Migranten kaschierte auf diese Weise ihre Roma-Identität, indem sie sich als Serben, Mazedonier, Albaner etc. ausgaben. Vor diesem Hintergrund genießen alle Maßnahmen zur Förderung des Selbstvertrauens erste Priorität. Entscheidende Bedeutung kommt hier den Roma-Mediator/innen zu. Kraft ihrer persönlichen Ausstrahlung, ihrer Erfahrungen und Herkunft stehen sie quasi Modell dafür, was aus den Schülerinnen und Schülern werden kann. Gerade weil hier die Individualität ihrer Person eine so herausragende Bedeutung hat, werden die Betreffenden jeweils im Zusammenhang mit »ihrem« Projekt porträtiert.

Diese persönlichen Porträts sind noch in einem weiteren Zusammenhang von Bedeutung, der gerade in publizistischer Hinsicht eine Rolle spielt: Ein Phänomen in der Berichterstattung über Sinti und Roma besteht darin, dass Individuen praktisch nicht vorkommen. Fast ausschließlich ist von *den* Sinti, *den* Roma, *den* »Zigeunern« die Rede. Dementsprechend tauchen sie auch im öffentlichen Bewusstsein – Ausnahmen bestätigen diese Regel – nicht im Singular auf.

Während des Drucks dieses Buches ist in Deutschland an drei Standorten (Aachen, Frankfurt, Berlin) das »Equalprojekt« angelaufen, mithin der erste Versuch, die Bildungslaufbahn der Kinder und Jugendlichen über die Schulzeit hinaus bis ins Berufsleben unterstützend zu begleiten. Es wird die Aufgabe weiterer Beobachtungen der Bildungsarbeit mit jungen Sinti und Roma sein, die Ergebnisse dieses durch EU-Mittel finanzierten Modellprojekts darzustellen und zu bewerten.

Christoph Leucht konnte mir dank seiner profunden Detailkenntnis bei der Niederschrift meiner Recherchen wertvolle Hinweise geben. Dafür danke ich ihm sehr. Besonders herzlich möchte ich mich für das Vertrauen meiner Gesprächspartner bedanken, die durch ihre unvoreingenommene Offenheit die vorliegende Dokumentation erst ermöglicht haben.

Frankfurt am Main *Florian Lindemann*

Die Kita Schaworalle in Frankfurt am Main

Es ist 9.00 Uhr, die Kinder tröpfeln langsam durch den Flur. Die Kleinen kommen an der Hand der Mama oder eines der Geschwister. Sie wissen genau, wo es lang geht. Im Unterschied zu den Halbwüchsigen, die noch im Flur herumlungern, verschwinden die Kleinen hinter einer der Türen. Plötzlich kommt gleich ein ganzer Schwung, diesmal von einer Erzieherin begleitet. Aber Regina Hohnschild bleibt nicht. Sie liefert ihre Schützlinge nur ab, kehrt gleich wieder um und steigt in den Ford-Transit, um die zweite Tour zu fahren. Die Kinder wohnen im ganzen Stadtgebiet verstreut und haben sonst kaum eine Möglichkeit, in die *Kita* zu kommen, es sei denn, die Mutter kann sie begleiten oder eins ihrer Geschwister nimmt sie an die Hand.

Die Gruppe zieht am runden Tisch vor der Küche vorbei und wird wenig später von Vera in Empfang genommen. Vera Ristic ist pädagogische Mitarbeiterin und arbeitet halbtags (vormittags) in der *Kita Schaworalle*. Seit fünf Jahren schon. Wie die anderen Roma-Mitarbeiter/innen verfügt sie über keine offiziell anerkannte Berufsausbildung, sondern »wächst« quasi mit den Anforderungen, die an sie gestellt werden. Sie stammt nicht aus Rumänien, sondern aus Mazedonien. Von dort ist sie aber lange weg, vor mehr als 20 Jahren schon. Mit 16 ist sie mit ihrem Mann abgehauen und über Spanien, Frankreich und Italien nach Deutschland gekommen. In Italien verunglückte ihr Mann tödlich, die vier Kinder hat sie danach alleine durchgebracht. Nicht zuletzt die Aussicht auf ihre Festanstellung in der *Kita Schaworalle* trug dazu bei, ihr bis auf Weiteres ein Bleiberecht zu gewähren. Vera hat eine Aufenthaltsbefugnis und verfügt über eine Arbeitsgenehmigung. Darüber ist sie sehr froh und auch stolz, nicht nur vom Sozialamt abhängig zu sein. In Italien, sagt sie, hat es so etwas gar nicht gegeben und da hat sie die Kinder auch irgendwie durchgebracht. Vera ist eigentlich Analphabetin. Erst nach und nach hat sie ein bisschen Lesen und Schreiben gelernt; zunächst bei den eigenen Kindern und jetzt noch einmal gründlicher hier in der *Kita* beim Spiel mit den Buchstaben.

Sie begrüßt ihre ersten »Kunden« freundlich und kümmert sich um sie, bis jedes Kind eine Beschäftigung gefunden hat. Selten setzt sie sich zu einem der Kinder. Es sind ja erst wenige da, da will sie schnell noch fertig aufräumen, die Handtücher zusammenlegen und ins Regal sortieren. Solange Regina mit der zweiten Kinderfuhre noch nicht wieder da ist, kann sie hier noch rasch erledigen, wofür sonst kaum Zeit bleibt. Das ist so ähnlich wie zu Hause; da »stören« Kinder im Haushalt auch nicht, sondern »laufen mit«. So etwas wie einen Kindergarten kennen die Roma ursprünglich nicht. Eigentlich haben sie auch keinen Bedarf. Es gibt ja die Familie. Da findet sich immer jemand zum Spielen, Reden, Lachen (oder Weinen), sei es unter den Kindern oder auch unter den Verwandten, den Onkels, Tanten oder Cousinen.

»Je eher desto besser!«

Solange sie morgens allein ist, spielt Vera die Ersatzmama für alle die, die irgendwie von selber kommen. »Hauptsache sie kommen überhaupt!« Und dann fügt sie mit Blick auf »ihre« Kleinen hinzu: »Je eher desto besser.« Manchmal aber wundert sich Vera über den Service, den *Schaworalle* ihrer Klientel bietet. Den Fahrdienst zum Beispiel kann sie nicht verstehen. »Obwohl ich auch Zigeunerin bin, sehe ich nicht ein, dass die Eltern sie nicht bringen können. Ich habe schließlich meine Kinder auch selber in die Schule gebracht oder in die *Kita.*«

Durchschnittlich kommen jeden Tag 15 bis 20 Kinder zwischen zwei und sieben Jahren in die Kindergartengruppe der *Kita Schaworalle.* Jedes hat in einem Regal eine persönliche Kiste, jeweils mit Foto gekennzeichnet. Wie in anderen Kindergärten auch. »Das finde ich gut; das hilft, Ordnung zu halten.« Vera denkt praktisch. Sonst hätte sie es kaum geschafft als allein erziehende Mutter mit vier Kindern.

Die beiden Räume für die Kindergartengruppe sind mit zusammen 64 Quadratmetern großzügig bemessen. Ebenerdig geht es nach draußen, insgesamt vier Räume öffnen sich zum Hof: die Küche, ein Spielraum, der »Bewegungsraum«

(inkl. Trampolin) – auch als Speisesaal genutzt – und der große Gruppenraum des Kindergartens. So wird der Hof, wenn es nicht regnet, zum »Flur« in dem sich alle in der *Schaworalle* mehrfach am Tag über den Weg laufen. An die 60 Leute jeden Tag, die Kleinen mitgerechnet.

Gerade eben sind drei von ihnen draußen und haben verschiedene Roller unter dem Dach des Schuppens hervorgeholt. Nun erörtern sie engagiert die Vor- und Nachteile der einzelnen Modelle – auf Romanés. Weitere sechs oder sieben sitzen im Gruppenraum um einen großen Tisch, legen Puzzle oder spielen »Schoko-Hexe«. Zwei Mädchen, Asmina und Mirella (beide etwa fünf Jahre) sind heute zum ersten Mal da. Vera zeigt ihnen die Räumlichkeiten, damit sie sich orientieren können. Immer wieder bleiben sie staunend stehen, ob der vielen Spielsachen, die hier in den Regalen aufgestapelt sind. Es dauert nicht lange, da habe die beiden eine Dritte im Bunde und mit vereinten Kräften macht sich das Trio an den Malsachen zu schaffen. Nach reiflichem Palaver entscheiden sie sich, alle Schachteln aus dem Regal zu ziehen. Sorgfältig werden die Wasserfarben inspiziert und die einzelnen Farbtöpfchen aus den Kästen gelöst. Als das gelungen ist, streben sie zu neuen Ufern. »Stopp mal!«, tönt es unüberhörbar von der Terrassentüre, wo Vera gerade hereinkommt. Mit einem Blick hat sie sofort die Situation erfasst und zitiert die drei Mädchen zurück zu dem Haufen mit den Malsachen. Gemeinsam räumt sie mit den Kleinen auf, bekräftigt gegenüber den beiden Neulingen, dass jedes Kind seine Sachen *immer* aufräu-

men muss, bevor etwas anderes dran ist. Mit großen Augen verfolgen die Mädchen Veras Rede und Gesten. Dann gibt es für jedes Kind einen Becher Saft.

Die Tür geht auf, und der zweite Schwung Kinder stolpert herein. »Guten Morgen, guten Morgen!« Freundlich grüßen sie alle, die schon da sind, und Vera begrüßt jedes Einzelne gesondert. Es fällt auf: alle Kinder – egal ob 5 oder 15 – sind auffallend höflich, egal bei welcher Gelegenheit.

Langsam wird es voll. Einzelne Tischgruppen finden sich zusammen. Auch Regina steigt jetzt mit ein. Bald halten auch die, die mit ihr gerade erst gekommen sind, einen Becher Saft in der Hand – quasi zur Begrüßung.

Gelegentlich tauchen auch Grundschulkinder im Kindergarten auf, meist um 11.00 Uhr, wenn sie große Pause haben. Nicht nur, um einen Becher Saft zu schnorren. In der friedlichen Umgebung hier greifen sie ganz gerne auf die aus früheren Jahren vertrauten Spiele zurück. Nicht ohne sie später sorgfältig wegzuräumen. – Hier herrscht nämlich Ordnung. Wie in anderen Kindergärten auch.

»Die Gesamtsituation …«

Die *Schaworalle*, eine Tageseinrichtung für Kinder und Jugendliche bis etwa 16 Jahre, ist nach eigenem Verständnis »eine besondere Kindertagesstätte«. Der Name *Schaworalle* kommt aus dem Romanés und heißt so viel wie »Hallo Kinder«. Die *Kita Schaworalle* wurde zwischen 1999 und 2001 übergangsweise in dem Gebäude eines ehemaligen »Kindergarden« der US-Army untergebracht, dicht hinter dem früheren »IG-Farben-Building« in Frankfurt am Main. Montags trifft sich hier auch eine Mutter-Kind-Gruppe: sechs bis acht junge Romni mit rund zehn Kindern zwischen »gerade-erst-geboren« und zwei Jahren alt. Am letzten Montag ist nachmittags nach dem Treffen an der Bushaltestelle die gesamte Gruppe von der Polizei kassiert worden. »Routinekontrolle.« In der näheren Umgebung war ein Handtaschenraub passiert …

Die meisten der jungen Frauen haben schon einschlägige Erfahrungen mit der Polizei und den deutschen Justizbehörden gesammelt. Einige von ihnen wurden wegen Diebstahlsdelikten belangt und zu Geldstrafen, ersatzweise gemeinnütziger Arbeit verknackt, abzuleisten in der *Kita Schaworalle*. Aus dem Kreis der Delinquenten ist eine Mutter-Kind-Gruppe mit Alphabetisierungsprogramm entstanden, die sich einmal wöchentlich trifft, um gemeinsam ihre Situation zu besprechen. Zwei Mamas werden jeweils zur Kinderbetreuung »abgeordnet« und auch dafür bezahlt. Diese Entwicklung ist für alle Beteiligten eine Überraschung und in dieser Form einmalig. Ob sie Bestand hat und sich als ausbaufähiges Modell bewähren wird, ist noch nicht abzuschätzen. Fest steht vorläufig nur, dass hier blutjunge Mütter von Anfang an eine Erfahrung machen, um die sie sehr viele junge Mütter im Land beneiden, nämlich die Erfahrung: »Ich bin nicht allein.«

»Man muss immer die Gesamtsituation sehen«, sagt Sabine Ernst, Sozialpädagogin, Gadje, und seit 1996 treibende Kraft im Projekt *Schaworalle*: Die Chefin, unumstritten und allgemein anerkannt. Gesamtsituation? – Also *beide* Seiten der Medaille, die man *zugleich* im Blick haben sollte. Und nicht die eine gegen die andere aufrechnen, vier Diebstahlsdelikte gegen einen Hauptschulabschluss oder so ähnlich, sondern einfach *neben*einander betrachten. Und wenn die Hauptschulabschlüsse zunehmen, dann ist im Projekt *Schaworalle* mehr gut als schief gegangen.

Es geht also immer ums Ganze. Alles und alle, mit ihren Sorgen, ihren Vorlieben, mit ihrer Geschichte. Und diese ist bei fast allen ähnlich verlaufen, wenigstens in ihren groben Zügen. Selten einmal eine polnische, jugoslawische oder spanische Familie dazwischen, die meisten kommen aus Rumänien und haben die Auflage, ihre Daseinsberechtigung in regelmäßigen Abständen (meist drei Monate) von der Ausländerbehörde bestätigen zu lassen (»Kettenduldung«). Noch schwieriger ist die Lage für diejenigen, die an der Grenze nur einen Einreisevermerk (»Grenzübertrittsbescheinigung«) bekommen. Spätestens nach sechs Wochen müssen sie wieder raus. Doch diese Frist kann man sich bei der Ausländerbehörde verlängern lassen, um vier Wochen. Diese vierwöchigen »Duldungen« sind mittlerweile üblich. Sozialhilfe bekommen die wenigsten. Anspruch darauf haben einzig die Kinder, die in Deutschland geboren wurden. Die Erwachsenen halten sich »irgendwie« über Wasser; häufig als Händler, meist Autohändler und mit anderen Tätigkeiten im – wie es im Sozialarbeiterjargon heißt – »informellen Bereich«. Ausnahmen bestätigen diese Regel. Eine dieser Ausnahmen heißt Eleonora Caldaras, genannt Mika, pädagogische Mitarbeiterin, Mediatorin und Entlastungskraft in der *Schaworalle.* Es ist gelungen, mit dem Verweis auf das Engagement der jungen Frau und ihre besonderen Kompetenzen wenigstens ihren Aufenthalt hier zu sichern und für sie eine Arbeitsgenehmigung zu erreichen.

Viele der Kinder, die die *Schaworalle* besuchen, sind noch in Rumänien zur Welt gekommen. Der Alltag der Familien dort ist von existenzieller Hoffnungslosigkeit geprägt. Zwischen anderthalb und zweieinhalb Millionen Roma leben in Rumänien, zwar als ethnische Minderheit anerkannt, was aber an ihrer oft verzweifelten Situation nichts ändert. Nur wenigen ist es gelungen, sich zu integrieren. Sie halten einige ökonomische Nischen besetzt und sind damit besser imstande, den mitunter offen gewalttätigen Rassismus in ihrer Heimat zu ertragen. Die überwiegende Mehrheit der Roma in Rumänien ist vom offiziellen Arbeitsmarkt praktisch ausgeschlossen. Sie fristen ihr Dasein häufig unter desolaten Bedingungen in Slums oder gar auf Müllkippen. Es gibt im Land bis heute kaum Anzeichen, die auf ein öffentliches Interesse an ihrem Schicksal hindeuten, geschweige denn auf gezielte arbeitsmarktpolitische Maßnahmen zur Verbesserung ihrer Lage. Die Roma sind die Verlierer der Wende von 1989/90. Rumänien drängt in die EU. Wer mit will, muss sich sputen. In den Verdrängungskämpfen ziehen die Roma meist den Kürzeren. Das Fehlen jeglicher Zukunftsaussichten, Isolation, gesundheitliches Elend und die von Pogromen genährte Angst vor rassistischen Übergriffen haben nach dem Zusammenbruch des eisernen Vorhangs viele aus dem Land getrieben. In Frankfurt am Main sind etwa 200 bis 300 Roma-Familien gelandet. Ihre Asylanträge wurden mit der Begründung abgelehnt, eine Verfolgung der Roma aus ethnischen Gründen ließe sich nicht nachweisen. Trotz gegenteiliger Gutachten einschlägig renommierter Menschenrechtsorganisationen blieben das Auswärtige Amt und das Innenministerium bei dieser Haltung. Statt dessen werden Duldungen erteilt, meist nur für die nächsten vier Wochen; Duldung bedeutet »Aussetzung der Abschiebung«. Eine Arbeitsgenehmigung ist damit ausgeschlossen. Viele der Familien leben allerdings schon jahrelang, manche sogar seit zehn Jahren in diesem Zustand der »permanenten Vorläufigkeit«; oft in Wohnungen, die von Normalverbrauchern abgelehnt würden, für die Größe der Familien zu klein, von der Bausubstanz und der hygienischen Versorgung völlig unzureichend. Doch alles ist besser als der Weg zurück in die Heimat.

Die Familien verteilen sich auf das ganze Stadtgebiet. Wie viele seit Ende der 1980er-Jahre zugewandert sind, weiß keiner genau. Seit 1995 bemüht sich die Frankfurter Stadtverwaltung, mit verschiedenen Maßnahmen zur Integration der Roma beizutragen. Alle Beteiligten, freie Träger, städtische Ämter (Jugend-, Sozial-, Wohnungs-, Gesundheits-, Schulamt, etc.) aber auch die Polizei treffen sich regelmäßig im Arbeitskreis »Sinti und Roma« zum Erfahrungsaustausch und zur Koordination ihrer Angebote und Maßnahmen. Im Zentrum steht die Sozialberatung der Familien. Vor allem die *Roma-Union e.V.* und der *Förderverein Roma e.V.* haben sich hier in vielen Jahren als verlässliche und kompetente Partner der städtischen Ämter erwiesen. 1999 übernahm der *Förderverein Roma* die Trägerschaft für die *Kita Schaworalle.*

Anlass für die konzertierte Aktion städtischer Ämter und freier Träger boten immer zahlreichere Beschwerden aus der Frankfurter Bürgerschaft über die sprunghafte Zunahme erwerbsloser Roma im Stadtgebiet. Den Vogel schoss dabei ein Bordellbesitzer im Frankfurter Bahnhofsviertel ab. Dort hatte sich herumgesprochen, dass die Bettelei neben den Eingängen zu den Etablissements im Rotlichtviertel besonders ertragreich war, weil die Freier im Vorbeigehen nicht nur Kleingeld, sondern auch schon mal einen »Heiermann« (5-Markstück) oder gar einen Schein fallen ließen, um sich en passant ihres schlechten Gewissens zu entledigen. Als dann aber die Kinder in das Bordell selbst eindrangen, in der verständlichen Annahme, dass dort noch mehr zu holen sei (was sich auch bestätigte), platzte dem Bordellbesitzer der Kragen und er wandte sich an die Polizei.

Zu dieser Zeit entwickelten engagierte Sozialarbeiter/innen, unter ihnen Sabine Ernst, in unmittelbarer Nachbarschaft zum Bahnhofsviertel im Kinderhaus am Wiesenhüttenplatz verschiedene Angebote für die immer zahlreicheren rumänischen Roma-Kinder. In Absprache mit dem Jugend- und Sozialamt übernahm *Schaworalle* die Aufgabe, sich vor allem der schulpflichtigen »Straßenkinder« anzunehmen, die durch Bettelei, Diebstähle und Prostitution zum Einkommen ihrer Familien beitrugen. Tatsächlich aber, so der Tenor der Erfahrungen während der ersten drei Jahre, wollten die Kinder durchaus auch gerne lernen. Doch in der Regelschule summierten sich ihre Misserfolge bis zum endgültigen Scheitern. Immer wieder gab es plausible Gründe, die die Kinder hinderten, in die Schule zu kommen, und sei es nur, dass der Vater mal der Hilfe seines Sohnes bedurfte. Jedenfalls mussten die Lehrer in Frankfurt lernen, dass Schule zurückzustehen hat, wenn Familienveranstaltungen angesagt sind, erst recht, wenn bestimmte Rituale eingehalten werden müssen, wie zum Beispiel Totenwache. Oft genug kamen die Kinder auch nur zu spät, und weil sie sich dessen schämten und um nicht so aufzufallen, blieben sie irgendwann ganz weg. Immer wieder klagten sie, sie fühlten sich in der Schule so allein. Kein Wunder in einer Umgebung, in der kein Wort ihrer Muttersprache etwas galt, geschweige denn gesprochen wurde.

Die Konzeption der *Kita Schaworalle* ist nicht theoretisch entstanden, sondern das Ergebnis von Erfahrungen der offenen Arbeit mit den Kindern zwischen 1996 und 1998. Diese lassen sich nachlesen in den Jahresberichten. Doch viele der Kinder, die immer regelmäßiger in der *Schaworalle* erscheinen, sind dem Kindergarten längst entwachsen. Deshalb wurde das Programm der *Kita Schaworalle* in Absprache mit dem Schulamt der Stadt Frankfurt und dem Staatlichen Schulamt zur Schule erweitert. Zum Schuljahresbeginn 2001/2002 übernahmen zwei Lehrerinnen den Unterricht in der Grundschul- und in der Hauptschulgruppe. Damit wurde eine im Jahr 2000 entwickelte »Idealvorstellung« bereits 12 Monate später Wirklichkeit. Doch im Laufe des ersten Schuljahres stellte sich heraus: »Wir brauchen eigentlich vier Stellen, jeweils zwei für eine Gruppe.« Das Modellprojekt *Schaworalle* wächst, und zwar in einem Tempo ohne Beispiel in Europa. Das Prinzip ist ebenso einfach wie wirkungsvoll: Jeder neue Schritt wird erst dann unternommen, wenn seine Notwendigkeit erwiesen ist und wenn sich der vorige Schritt als richtig erwiesen hat.

Den wichtigsten Grund für den Erfolg der *Kita Schaworalle* sieht Sabine Ernst darin, »dass es uns gelungen ist, das Vertrauen der Familien zu gewinnen«. Als Mitte der 1990er-Jahre die Kinder ihrer Initiative »gemeinsam etwas zu unternehmen« folgten, zogen diese ihre Eltern quasi mit. »Dadurch ist es uns möglich geworden, gegenüber der Stadt aufzutreten und zu sagen: Hier sind die Kinder und ihre Eltern und sie wollen die Zusammenarbeit mit uns. Das hat beeindruckt. Und dann kam ein zweiter glücklicher Umstand hinzu: Das Gesetz zum Rechtsanspruch auf einen Kindergartenplatz. Damit hatten wir ein Instrument gefunden, um die Institutionalisierung unserer Arbeit mit den Kindern langfristig zu sichern.« Freilich hatte es dann noch ein paar Jahre gedauert bis die Familien, zumal die Roma-Väter, Sabine Ernst als Chefin der *Kita Schaworalle* respektierten und nicht etwa Lothar Winter, der als Mann und Vorsitzender der *Roma-Union Frankfurt* in ihren Augen überzeugender wirkte. Aber wenn es zum Konflikt kam, mussten die Herren zur Kenntnis nehmen, dass Sabine die Spielregeln beherrschte: »Man muss sich manchmal groß aufbäumen und Zirkus veranstalten mit allen Schikanen, dann streitet man eine halbe Stunde lang und dann kann man sich wieder angrinsen und sagen: So, jetzt haben wir's kapiert.«

Die Grundschulgruppe: »Heute sind wir vier Jungen und sechs Mädchen.«

Die *Schaworalle* ist auch Schule, »kleine Schule«, wie sie alle hier sagen; ein offiziell anerkannter Unterrichtsort und nach dem Selbstverständnis des Trägers eine Zwischenstation auf dem Weg zur Regelschule (»große Schule«). Die *Schaworalle* erklärt sich zuständig für alle Kinder, die wegen ihrer Überalterung oder wegen kultureller Konflikte, mangelnder Sprachkenntnis, häufigen Wohnungswechsel oder einfach aufgrund des Misstrauens der Roma gegenüber der Institution Schule diese nicht oder nicht mehr besuchen. Motto: Wenn die Kinder nicht zur Schule kommen, kommt die Schule zu den Kindern. »Der Besuch der Alphabetisierungs- und Schulvorbereitung in unserer Einrichtung ist in jedem Einzelfall mit dem Staatlichen Schulamt abgesprochen«, betont die Leiterin Sabine Ernst. Ziel ist es, die Kinder möglichst schnell (wieder) mit der Schule in Kontakt zu bringen, mindestens aber ihnen die Grundkenntnisse im Lesen, Schreiben und Rechnen beizubringen. Nicht ohne Erfolg, wie sich inzwischen zeigt; in den letzten Jahren haben immer wieder Kinder den Übergang in die Regelschule geschafft und kommen seitdem erst nach Unterrichtsende in der »großen Schule« zum Mittagessen, Hausaufgaben machen und Spielen in die *Schaworalle*. Vierzig Kinder und Jugendliche zwischen 7 und 16 Jahren sind für den Besuch der »kleinen Schule« mit Monatsfahrkarten ausgestattet, die das Sozialamt und das Stadtschulamt bezahlen, vorausgesetzt, die Kinder gehen auch regelmäßig in die *Schaworalle*.

»Donnerstag, 1. November: Heute sind wir 4 Jungen und 6 Mädchen.« Bis das Datum und der Satz darunter auf dem gelben DIN-A3-Bogen stehen, haben die Kinder eine Menge gearbeitet. Jedes Kind hat zwei, drei Mal den Stift in der Hand gehabt und jedes Mal einen Buchstaben oder eine Ziffer dazugemalt. Abschließend macht die Lehrerin noch ein Polaroidfoto von allen, das mit auf den gelben Zettel geklebt wird.

Basel stänkert rum, randaliert und gibt keine Ruhe. Irgendwann nimmt sich Mika seiner an und bringt ihn raus. »Irgendwas haben die beiden miteinander«, wundert sich auch Sabine Ernst mit Blick auf Astrid Baum und den 10-Jährigen. Mit dem Foto war er überhaupt nicht einverstanden. Heute offenbar nicht, im Unterschied zu anderen Tagen; denn an dem Haken neben der Tafel hängen schon eine ganze Menge bunter Blätter, und soweit zu sehen ist, klebt auf allen auch ein Polaroid. Kurzprotokolle, Bilder, Anwesenheitsnachweise. »Vielleicht gibt das mal ein Tagebuch«, erklärt die Grundschullehrerin Astrid Baum.

Das Tagebuchblatt für den heutigen Tag ist fertig, Frau Baum verordnet Entspannung. Das heißt praktisch: Ein kurzes Furioso über alle verfügbaren Möbel, bevor sich jedes Kind einen Stuhl greift und im Kreis Platz nimmt. Das Thema ist der Körper, genauer: die Körperteile von Kopf bis Fuß, vom Finger bis zum Popo. Endlich ist es gelungen, auch Bolex einzufangen, da rennt er wieder los. »Ich bin in einer Minute wieder da!« Stockend kommt die Runde in Gang. Ein Kind nach dem anderen zeigt und benennt ein Körperteil bzw. Organ. Nach fünf Minuten kommt Bolex wieder reingeplatzt, die Haare klatschnass und den Pony ganz verwegen bis zu den Augenbrauen ins Gesicht geklebt. Wieder ist es Mika, die ihn freundlich, aber sehr bestimmt, am Arm zu einem freien Stuhl führt. Kurzzeitig bleibt auch er bei der Sache bis nach insgesamt 20 Minuten der Kreis auseinander fällt. Frau Baum teilt Arbeitsblätter aus, Bolex zerknüllt den Bogen und wirft ihn demonstrativ in den Papierkorb; anschließend kickt er – Kung-Fu lässt grüßen – zwei Stühle um, offenbar in Erwartung einer Intervention »von oben«, die aber nicht kommt.

Die Kinder nehmen an drei Tischgruppen Platz und beugen sich über ihre Arbeitsblätter. Ähnlich klingende Begriffe stehen nebeneinander, z.B. Hund, Hand und Hemd. Insgesamt 12 Reihen. Körperteile sollen mit Bleistift markiert werden, Fuß gehört dazu, Schuh nicht. Was zunächst einfach aussieht erweist sich als schwer, weil die meisten Kinder kaum lesen können. Trotzdem kommt in den Gruppen etwas zustande. Die »Kooperation« allerdings lässt zu wünschen übrig, von Teamwork kann keine Rede sein. Stellt Daniel eine Frage, reißt Leonardo ihm erst einmal das Arbeitsblatt aus der Hand, als stünde dort etwas anderes als auf seinem eigenen. Trotzdem – nach einer Viertelstunde haben doch die meisten einige der Körperteile ausgemacht, sich zeigen lassen – wie auch immer! – und eingekreist.

Am großen Tisch wird ein Spiel vorbereitet. Gemeinsam mit einigen Kindern bastelt die Lehrerin ein Memory-Spiel. Die Bilder sind schon auf den Karton geklebt, müssen nur noch ausgeschnitten werden. Wieder sind wir bei den Körperteilen. Zwei rechte Ellbogen, zwei lachende Köpfe, zwei Füße, etc. Nach einigen Minuten ist auch das geschafft, und die Schere wandert wieder an ihren angestammten Platz ins Regal.

Es ist knapp halb eins. Die Kärtchen sind jetzt alle umgedreht, das Spiel kann losgehen. Aller Anfang ist schwer. Sogar Bolex spielt mit. Doch als er dran ist, gibt er sich mit zwei Kärtchen, die er umdrehen darf, nicht zufrieden. Munter dreht er weitere Karten um, obwohl schon längst andere dran sind. Endlich reagiert Frau Baum, was Bolex mit einem befriedigten Lächeln quittiert. Schließlich steht er auf. (Er hat immerhin zehn Minuten gesessen!) Genüsslich verstreut er die Fetzen der von ihm mutwillig zerrissenen Memory-Kärtchen über den Boden. Er wird gebeten, den Raum zu verlassen, was auch passiert, allerdings nicht ohne dass wieder ein paar Stühle über das Linoleum poltern. »Na ja, das muss man dann eben hinnehmen. Heute früh hat er prima mitgemacht«, beschwichtigt die Lehrerin. – Die Gesamtsituation ...

»Der Blume in die Wald.«

Mittwoch 5. Dezember, 10.30 Uhr: Maci (14), Ovidiu (15), Marcus (12), Marco (13), Rupa (12), Fella (12) und Dorel (14) kämpfen mit dem Alphabet. Unversehens gerät mein Name in die Mühlen des Unterrichtsgesprächs. In Form eines Lernspiels wird er von Frau Findeklee und ihren Schützlingen Stück für Stück erarbeitet, bis er vollständig an der Tafel steht und Maci ein »HERZLICH WILLKOMMEN!!«, dazu brüllt. Ausnahmsweise mal wird er, ob seiner impulsiven Lautstärke, nicht schief angeschaut. Oft genug nämlich schreit er so unvermittelt los, dass ein endlich in Gang gekommenes Unterrichtsgespräch schlagartig erstirbt.

Anka (15), Alina (16) und Agentina (18) sitzen am anderen Ende der Tischgruppe und widmen sich der Abschrift einer Kurzgeschichte. Nein, sie wollen bei dem Thema, das die Lehrerin vorschlägt, nicht mitmachen; die Arbeitsblätter immerhin nehmen sie gnädig doch entgegen.

Die verteilt Mike Findeklee – Real- und Sonderschullehrerin und für die Hauptschulklasse zuständig – nicht ohne die Jugendlichen eindringlich zu bitten, die Erklärung der Aufgabenstellung abzuwarten. Es geht um die richtige Zuordnung bestimmter und unbestimmter Artikel. »*Eine* Baum?«, fragt Maci, »*Das* Finger?«, fragt Marco. Gleichzeitig wendet sich Ovidiu an mich, und da ich ihm nicht sofort zur Verfügung stehe, dekliniert er alle Möglichkeiten – »*Der, die, das* Blume, *ein, einer, einen, eine* Wald?« – greift sich eine Lösung heraus und trägt sie in sein Arbeitsblatt ein: »*die* Blume, *einen* Wald.« An der Tafel erklärt Frau Findeklee die Beziehung zwischen *die* und *eine, der*, bzw. *das* und *ein*. Ungerührt bohrt Maci: »*Eine* Finger?« Ich verweise auf dieselbe Frage seines Nebenmannes von vor 30 Sekunden und ermuntere ihn, sich mit Marco zu verständigen, doch Maci bohrt weiter: »*Der* Blume?« Jetzt ist auch Marcus beim Wald angekommen: »*Eine* Wald?,« fragt er mich und ich frage zurück: »Gehst du in *eine* Wald?« Markus – mit 12 Jahren der jüngste in der Gruppe – murmelt die verschiedenen Varianten vor sich hin und beschließt: »*Ein* Wald!« Maci lässt nicht locker: »*Einer* Baum?«

Was immer der Nebenmann herausbekommt, spielt für die eigene Aufgabenstellung keine Rolle. Jeder fordert die persönliche Berücksichtigung *seiner* Frage, ungeachtet, dass dieselbe Frage kurz zuvor schon mit dem Nachbarn geklärt wurde. Für *ihn* ist die Frage dann interessant, wenn *er* so weit ist ... Jeder fordert eine persönliche »Direktleitung« – in diesem Fall zu mir – für sich. Die Kommunikation mit mir ist nur so lange interessant, wie ich etwas liefern kann, was Maci, Marco, Ovidiu etc. gerade wünschen, erwarten, brauchen. »Beim Lernen mit Roma-Kindern fällt auch auf, dass eine gelungene Lernsituation immer etwas sehr »Privates« ist zwischen Lehrer und einzelnen Schülern – wenn man Glück hat mit einer kleineren Gruppe. Es ist schwer vorstellbar, wie solche Situationen in Regelklassen hergestellt werden können – möglich ist es sicher von Zeit zu Zeit. Wenn es nicht gelingt, neigen die Kinder dazu, sich zurückzuziehen, sich zu verweigern, zu stören. Es bleibt also die schwierige Aufgabe, auf der Grundlage von mühsam erarbeitetem Vertrauen die Kinder davon zu überzeugen, dass man auch lustvoll und erfolgreich in einer größeren Gruppe lernen kann.«[5] Dieses Prinzip »Ich fordere, du gibst« kennen sie von zu Hause in der eigenen Familie. Die Vorstellung einer Arbeitsweise, wo jeder einzelne selbstständig seinen Teil zum gemeinsamen Ganzen beiträgt, entspricht nicht der Sozialerfahrung dieser Jugendlichen. Sie geben erst dann Ruhe, wenn ihr jeweiliger Bedarf fürs Erste gedeckt ist. »Situative Ruhe« nennen die Sozialwissenschaftler diesen Moment der individuellen Sattheit.

Das Engagement der Jugendlichen und ihre Intelligenz stehen außer Frage. Sie reagieren neugierig auf die Angebote des Unterrichts, vorausgesetzt sie haben erst einmal Vertrauen geschöpft in eine Einrichtung, deren Notwendigkeit von zahlreichen Roma-Eltern nach wie vor bestritten wird. Viele von ihnen sehen in der Schule gar eine Gefahr – für ihre Töchter. Wenn die Kinder im üblichen Alter mit sechs, sieben Jahren erstmals die Schule kennen lernen, fällt es ihnen in der Regel nicht

5 »Dawen bachtale«, S. 21.

schwerer als anderen auch, sich mit den Gepflogenheiten des Schulalltags zu arrangieren, und umso einfacher gelingt es später, zu bestehen, vor allem auch in sozialer Hinsicht; denn außerhalb ihrer eigenen Familien haben die Roma-Kinder in der Regel keinerlei Gruppenerfahrungen mit anderen Kindern.

Mike Findeklee ist zuständig für Weltkunde und Mathematik. »Weltkunde« ist eigentlich alles, was nicht fachspezifisch dem Deutsch- und Englischunterricht zuzuordnen ist. Diese beiden Fächer bearbeitet Sabine Ernst. Unter Weltkunde versteht *Schaworalle* nicht nur Geografie, Sozialkunde, Geschichte und naturwissenschaftliche Themen sondern auch kognitives Training, Förderung sprachlicher Kompetenz und Zuordnungsübungen zum besseren Begreifen der deutschen Sprache und ihrer Struktur. Frau Findeklee muss heute früher weg und wird von Detlef Schulz abgelöst, der sofort von ein paar Jungs als Kumpel okkupiert wird. Er hat sichtlich Mühe, allen anderen im Schulraum zu signalisieren, dass er auch für sie da ist. Als er sich mit Ovidius Arbeitsblatt befasst, raunt ihm dieser ins Ohr: »Detlef, ich brauche eine Frau!«

Nebenan entspinnt sich ein massiver Streit, wer dafür aufzukommen hat, dass der Tisch mit Buntstiften vollgemalt wurde. Ein Radiergummi löst das Problem pragmatisch, doch für Marco ist es eine Frage der Ehre. Mit einem Radiergummi jedenfalls ist da nicht viel zu machen. Dementsprechend lautstark plustert er sich auf.

Überhaupt scheint die Lernsituation nicht eben der individuellen Konzentration förderlich zu sein. Was immer kommuniziert wird – sofern Jungs dran beteiligt sind, wird es laut, Stühle kippen um und knallen mit der Lehne auf den harten Fußboden. Doch wer von den Kids sich auf das Arbeitspapier eingelassen hat, kämpft ungebrochen mit Fragen wie dieser: Steht *der* Blume in *die* Wald?

Unversehens drängt sich der Gedanke auf, dass Deutsch wirklich eine schwere Sprache ist, voller tückischer Fallstricke und Untiefen. Wer ohne zu straucheln hier durchkommt, hat den Schulabschluss schon zur Hälfte geschafft.

Die Ziele

Die Bildungsziele der *Schaworalle* sind umso leichter zu definieren, je jünger die Kinder sind, weil es in der Grundschule eine fest umrissene Stoffmenge gibt, die von den Kindern Zug um Zug erarbeitet werden kann. Bei den Großen ist es erheblich schwieriger, da es sich hier um eine ganz heterogene Gruppe handelt, die, abgesehen von erheblichen Altersunterschieden (12 bis 18 Jahre), auch mit sehr verschiedenen Erfahrungen und Erwartungen kommt. »Da musst du im Unterricht viele Experimente machen, um herauszufinden, was kommt an, wie kann man in möglichst kurzer Zeit viel rüberbringen.« Offenbar sehr gut eignen sich im Deutschunterricht die Geschichten vom »Lügenbaron« Münchhausen. (Zur Überraschung der Lehrerin hat sich aber keiner davon anregen lassen, selber Lügengeschichten zu erfinden.) Auch Tierfabeln stehen hoch im Kurs. »Wenn eine Geschichte gut ankommt, reden wir ausführlich darüber. Die, die noch ganz wenig verstehen und ungeübt sind, die schreiben die Geschichte erst mal ab. Die anderen versuchen mit ihren eigenen Worten eine Nacherzählung. Mir kommt es dabei weniger darauf an, dass sie möglichst fehlerfrei schreiben, als vor allem darauf, dass die Kinder einen Begriff davon bekommen, was es heißt, Sprache anzuwenden, sich auszudrücken.«

Natürlich ist der Hauptschulabschluss ein Ziel der Jugendlichen, wenn auch noch kein Schlüssel zur Zukunft, zumal nicht in Deutschland, wo eine Arbeitsgenehmigung für »geduldete Zigeuner« von vornherein ausgeschlossen ist. Dementsprechend ist der Bildungsbegriff von *Schaworalle* auch weiter gefasst. Hier wurde eine Initiative gestartet, die es den Familien ermöglichen soll, ein autonomes, möglichst selbstbestimmtes Leben zu führen und dabei auszuprobieren, was sie mit den (Aus-) Bildungsmöglichkeiten unserer Kultur und Gesellschaft anfangen können. Sabine Ernst: »Eine Idealvorstellung ist natürlich, dass irgendwann mal aus den Reihen der Roma, mit denen wir hier arbeiten, zum Beispiel *Mika* als eine Mediatorin hervorgeht, deren Familie hier bleiben darf und die vor dem Hintergrund dieser persönlichen Sicherheit die Chance hat, sich auch in der Öffentlichkeit zu profilieren.«

Folgerichtig spielt im Bildungskonzept der *Schaworalle* neben dem Unterricht am Vormittag und der Hausaufgabenhilfe nach dem Essen der Nachmittag mit zahlreichen offenen Angeboten eine besondere Rolle (Holzwerkstatt, Computerwerkstatt, Trampolinspringen, Billard, Tischfußball, Tanzen, Gesellschaftsspiele etc.). Zusätzlich hat sich im Jahr 2002 eine Möglichkeit ergeben, die offensichtliche Begabung der Roma-Kinder im musischen Bereich zu fördern, als nämlich der *Philharmonische Verein der Sinti und Roma Frankfurt am Main e.V.* in den Räumen des *Fördervereins Roma* noch Platz fand. Die Profi-Musiker, die mit ihrem eigenen philharmonischen Orchester auftreten, haben die musikalische Förderung der Kinder und Jugendlichen als eines ihrer Vereinsziele in der Satzung festgeschrieben. Detlef Schulz, federführend für den Nachmittag zuständig und damit auch für die »Musik-Werkstatt«, hat sich bereits mit den Musikern verständigt.

Neben den hauseigenen Angeboten tragen regelmäßige Ausflüge in die Schwimmbäder oder Spiel- und Freizeitparks der Umgebung dazu bei, dass auch die Kinder, die noch nicht so lange hier sind, bald über wichtige Attraktionen der Region Bescheid wissen. Als »Zigeuner« denunziert zu werden, das kennen alle, umso wichtiger ist es für sie zum Beispiel spielerisch oder sportlich auch mal auftrumpfen zu können. »Wenn die Roma-Kinder das machen, was anderswo die Kinder nachmittags auch machen, wie beispielsweise im Schwimmbad ihr »Seepferdchen« und wenn sie auch bei anderen Dingen »mitreden« können, hat das für ihr Selbstwertgefühl aber auch als Integrationsmoment eine wichtige Bedeutung.« Konfrontationen mit dem Alltag der Mehrheitskultur, die nicht automatisch in gegenseitiger Frustration und Diskriminierung (»Dreckige Zigeuner!«, »Deutsche Kartoffel!«) enden, sind günstige Gelegenheiten für ein entspanntes Training gesellschaftlicher Umgangsformen. So geschehen, als die 9. Klasse einer Frankfurter Gesamtschule ein »Zigeunerprojekt« erarbeitete und sich die Jugendlichen öfters gegenseitig besuchten. Das Projekt wurde ein Erfolg und schließlich mit einem Fußballturnier gefeiert. »Nach solchen Erfahrungen schöpfen manche dann den Mut, sich aus der Isolation rauszuwagen und zum Beispiel den Schulabschluss auch aus eigenem Antrieb anzugehen.«

Allerdings fällt es schwer, Perspektiven für die Zukunft zu entwickeln, solange nicht für wenigstens 1 Jahr ein Bleiberecht für die Kinder und Jugendlichen und ihre Familien gesichert werden kann. Dessen ungeachtet arbeiten *Schaworalle* und der *Förderverein Roma* an Konzepten, die über die Schulzeit hinausreichen. – Die praktische Konsequenz aus der Tatsache, dass in der Hauptschulgruppe mittlerweile schon 19-Jährige sitzen, »die gern kommen«, wie Sabine Ernst lachend betont und hinzufügt: »Die kommen auch regelmäßig, aber sie sind einfach zu alt. Dann können wir bald das Konzept Hauptschule nicht mehr fahren, dann sind wir eine Volkshochschule oder was auch immer.« Entscheidende Voraussetzung jedenfalls ist, dass das Projekt über die Kosten für die Ausbildung hinaus finanziert werden muss, »denn die jungen Leute brauchen Geld.« Die Kooperation mit »Equal«, einem EU-Programm zur Berufsqualifizierung benachteiligter Jugendlicher erfordert die Beteiligung öffentlicher Stellen, was aber in Frankfurt auf Schwierigkeiten stößt, »... weil das Arbeitsamt als notwendiger Kooperationspartner ausfällt, da wir aufgrund des aufenthaltsrechtlichen Status der Jugendlichen mit dem Arbeitsamt praktisch keine Berührungspunkte haben«.

Tatsächlich aber ist es im Jahr 2003 schließlich doch gelungen mit Kooperationspartnern in Berlin (*RAA*) und Aachen (*Roma-Union Grenzland e.V.*) im Rahmen des »Equal«-Programmes einen Weg zu finden, der insgesamt 15 Jugendlichen die Möglichkeit gibt, den Hauptschulabschluss nachzuholen (3 Tage wöchentlich) und gleichzeitig sich im Rahmen von Betriebspraktika (2 Tage wöchentlich) beruflich zu orientieren. Parallel dazu und auf den kommunalen Rahmen beschränkt erarbeiten der *Förderverein Roma e.V.*, *Schaworalle* und das Jugend- und Sozialamt eine örtliche Variante. Geplant sind mehrere untereinander verbundene Module: a) Zielvorgabe Hauptschulabschluss, b) ein Kurs in Informationstechnik, c) ein Kurs in Handelslehre, d) Führerscheinvorbereitung, e) eine Kleiderkammer, mit dem Ziel die zahlreichen Sachspenden für *Schaworalle* aufzubereiten und kommerziell zu verwerten. Teile dieses Programms werden bereits realisiert. Dazu gehört zum Beispiel ein externer Hauptschulabschluss, den *Schaworalle* gemeinsam mit einem weiteren freien Träger und dem Staatlichen Schulamt erstmals im Sommer 2003 abnimmt.

Der Antrieb

Sabine Ernst und Joachim Brenner steuern das Schiff mit den Hoffnungen vieler der 200 bis 300 rumänischen Roma-Familien in Frankfurt alltäglich durch ein schwieriges Fahrwasser zwischen Skylla und Katastrophe. »Wenn schon, dann richtig!« – so die Devise von Sabine Ernst, die 1995 nach jahrelangen Outdoor-Erfahrungen auf einem Abenteuerspielplatz im sozialen Brennpunkt engagiert wurde, um im berühmt berüchtigten Frankfurter Bahnhofsviertel streunende Roma-Kinder von der Straße zu holen. Doch zunächst lief diese Arbeit immer wieder auf Einzelfallhilfe hinaus. Das war ihr zu wenig. »Wo können wir etwas für viele tun?«, fragte sie sich und gab der Arbeit im Kinderhaus mit dem Projekt *Schaworalle* einen konzeptionellen Rahmen, der nach und nach im Laufe von drei Jahren fortentwickelt wurde. Die Gründung einer Tageseinrichtung für Kinder in der Trägerschaft des *Förderverein Roma e.V.* öffnete die Tür in den städtischen Haushalt. Die Unwägbarkeiten einer projektorientierten Förderung aus dem Etat des Jugendamtes (»Kann-Leistungen«) waren überwunden; seit 1999 gibt es Planungssicherheit. »Diese Arbeit ist wie ein Motor, der einen von ganz alleine weiter treibt.« begründet Sabine Ernst die kreative Unruhe, die sie seit Jahren in Atem hält. »Immer wieder trifft man auf Leute, die sich von unserer Arbeit anregen lassen, selber Initiativen zu ergreifen. Die Kooperation mit den städtischen Stellen klappt gut und es gelingt, vieles unserer konzeptionellen Ideen praktisch umzusetzen. Das macht Spaß!«

Mit schlichten Worten erklärt sie, warum sie nicht müde wird, jeden Tag zehn Stunden und zusätzlich noch manches Wochenende zu investieren. »Mir gefällt es auch, wie in den Familien Traditionen erhalten und aber auch gleichzeitig infrage gestellt werden, genauso wie sich auch hier in der Einrichtung permanent etwas entwickelt und verändert, obwohl doch auch vieles immer gleich bleibt.« Unverändert gleich bleibt die existenzielle Unsicherheit der Familien, »dass man nie weiß, was morgen passiert«. Umso erstaunlicher ist die Freundlichkeit und häufig ansteckende gute Laune der Kinder, Jugendlichen und Eltern, trotz ihrer schwierigen Lage. Dann denkt Sabine Ernst darüber nach, wie man »eine solche Haltung, eine solche Einstellung als etwas Positives auch in unsere Gesellschaft hineintragen kann«.

Auch Joachim Brenner in der Sozialberatungsstelle des Fördervereins gegenüber, auf der anderen Seite der Stoltze-Straße in der Frankfurter Innenstadt, »lebt« zu einem gewissen Teil von der guten Resonanz seiner Arbeit und der temperamentvollen Ausstrahlung seiner »Kunden«. Mitte der 1980er-Jahre kam der damals frisch gebackene Sozialpädagoge über die Arbeit in einer Lernhilfeeinrichtung in Kontakt mit Roma-Familien und wunderte sich, warum die Roma-Kinder aus den unterschiedlichsten Ländern Europas in deutschen Schulen alle ganz ähnliche Schwierigkeiten hatten. »Vielleicht liegts ja an uns – eher als an den Flüchtlingen.« Seine Auseinandersetzung mit der Geschichte der Sinti und Roma im Nationalsozialismus während seines Studiums ergänzte Brenner in seinen ersten Berufsjahren durch praktische Erfahrungen als Sozialpädagoge in Zusammenarbeit mit der Frankfurter *Roma-Union*. Schließlich war ihm klar: »Interkulturelle Sensibilisierung muss bei einem selber anfangen.« Angesichts seiner alltäglichen Begegnung mit den Problemen der Roma-Familien beschloss er, seine Kraft zukünftig in die Verbesserung der Einrichtungen und Strukturen zu stecken – »konzeptionell und praktisch«!

Trotz der ungewöhnlich kooperativen Haltung der Frankfurter Stadtverwaltung sammelt er nach wie vor immer wieder einschlägige Erfahrungen mit der Ignoranz vieler Mitbürger und der weit verbreiteten Überheblichkeit kultureller und gesellschaftlicher Institutionen, »die glauben, mehr als Klischees müssten sie nicht wissen«. Doch den Geschäftsführer und Sozialberater des *Förderverein Roma* treibt kein missionarischer Eifer, auch ist er kein Romantiker. Kühl spricht er von der »objektiven Notwendigkeit, Freiräume zu schaffen, um Perspektiven zu entwickeln für die, die immer ausgegrenzt werden«. Seinen Klienten hört er aufmerksam zu und fragt nach, bis er sicher ist, ihr Problem verstanden zu haben, bevor er ihnen Tipps und Anregungen zur besseren Bewältigung ihrer Schwierigkeiten gibt. »Mich beeindruckt die Fähigkeit der Roma aus ihren Erfahrungen zu lernen, wie sie trotz aller widrigen Umstände in der Lage sind, ihr Leben zu leben. Daraus ziehe ich auch eine Menge für mich selber. Das steckt an.«

Die Hauptschulgruppe: Weltkunde und Muttersprache

»Auf einmal hast du keinen Bock mehr darauf, die Probleme zu lösen!« Gratian macht schon den ganzen Vormittag den Eindruck, als hätte er diesen Satz im Kopf. Eine gewisse Freudlosigkeit macht sich immer wieder unvermittelt in seinem Gesicht breit. Ein lichter Bart, sorgfältig in Form geschnitten, zieht sich von den Koteletten in Richtung Kinn. Gratian trägt eine schwarze Bügelfaltenhose über glänzend geputzten Schuhen. Oben herum ein elegantes silbergrau-schwarz gestreiftes T-Shirt mit V-Ausschnitt. Eng anliegend. Über dem Gürtel wölbt es sich leicht. Eben noch stand er draußen im Hof. Wie er dort den scheinbar wesentlich Jüngeren dabei zusah, wie sie mit der Schubkarre den Bauschutt aus der zukünftigen Grünanlage wegschafften, hätte man ihn für den Juniorchef des Bauunternehmens halten können, der seine Leute bei der Arbeit überwacht. Plötzlich bricht es aus ihm heraus: »Weißt du – im Supermarkt: wo immer ich gerade bin, sofort kommt einer hinterher, um zu schauen, ob ich was geklaut habe. Egal ob Tomaten oder Zahnpasta. Das nervt!! Wenn einer von uns was klaut – dann heißt es gleich »Auuh die Zigeuner!« Ja gut, ich bin Zigeuner, aber ich bin doch ein Mensch!«

In der *Schaworalle* gehört Gratian zur Gruppe der Hauptschüler, anderthalb Dutzend zwischen zwölf und achtzehn Jahren, die (wie die Grundschulgruppe) fünf Tage in der Woche von 9.30 Uhr bis 13.00 Uhr Unterricht haben. Gratian ist gerade 17 geworden und seit wenigen Wochen verheiratet. Die Körperhaltung eines etablierten Familienvaters hat er jedenfalls schon gut drauf. Und so, als könnte er Gedanken lesen, antwortet er: »Bei uns ist das so: Mit Sechzehn, Siebzehn muss man Geld verdienen, die Familie versorgen. Fußball spielen ist da nicht mehr drin, das habe ich als Kind gemacht. Jetzt bin ich erwachsen, ich muss umschalten.« Gratians Weg ist nach seiner Heirat gewissermaßen vorprogrammiert. Er wird nicht mehr lange als Schüler in die *Schaworalle* kommen. Mit 18 ist Schluss. Doch wie immer, so bestätigen auch hier Ausnahmen die Regel. Mit anderen Worten: Gratian macht weiter. Er gesteht freimütig: »Ich würde gerne mal die Gesetze wechseln. Das mit dem Heiraten gefällt mir nicht.« Andererseits ist er davon überzeugt, dass es eine Blamage wäre, mit 20 Jahren immer noch ledig zu sein. Befremdlich findet er auch die Idee, seiner Frau das Terrain im Haushalt zu überlassen und sich stattdessen auf den Schulabschluss zu konzentrieren. Er sieht sich schon als Herr im Haus: »Der Mann ist der Hahn. Wenn die Frau den Hahn spielt, taugt das Kommando nichts.«

Wer morgens in der *Schaworalle* einläuft, wird erst einmal am runden Tisch im Flur vor dem Eingang zur Küche begrüßt, wo eigentlich immer schon ein, zwei oder auch mehr sitzen, wo immer ein Tablett mit sauberen Tassen und Löffeln und einer dampfenden Kanne Kaffee zum Hinsetzen einlädt. Die Gespräche drehen sich vor allem um zwei Themen: Kinder und Aufenthalt, das heißt in der Regel – die (drohende) Abschiebung. Gäste werden von den Anwesenden unverhohlen neugierig, aber höflich empfangen. Wer zum dritten oder vierten Mal kommt, wird schon mit freundlichem Lächeln begrüßt. Die Elternarbeit der *Schaworalle* erledigt sich quasi selbst, da die Eltern aus eigenem Antrieb kommen. Manchmal wird es fast ein bisschen eng, »weil wir kaum noch durchkommen mit den Kindern«. Doch den Erzieherinnen und auch den Lehrerinnen gefällts: »Es ist alles sehr familiär, nicht so distanziert wie sonst oft im Kontakt mit den Eltern, sondern sehr persönlich.« In der *Kita Schaworalle* landet man schon kurz hinter der Eingangstür in einer Art verlängertem Wohnzimmer. An dem Tisch vor der Küche beginnt quasi das erste Kapitel im interkulturellen Curriculum von *Schaworalle*. Eine »Schwelle« empfinden hier höchstens Gadje. Und ihnen schwant, in diesen Räumen möglicherweise auch etwas lernen zu können ...

Montag, Mittwoch und Freitag findet regulärer Unterricht statt in Mathe, Kunst, Deutsch und Weltkunde. An diesen Tagen ist Mike Findeklee in der Klasse. Dienstags sind (Fremd-)Sprachen dran – Englisch und Deutsch mit Sabine Ernst. Am Donnerstag: Muttersprache mit Lothar Winter. – »Die Betreuung in Romanés, aber auch das Klären von Problemen und Konflikten in der Muttersprache ist ein unerlässlicher Baustein. (...) Die Tatsache, dass ausschließlich Roma-Kinder betreut werden, vermittelt Sicherheit, gibt den Kindern die Möglichkeit, Erfahrungen und Erlebnisse zu artikulieren und zu reflektieren, die ihrem Leben eigen sind.« (*Schaworalle*, Jahresbericht) Sinnfälliger Ausdruck dieser Programmatik ist die Übersetzung eines alten Roma-Liedes (s. nächste Seite) ins Deutsche. Das Besondere an der Übersetzung ist – abgesehen davon, dass sie die Hauptschulgruppe gemeinsam mit Lothar Winter besorgt hat – dass der Text im Original aus mehreren verschiedenen Dialekten zusammengesetzt war. Abweichungen von anderen Versionen sind also mindestens wahrscheinlich.

Die Sprache ist Heimat und spielt als solche eine symbolische Rolle, vergleichbar mit der Bedeutung, die das Territorium oder die Religion für andere Völker spielt. Dementsprechend dient die Sprache auch als Refugium. Sinti und Roma verfügen in der internationalen Völkergemeinschaft über keinerlei staatliche Organisationsform. Den einzigen Rahmen schafft die Sprache, mithin ihr wichtigstes Kulturgut und Symbol ihrer Identität. Für die meisten Roma-Familien aus Rumänien war Rumänisch ursprünglich eine Fremdsprache, die sie zusätzlich lernen mussten, so wie die Kinder heute hier Deutsch lernen.

Bei *Hansi* (Lothar Winter) im Unterricht wird fast ausschließlich Romanés gesprochen. Die Themen liefert der Alltag. Es geht um Familie, um Feste, Hochzeit und Tod, aber auch um Körperpflege, Essen und Berufsbilder. Lauter Fragen und Erfahrungen, die die Schüler/innen interessiert, die im Unterrichtsgespräch der Regelschule aber kaum Platz haben, es sei denn im Sprachbuch. (Womit Parallelen zum muttersprachlichen Unterricht in der deutschen Regelschule doch auszumachen sind.)

Djelem Djelem

Djelem djelem lungone dromesa
Maladilem schukare romenza
Djelem djelem lungone dromesa
Maladilem bachtale romenza

Refrain:
Ahai, Romale, ahai Chavalle,
Ahai, Romale, ahai Chavalle

Sasa vi man bari familia
Murdardarla i kali legia
Saren chinda vi Romen vi Romnien
Maschkalende vi zigne schaworen

Refrain:
Ahai, Romale, ahai Chavalle
Ahai, Romale, ahai Chavalle

Putar Devla te bare wudara
Te ka dikav kai si me Manuscha
Upre Roma! Akana si wakti
Uschten sa te sundale Roma

Refrain:
Ahai, Romale, ahai Chavalle
Ahai, Romale, ahai Chavalle

Palem ka djaw lungone dromesa
Ta ka pirav schukare Romenza
Palem ka djaw lungone dromesa
Ta ka pirav bachtale Romenza

Refrain:
Ahai, Romale, ahai Chavalle
Ahai, Romale, ahai Chavalle

Djelem Djelem

Auf meinem sehr sehr langen Weg
Traf ich viele schöne Roma
Auf diesem sehr sehr langen Weg
Begegneten mir viele glückliche Roma

Refrain:
Ahai, Roma, ahai Kinder

Auch ich hatte eine große glückliche Familie
Sie wurden von der schwarz gekleideten Legion ermordet
Alle wurden umgebracht Männer, Frauen,
Selbst die kleinen Kinder

Refrain:
Ahai, Roma, ahai Kinder

Lieber Gott, öffne deine großen Tore
Damit ich sehe kann ,wo all meine Menschen geblieben sind
Erhebt euch Roma, es wird Zeit
Steht auf ihr müden Roma

Refrain:
Ahai, Roma, ahai Kinder

Und wieder werde ich diesen langen Weg gehen
Und werde mit schönen Roma zusammentreffen
Und auf diesem langen beschwerlichen Weg
Werde ich mit diesen glücklichen Menschen mitziehen

Refrain:
Ahai, Roma, ahai Kinder

(Übersetzung der Hauptstufenklasse von »*Schaworalle*« im muttersprachlichen Unterricht mit Herrn Lothar Winter am 23.04.2002)

Mit anderen Worten: Der muttersprachliche Unterricht legt es darauf an, dass die Jugendlichen trotz alltäglicher vom Zeitgeist und der Mode diktierten Reizüberflutung die eigene Identität nicht aus dem Auge verlieren. Das Selbstwertgefühl der Einzelnen wird gestreichelt und ganz nebenbei fördert dieses Unterrichtsgespräch – wie jede strukturierte Debatte – die Diskussionskultur und die sprachliche Ausdrucksfähigkeit der Einzelnen. Ein wichtiges Thema ist immer wieder der Zusammenbruch des Ostblocks 1989/90; die Öffnung des Eisernen Vorhangs; die Voraussetzung für ihre Anwesenheit in Deutschland.

Eine besondere Rolle spielt die Muttersprache für die Kinder, die noch nicht lange hier sind und kaum Deutsch sprechen. Romanés bietet die einzige Chance, sie fürs Lesen, Schreiben und Rechnen zu interessieren, und das *eigene* Interesse – »Das ist das Wichtigste!«

Covaci erzählt aus dem Kino. Er war im »Graf von Monte Christo« und ist sichtlich beeindruckt. Also liefert der Film in dieser Stunde die Bühne für den Geschichtsunterricht, angereichert durch biografische Notizen von Alexandre Dumas. Im Klassenbuch steht später zu lesen: »Weltkunde – Der Graf von Monte Christo.«

In *Weltkunde* geht es (auch) um Gott und die Welt: Keine Welt ohne Gott. Oder müsste es heißen: Ohne Gott keine Welt? Immer wieder gibt es gute Gründe über »Gott« zu reden und darüber, was unterschiedliche Religionen darunter verstehen. Die rumänischen Roma in Frankfurt sind entweder katholisch oder sie zählen sich zur freichristlichen Gemeinde. Die Unterschiede zwischen Christen- und Judentum und dem Islam beschäftigte die Klasse über mehrere Wochen. Als Lektüre diente meist das Alte Testament. Und dann kam der 11. September. An diesem Thema hat sich oft das Unterrichtsgespräch festgebissen. Die Jugendlichen sitzen um Tischgruppen herum. Auf einer Anwesenheitsliste wird eingetragen, wer da ist. Die Liste dient als Nachweis für die Anspruchsberechtigung auf eine Monatskarte im öffentlichen Personennahverkehr; mehr noch – Lothar Winter erinnert an die Anfänge der *Schaworalle*: »Die Schule war hier noch ein Mittel zum Zweck. Die Idee war die, wenn die Kinder in die Schule gehen, bekommen sie eine Bescheinigung – ob das die Regelschule ist oder ob das jetzt hier bei uns ist, spielt keine Rolle; Hauptsache, sie kommen regelmäßig – diese Bescheinigung legten sie dem Sozialamt vor, und das Sozialamt zahlte Sozialhilfe für das Kind.« Zunächst einmal also hat es sich *gelohnt*, wenn die Eltern ihre Kinder zur Schule oder in die *Schaworalle* schickten. Langsam aber sicher setzt sich bei immer mehr Eltern die Erkenntnis durch, dass ein Schulabschluss ihren Kindern bessere Chancen für die Zukunft einräumt. Die Frage ist nur, ob sie überhaupt so lange in Deutschland bleiben können.

Heute sind nur wenige Schüler da. Eine junge Dame hat sich gleich zu Beginn bei Lothar Winter abgemeldet. Dorel wurde mitten im Unterricht von Sabine Ernst zu einem Termin beim Sozialamt zitiert. Inzwischen sitzen nur noch fünf an den Tischen, unter ihnen Gratian. Fella und Rupa sind im Nebenzimmer. Mit ihnen paukt Andrea anderthalb Stunden lang Rechtschreibung, Lesen und Rechnen.

»Kein einziger deutscher Rom würde sich darauf einlassen, diese Arbeit zu tun, die ich mache. Sogar die rumänischen Roma, die hierher kommen, sagen: »Was machst du hier? Warum arbeitest du hier?«« – Lothar Winter, in Berlin geboren mit deutschem Pass, ehemals Vorsitzender der *Roma-Union Frankfurt e.V.*, hatte bereits lange Jahre Roma- und Sinti-Familien in Bürgerrechtsfragen beraten, als Anfang der 1990er-Jahre im Rhein-Main-Gebiet immer mehr Roma-Flüchtlinge aus Rumänien auftauchten. Als dann *Schaworalle* begann, im Rahmen von offenen Angeboten zu improvisieren und auf diese Weise für die Kids konkrete Alternativen zum Leben auf der Straße entwickelte, wurde Lothar Winter neugierig. »Da habe ich mal reingeschnuppert und gemerkt, wie intelligent diese Kinder sind. Es war eigentlich nur die Frage, wo muss man ansetzen die Kinder zu fordern, um sie dann auch wirklich fördern zu können.« Als er gemerkt hat, dass er bei den Kindern ankam und »wie viel sie aufnehmen können in ganz kurzer Zeit«, hat ihn das angespornt, tiefer einzusteigen. Lothar Winters Stelle (die zweite mit dem Titel »Pädagogische Mitarbeit«) wird zur einen Hälfte vom Stadtschulamt und zur anderen vom Jugendamt (aus dem Topf »präventive Jugendarbeit«) bezahlt.

Es sind vor allem zwei Gründe, weshalb viele Roma davor zurückschrecken, so einen Job zu machen: In ihrer Kultur findet die Erziehung und Anleitung von Kindern in der Familie und nicht in extra dafür bestimmten Einrichtungen statt. Zweitens widerspricht die Vorstellung, jeden Morgen zur selben Zeit die Arbeit aufzunehmen, einer unter Roma verbreiteten Berufsauffassung. Man arbeitet lieber freiberuflich, also selbstständig beispielsweise als Händler. Geschäfte ergeben sich aus den Lebenszusammenhängen und sind auch nicht an äußere Strukturen, wie z.B. Ladenöffnungszeiten gebunden. Lothar Winter allerdings hat sich von den Erfahrungen mit den Kindern beeindrucken lassen. Als dann noch das Angebot des *Förderverein Roma* kam, entschloss er sich zum ersten Mal in seinem Leben für eine Festanstellung. »Natürlich ist da auch ganz viel Idealismus dabei. Ich denke mir immer: Vielleicht werden wir uns irgendwann in zehn Jahren auf der Straße treffen, und dann wird der Gratian zu seinem Sohn sagen: »Da, siehst du, da ist der Hansi, das ist mein Lehrer. Das ist der, der aus dir das gemacht hat.« Denn Gratian wird – wenn er in Deutschland bleiben kann – seine Kinder mit Sicherheit in die Schule schicken. Für ihn hat Schule keine Schrecken gehabt. Für ihn ist Schule selbstverständlich. Er weiß, was es heißt, nicht lesen und nicht schreiben zu können.« Vielleicht klappt es ja, dass Gratian bleiben kann, damit der Wunschtraum seines Lehrers Wirklichkeit wird ...

Die *Schaworalle* hat die ganze Bildungskarriere ihrer Schützlinge im Blick, vom Kindergarten in den Beruf. Die Schwierigkeiten, mit denen die Beteiligten auf diesem Weg an den unterschiedlichsten Stationen konfrontiert werden, sind sehr konkret. Worauf kommt es besonders an? Wie soll der Unterricht angelegt werden, leistungsbezogen oder altersbezogen? Wie geht man mit Kindern um, die gerade erst hier angekommen sind, kein Wort Deutsch sprechen, aber 12 Jahre alt sind? Beispiel Marco: »In der Grundschulgruppe, da sitzen 7-Jährige, da passt er nicht rein. Hier, bei den Hauptschülern, wäre er altersmäßig richtig. Aber wo sollen wir anfangen? Da ist manchmal nichts da. Die Eltern leben im Container. Der Vater war nicht in der Schule, der Opa nicht. Schule ist da ein Fremdwort.« Lothar Winter redet nicht drum herum. Aber in seinem muttersprachlichen Unterricht gelingt es ihm, die

Kinder und Jugendlichen dort abzuholen, wo sie stehen. Und gerade das »Fach« *Weltkunde* kann in solchen Situationen einen ersten Eindruck vermitteln, was Schule heißt (– heißen könnte).

Es ist 12.30 Uhr, noch eine halbe Stunde bis zum Mittagessen. Vichie steht auf und bittet *Hansi*, jetzt schon gehen zu dürfen. Er hat einen amtlichen Termin. »Und warum ausgerechnet am Vormittag, wenn hier Schule ist?«, beschwert sich Lothar Winter. Vichie zuckt die Achseln. Auf dem Weg an mir vorbei fragt er mich, was ich hier mache. »Ich schreibe ein Buch über Roma in der Schule«, wiederhole ich meine Vorstellung vom Anfang der Stunde. »Und deshalb bin ich bei euch, um zu schauen, was ihr hier macht.« – »So, so ein Buch? Okay, dann schreibst du, dass ich jetzt gehe.«

Bildung und Beratung: Ein integratives Gesamtkunstwerk

Die *Kita Schaworalle* in Frankfurt am Main ist ein Prototyp unter deutschen Bildungseinrichtungen. Kindergarten und Schulvorbereitung, Alphabetisierung, Gruppenunterricht und Einzelförderung, Elterntreff und Jugendhaus; seit Herbst 2001 offiziell als Schulort anerkannt und mit zwei Lehrerstellen versorgt, die das Staatliche Schulamt von der Comeniusschule (Grundschule) und der Friedrich-Stoltze-Schule (Haupt- und Realschule) in die *Schaworalle* abgeordnet hat. Das pädagogische Programm wird ergänzt und flankiert von der Beratungsstelle des *Förderverein Roma e.V.* gegenüber, auf der anderen Straßenseite. Hier beraten und unterstützen der Geschäftsführer Joachim Brenner und seine Mitarbeiterin Claudia Molnár die Familien in allen Fragen der Existenzsicherung und des Aufenthaltsrechtes. Die Koppelung der Sozialberatungsstelle mit dem Freizeit- und Bildungsangebot der *Schaworalle* spielt für den Erfolg des Gesamtkunstwerks eine entscheidende Rolle. Die Erwachsenen erkennen, dass sie hier nicht nur einzeln, sondern auch als Familie mit ihrer Gesamtproblematik angenommen werden. Auf diesem Weg gelingt es auch immer besser, die Roma dazu zu bewegen, sich selber aktiv mit einzubringen.

Natürlich geht nicht alles reibungslos über die Bühne, und Schwierigkeiten gibt es immer wieder, weil die Nicht-Roma, die Gadje zum Beispiel unter »regelmäßig« und »verlässlich« etwas anderes verstehen, als viele Roma-Kinder und -Eltern. Dabei gibt es eine ganze Reihe Kinder, die jeden Morgen um 9.00 Uhr auf der Matte stehen und fordern, dass der Tag beginnt. Aber das sind vielleicht zehn. Und wenn man die Kindergartenkinder dazunimmt, die zu Hause warten bis der Bus sie holt, dann sind das zusammen 25. Der Rest der 15, die hier täglich erscheinen, »ist wechselnd anwesend, darin aber durchaus regelmäßig«. Sabine Ernst nimmts mit Humor. »Verlässlich bedeutet, drei bis vier Mal in der Woche da zu sein. Verlässlich bedeutet aber auch, dass ich, wenn ich eine Woche weg war, wiederkomme, auch wenn ich ein halbes Jahr weg bin. Ich komme aber wieder, und dann bin ich da.«

Doch die größten Schwierigkeiten bereitet die aufenthaltsrechtliche Stellung der rumänischen Roma in Frankfurt. Ein Abkommen über die Rückführung von Flüchtlingen, das die Bundesregierung mit Rumänien vereinbart hat[6], verunsichert Eltern und Kinder gleichermaßen. Zurück nach Rumänien will niemand, zu Lebzeiten jedenfalls nicht. Wenn überhaupt, dann wollen sie in der Heimat begraben werden. Das allerdings stellt die überlebenden Familienmitglieder vor große Probleme, nicht nur im Hinblick auf den finanziellen Aufwand einer Trauerzeremonie in Rumänien. Entscheidend ist, dass ihr Status der Duldung Reisen ins Ausland nicht zulässt. So konnte beispielsweise Dorel nicht an der Beerdigung seines Vaters in Rumänien teilnehmen, weil er auf dem Rückweg nicht mehr nach Deutschland hätte einreisen dürfen.

Der unsichere Status der Eltern und ihrer Kinder bestimmt zunehmend auch den Alltag der Roma-Flüchtlinge. Wenn tatsächlich irgendwann die Abschiebung nicht mehr zu vermeiden ist, gehen sie lieber vorher, und zwar die ganze Familie, selbst wenn einzelne Familienmitglieder eine Aufenthaltsbefugnis haben sollten. In den Worten von Lothar Winter: »Wir sind Zigeuner und wir bleiben Zigeuner. Wenn einer geht, gehen alle.« Wenn sie schon gehen müssen, dann wollen sie wenigstens selbst entscheiden, wohin. Um dorthin zu kommen brauchen sie Geld. »Und dann ist es vielleicht wichtiger, dass die Kinder mithelfen, den Lebensunterhalt zu verdienen, anstatt in den Unterricht zu kommen.« Lothar Winter versucht beide Seiten zu sehen. Jon ist ein wandelnder Beleg für das Dilemma, in dem die rumänischen Roma-Familien in Frankfurt stecken. Jon war einer der Vorzeigeschüler der *Schaworalle*, weil er nahezu reibungslos den Übergang von der Grundschulgruppe in die Regelschule geschafft hatte und bis vor kurzem als durchaus passabler Schüler in der 5. Klasse einer Frankfurter Hauptschule saß. Um der drohenden Abschiebung nach Rumänien zu entgehen, ist die Familie vor ein paar Monaten ausgereist. Inzwischen sind sie wieder zurück, diesmal ohne Grenzübertrittsbescheinigung. Seitdem kommt Jon wieder in die *Schaworalle*. In der Hauptschulgruppe gehört er zu den Jüngsten, trotzdem kann er überall gut mitreden. In Lesen, Schreiben und Rechnen ist er seinen Mitschülerinnen und Mitschülern ein Vorbild. »Mit David ist es ähnlich.« – Ergänzt Lothar Winter. – »Er hat einen prima Hauptschulabschluss. Wir haben uns bemüht, einen Ausbildungsplatz zu finden. Aber welcher Arbeitgeber lässt sich darauf ein, wenn der Lehrling nur eine »Duldung« von drei Monaten hat?« David wollte Kfz-Mechaniker lernen. Er hatte die Idee, reparaturbedürftige Autos anzukaufen und instand zu setzen. Sein Vater, ein Gebrauchtwagenhändler, würde sie dann gewinnbringend verkaufen. Auf diese Weise wäre er unabhängig gewesen; abgesehen davon hätte die ganze Familie etwas davon und last not least die Stadtkasse. Denn dann wäre David nicht mehr auf Sozialhilfe angewiesen.

Die ständige Sorge der Familien, ob sie nun bleiben dürfen oder Gefahr laufen, vielleicht bald schon »rausgeschmissen« zu werden, erschwert die Aufgabe, die Kin-

6 Am 16.5.2001 haben die Innenminister »Missverständnisse beider Staaten« ausgeräumt: »Otto Schily begrüßte die Bereitschaft Rumäniens, die Ausreisepflichtigen zurückzunehmen, die sich durch den Verzicht auf die rumänische Staatsangehörigkeit jahrelang einer Aufenthaltsbeendigung entziehen konnten. ... Rumänien komme damit seinen völkerrechtlich und vertragsrechtlich begründeten Verpflichtungen nach.« (Presseerklärung des BMI)

der für Schule zu interessieren, sie zu motivieren, sich auf Schule näher einzulassen, geschweige denn sich anzustrengen. So kommt es immer wieder vor, dass Kinder, die den Übergang in die Regelschule »vom Lernen her packen« würden, vor einer Anmeldung in der »großen Schule« zurückschrecken: »Aber Sabine – was ist dann im Herbst? Da weiß ich noch nicht, wie ...« Nachdem Innenminister Schily und sein rumänischer Amtskollege im Mai 2001 die zwischenstaatlichen »Missverständnisse« ausgeräumt hatten, haben Sabine Ernst und Joachim Brenner ihre Anstrengungen verdoppelt, um eine Lösung des Problems ihrer Klientel zu finden. Sie fürchteten sonst, mit der *Schaworalle* lediglich als »Durchlauferhitzer« für eine Volksgruppe zu fungieren, die aufgrund ihrer Stigmatisierung als »Zigeuner« auch in Zukunft nicht die Chance bekommt, in Ruhe leben zu dürfen.

Eine Lösung des Dilemmas im Sinne von *Schaworalle* erfordert in jedem Fall die Unterstützung des Frankfurter Stadtparlaments und des Magistrats. In der Überlegung ist zum Beispiel die Idee, den Schulbesuch der Kinder zur Bedingung für ein Bleiberecht aufzuwerten. Doch davor schreckt Sabine Ernst zurück, denn im Zweifelsfall ist es an ihr, die regelmäßige Teilnahme am Unterricht zu bescheinigen. »Dann kann es natürlich auch mal vorkommen, dass wir das nicht können, dass wir einen negativen Bescheid ausstellen müssen. Und es kann natürlich auch nicht sein, dass Roma-Familien, deren Kinder in die Regelschule gehen, möglicherweise Nachteile dadurch haben, weil sie zufällig die Anbindung an uns nicht haben.«

Tatsächlich achten immer mehr Roma-Familien inzwischen sorgfältig darauf, dass ihre Kinder regelmäßig »in die *Schaworalle*« gehen. Sabine Ernst und Joachim Brenner, Geschäftsführer im Trägerverein *Förderverein Roma e.V.*, wissen die Kooperation zu schätzen. Überhaupt speist sich die Kraft der beiden Steuerleute zum guten Teil aus der Zuneigung und dem emotionalen Temperament der Kinder und Eltern. Auch Außenstehende spüren das. Wer hier öfters mit am Tisch sitzt, erfährt eine Gemeinschaft, die Wärme entwickelt. Vom »Dampf im Beziehungsgeflecht« und seiner »Hitzigkeit« spricht auch Sabine Ernst, wenn sie von dem Leben erzählt, das sich alltäglich unmittelbar vor der (meist geöffneten) Türe zu ihrem Büro abspielt.

Eine für den Erfolg der *Kita Schaworalle* entscheidende Rolle spielen neben den Kindern und Jugendlichen naturgemäß die Erwachsenen, die hier arbeiten; davon allein 15 Personen mit regulären Arbeitsverträgen. 5 davon sind Roma (3 pädagogische Mitarbeiter/innen, zwei Mal 1/2 Stelle, eine 2/3 Stelle, eine Köchin mit 30 Stunden/Woche, eine Putzkraft). Nicht-Roma: Leitung (1/1 Stelle), 2 Erzieherinnen (1 1/2 Stellen), ein Sozialpädagoge (2/3 Stelle) der sich vor allem um das Nachmittagsangebot kümmert, eine ABM-Stelle (1/1 Sozialpädagogin) für den Bereich Schulvorbereitung und Alphabetisierung, eine ehrenamtliche, pensionierte Lehrerin für Bastel- und Handarbeitsangebote am Nachmittag, ein Zivildienstleistender, 2 Lehrerstellen abgeordnet vom Staatlichen Schulamt.

Doch wo kamen all diese Leute her, wie fanden sie zusammen? Zunächst mal waren da nur Sabine Ernst und *Hansi*, sprich Lothar Winter, der Interesse bekundete vom Sozialberater im Namen der *Roma-Union Frankfurt* in die Jugendarbeit zu wechseln. Als Nächste gewannen sie Vera Ristic, die allein erziehende Mutter von vier Kindern aus Mazedonien, die sie in der Beratungsstelle kennen gelernt hatten und die von der Idee, eine Kindertagesstätte für Roma-Kinder zu eröffnen, spontan begeistert war. Und Detlef Schulz, Sozialpädagoge und »Vater« des Nachmittagsprogramms von *Schaworalle*. Ihn kannte Sabine Ernst noch aus den ersten Tagen von *Schaworalle* im Kinderhaus am Wiesenhüttenplatz. Regina Hohnschild, die Leiterin der Kindergartengruppe fand sich über eine Anzeige. »Dazu kam Mika als Naturtalent und Andrea, die unbedingt ihr Jahrespraktikum als Sozialarbeiterin bei uns machen wollte. Wir haben also nicht auf einmal Leute gesucht, sondern das hat sich Stück für Stück entwickelt. Und es ist schon so,« – jetzt schwingt bei Sabine Ernst ein klein bisschen Stolz in der Stimme mit – »... dass viele Leute, wenn sie mal Kontakt zu uns hatten und immer noch Lust und Power haben, pädagogisch zu arbeiten, auch gerne in diesen Zusammenhang hier wollen.«

Mit der Anerkennung als Schulort durch das Staatliche Schulamt stellte sich die Frage, welche Lehrerin, welcher Lehrer bereit sei, aus der vertrauten Bahn auszuscheren und in der *Schaworalle* auf gänzlich unbekanntem Terrain nach neuen Wegen zu suchen. Astrid Baum, Grundschullehrerin und Mike Findeklee, Haupt- und Sonderschullehrerin und seit Jahren auch in der Arbeit mit Sinti- und Roma-Kindern erfahren, riskierten es. Ein Jahr später, zum Schuljahresende 2002 verabschiedet sich Frau Findeklee von ihren Schülerinnen und Schülern mit den Worten: »Ich habe sehr gerne mit euch gearbeitet, ich würde auch gerne mit euch weiter arbeiten, aber es ist mir zu anstrengend geworden. Ich werde nächstes Jahr 60 und ich merke, ich habe einfach nicht mehr genug Kraft. Ich hoffe, ihr habt etwas über die Welt von mir erfahren, und ich möchte, dass es euch gut geht.« Mit Beifall und einem großen Blumenstrauß bedanken sich Kinder, Mitarbeiterinnen und Mitarbeiter bei der Lehrerin und so, als wollten sie ihr noch einen letzten markanten Gruß mit auf den Weg geben entspinnt sich zwischen zwei erklärten Erzfeinden eine hitzige Prügelei um die Jonglierbälle, die Frau Findeklee »ihren« Jugendlichen in der Hauptschulgruppe zum Abschied geschenkt hatte. Ihre Stelle hat nach den Ferien Herr Nagel übernommen.

Im Laufe des ersten Schuljahres der *Kita Schaworalle* haben die Beteiligten viel gelernt, auch und besonders über die Anforderungen an das Lehrpersonal. Sabine Ernst: »Teamfähigkeit ist sehr wichtig; denn es ist natürlich eine ziemlich spezielle Sache mit Erzieherinnen, mit ungelernten Roma-Mitarbeitern und mit Pädagogen jeder Couleur ein Unterrichtsteam zu bilden und erst nach und nach mit allen gemeinsam ein Konzept zu entwickeln, das vielleicht nur wenig zu tun hat mit dem, was an der Regelschule selbstverständlich ist. Wir brauchen eigentlich Lehrer, wie sie Paolo Freire beschrieben hat; die Distanz zu sich selbst und Respekt vor den Schülern haben, die neugierig sind auf das, was die Kinder mitbringen und mit ihnen zusammen lernen. Sie müssen aber auch die Fähigkeit haben, den Lernstoff so zu verändern, dass er zu den Schülerinnen und Schülern passt, damit die auch Spaß entwickeln können. Und sie sollten eine kreative Einstellung zu der Frage mitbringen, wie weit sich die Kinder der Schule anpassen müssen, oder ob sich nicht vielleicht Schule ändern muss.«

Zeugnisse

Seit 2002, zum Ende des Schuljahres, gibt es in der *Schaworalle* »echte« Zeugnisse. Die Schülerinnen und Schüler (32 in der Hauptschulgruppe und 31 in der Grundschulgruppe) bekommen damit ein Papier in die Hand, dessen Bedeutung viele von ihnen erst nach und nach erfassen werden. Wer regelmäßig am Unterricht teilgenommen hat, bekommt zwar keine Noten, doch immerhin einen ausführlichen, differenzierten Bericht seiner persönlichen Leistungen im Unterricht. Wie in der Grundschulgruppe üblich dauert es auch heute eine Weile, bis es gelungen ist, die Aufmerksamkeit in der Klasse zu binden. Heute dauert es vielleicht noch ein bisschen länger, weil ungewöhnlich viele der insgesamt 22 Grundschülerinnen und Grundschüler da sind. »Ihr bekommt jetzt jeder so eine orangefarbene Mappe mit eurem Zeugnis, einmal das Original und eine Fotokopie. – Manchmal braucht ihr diese Zeugnisse vielleicht, deshalb haben wir eine Kopie dazugetan.« Eine Mischung aus Hoffnung und Skepsis liegt in der Stimme von Astrid Baum, die sich alle Mühe gibt, diese erste Zeugnisausgabe im Leben ihrer Schützlinge angemessen zu inszenieren. Zunächst mal erklärt sie (»... für die, die noch nicht so gut lesen können.«) das Layout des Dokuments. »Hier oben steht Frankfurt am Main, und dann steht da »Comeniusschule«. – »*Schaworalle*« steht natürlich auch drauf. Das musste sein, denn sonst hätten manche das Zeugnis vielleicht nicht ernst genommen. Unversehens ergibt sich für Astrid Baum eine Gelegenheit, den Kindern nochmal die Struktur ihrer Einrichtung zu erklären: »*Schaworalle* ist eben die »kleine Schule«, keine richtige Schule, aber Frau Findeklee und ich, wir kommen von richtigen Schulen. Ich komme von der Comeniusschule, deshalb steht hier Comeniusschule drauf. Aber hier steht auch, dass ihr an der *Schaworalle* gelernt habt. Damit ihr euch nicht wundert!« bekräftigt sie abschließend. »Zahlen –?« fragen die Kinder. Nein, werden sie aufgeklärt, Noten gibt es in der Grundschule beim ersten Zeugnis nicht, auch in der großen Schule nicht. »Aber hier steht drin, was ihr gelernt habt. Ich werde jetzt jedes Zeugnis vorlesen. Mika kann euch übersetzen, was ihr nicht versteht.«

Die folgenden Formulierungen wecken Erinnerungen an längst vergangene Momente auch der eigenen Schulkarriere: »... ist sehr begeisterungsfähig, aber nur manchmal interessiert und selten arbeitet er ... Er kann noch nicht so gut zuhören ... ist sehr impulsiv und läuft oft aus der Klasse ... Er hört aber zu, wenn er sich beruhigt hat und nimmt Erklärungen an. Er kann sich dann sehr nett entschuldigen ... spricht perfekt Romanés, er spricht und versteht Deutsch mittlerweile befriedigend ... beim Schreiben hat er noch viel Mühe, weil er zu wenig übt. Er ist ein guter Rechner ... ist ein Akrobat. Er hat das Trampolinspringen schnell gelernt, er tanzt super und singt gerne ...«

In den musischen Disziplinen gibt es für alle Kinder durchweg positive Beurteilungen. Passagen, die das Selbstbewusstsein der Kinder ansprechen, wiederholen sich gleichfalls immer wieder und bestätigen in vielen Variationen, welche entscheidende Rolle das Selbstwertgefühl für den angestrebten Lernerfolg spielt. Die Begriffe sind sehr sorgfältig gewählt und die Formulierungen grundsätzlich freundlich, zugewandt. Gleichwohl sind die Berichte sehr differenziert und beschönigen nichts.

»... bist interessiert und neugierig. Du möchtest aber immer alles richtig machen. Du willst keine Fehler machen ...« – »... sie kann aufmerksam sein und sich sehr konzentriert und ausdauernd einer Sache widmen, wenn sie will.« – »... im eigenen Freundeskreis bist du sehr hilfsbereit, ansonsten bist du fair, auch wenns dir schwer fällt, dich nach Konflikten zu entschuldigen. Du gehst keinem Streit aus dem Weg und willst dich auf jeden Fall durchsetzen ...« Auch Basel kann stolz sein auf sein Zeugnis. Sichtlich begeistert wirft er sich in die Brust. Dennoch geht nach der Hälfte Astrid Baum dazu über, den Kindern ihre Zeugnisse im persönlichen Zwiegespräch zu vermitteln, da trotz Mikas engagierter Unterstützung die öffentliche Aufmerksamkeit nach inzwischen 20 Minuten kaum noch zu halten ist.

Ganz anders verläuft die Zeugnisausgabe in der Hauptschulgruppe. Von den 18 Schülerinnen und Schülern sind immerhin 13 anwesend. Im vergangenen Herbst hatte Mike Findeklee allen Schülern jeweils einen Bleistift gegeben mit der Bitte, ihn über das Schuljahr aufzubewahren. Immerhin zwei Stummel kann sie heute wieder einsammeln. Vielleicht war der Zeitraum zu lange, deshalb bekommen alle heute wieder einen neuen Stift, den sie »bitte nach den Sommerferien, zum ersten Schultag wieder mitbringen« sollen. Anlässe, etwas aufzuschreiben, gibt es sicher auch während der Ferien, »... und dann habt ihr wenigstens gleich einen Stift zur Hand ...«

Bevor es an die Zeugnisse geht, sollen sich die Schülerinnen und Schüler selbst einschätzen, wie viel sie gelernt haben und wie es ihnen dabei gegangen ist. Sie tragen sich in einem Koordinatensystem ein. Alina, erst seit einem Jahr in Deutschland, ist zufrieden: »Viel gelernt und es hat mir gut geht!« Im Endergebnis lesen sich die versammelten Selbsteinschätzungen wie ein großes Kompliment für die Lehrkräfte und das Programm. Die wenigsten haben nur »wenig« gelernt, und fast allen ist es immer »gut gegangen«. Wer kein Zeugnis bekommt, weil er/sie einfach zu selten im Unterricht war, erhält wenigstens eine Teilnahmebescheinigung. Alle Zeugnisse unterscheiden drei grundsätzliche Bewertungen: »Teilgenommen – mit Erfolg teilgenommen – mit gutem Erfolg teilgenommen.« Außerdem informieren zwei Kopfnoten über das Arbeits- und Sozialverhalten der Jugendlichen. Darüber hinaus gibt es differenzierte Berichte über den jeweiligen Leistungsstand und die Bemerkung: »Der Unterricht erfolgte jahrgangsstufenübergreifend und umfasste die Bereiche Deutsch, Herkunftssprache (Romanés), Mathematik (Grundrechenarten, Grundkenntnisse in Geometrie, Prozentrechnungen, Gleichungen mit einer Unbekannten), Weltkunde (Erdkunde, Geschichte, Zeitgeschichte), Einführung in die englische Sprache.«

Maci schneidet leider nicht besonders gut ab und kommentiert die schriftliche Quittung seines turbulenten Auftretens dafür umso lautstärker. Marcus hingegen »verfügt über gute Grundlagen, die er nicht immer ausreichend zur Anwendung bringt. Obwohl er die Arbeitsaufgaben meist ohne Probleme bewältigen kann, kommt es immer wieder vor, dass er ihnen zunächst unsicher und nur zögerlich gegenübertritt«.

Alle drei Lehrkräfte, die in der Hauptschulgruppe Unterricht gegeben haben, Lothar Winter, Sabine Ernst und Mike Findeklee haben die Berichte gemeinsam besprochen und verfasst. Natürlich sind die mitunter standardisierten Formulierungen nicht in erster Linie für die Schüler, sondern für Außenstehende, für Schulleiter, potenzielle Arbeitgeber etc. bestimmt, was nun dazu führt, dass entsprechende Nachfragen seitens der Schülerinnen und Schüler zu beantworten sind. Das kann aber nicht schaden, denn so ergibt sich ganz von alleine die Gelegenheit zur Diskussion darüber, welchen Sinn das Zeugnis überhaupt hat, haben könnte.

Schulversuche dieser Art kennen kein Curriculum. Wer Neuland betritt, hat noch keine Landkarte. Diese wird erst gezeichnet, Stück für Stück im Unterricht. »Learning by doing.« Mit anderen Worten: der Lehrplan ist maßgeschneidert. Eine Schule »ohne Rücksicht auf unsere Zweisprachigkeit, auf unsere Erziehung zur Unabhängigkeit«[7] schürt bei Roma- (und vielleicht noch mehr auch bei Sinti-)Eltern die Sorge, die Kinder könnten ihrer Kultur, ihren Familien entfremdet werden. Deshalb setzt das Konzept von *Schaworalle* mitten im vertrauten Alltag an. Was hier seit 1999 viel versprechend verwirklicht wird, bestätigt im Juli 2002 das Wochenmagazin *Der Spiegel* mit seiner Titelgeschichte »Wie funktioniert das Lernen?« und stellt fest: »Möglichst handfeste, praxisnahe Didaktik verfängt (...) deshalb so gut, weil es damit am ehesten gelingt, das natürliche Misstrauen zu überwinden, das jedem Gehirn eigen ist. Denn Denken ist energieintensiv. Um den Betrieb im Kopf aufrechtzuerhalten verbraucht ein Mensch 18 Prozent seines täglichen Kalorienbedarfs. Bei Kleinkindern liegt dieser Prozentsatz sogar bei bis zu 50 Prozent. Das Gehirn fragt sich deshalb vor jedem Lernakt unbewusst. Lohnt sich das überhaupt.«[8]

Inzwischen hat der *Förderverein Roma e.V.* die Erfahrungen aus der jahrelangen Beratungstätigkeit und aus der alltäglichen pädagogischen Arbeit mit den Kindern in der *Kita Schaworalle* gebündelt und mit zahlreichen Informationen zur Geschichte der Roma und Sinti, ihrer Kultur und der besonderen wirtschaftlichen und sozialen Situation der rumänischen Roma zu einer kleinen Informationsbroschüre »zu Fragen der schulischen Integration von Roma-Kindern« zusammengefasst.[9] Herausgeber ist das Amt für Multikulturelle Angelegenheiten im Magistrat der Stadt Frankfurt am Main (AMKA). Die Adressaten sind vor allem pädagogische Fachkräfte in Schulen und Tageseinrichtungen für Kinder und Jugendliche im Rhein-Main-Gebiet, denn immer wieder kommt es vor, dass sich diese an Sabine Ernst oder auch an Joachim Brenner, den Geschäftsführer vom *Förderverein Roma e.V.* wenden, um sich in schulpädagogischen Konfliktsituationen beraten zu lassen. Mit der Broschüre unter der Überschrift »Dawen Bachtale« (Romanés: »Herzlich willkommen!«) leistet der Träger von *Schaworalle* hier auf 30 Seiten mit zahlreichen Fotos einen ebenso anschaulichen wie beispielhaften Beitrag zur projektbegleitenden Öffentlichkeitsarbeit.

Die Mitarbeiterinnen und Mitarbeiter von *Schaworalle* sind regelmäßig in Frankfurt unterwegs, um Schulen, Kindergärten oder Sozialeinrichtungen vor Ort zu beraten, um Konflikte zwischen Lehrpersonal und Roma-Kindern zu schlichten oder auch, um »ihre« Kinder und Jugendlichen zu besuchen. »Wir sehen unsere Aufgabe

7 Melanie Spitta, Frankfurter Rundschau, 15.4.2000.

8 *Spiegel* 27/2002.

9 »Dawen bachtale«: siehe Anhang oder im Internet unter www.foerderverein.roma.de

darin, die Erwartungen runterzuschrauben. Das heißt, es gilt oft, auch mal der ganzen Klasse klarzumachen, dass es bei dem Kind, um das es dann gerade geht, eben besonders schwierig ist, dass es nicht selbstverständlich ein Pausenbrot dabei hat, dass es zu Hause nicht jede Menge Spielsachen hat und jemanden, der es morgens liebevoll weckt ...« Inzwischen gibt es Erfahrungen, dass solche Besuche laut Sabine Ernst für die jeweils betroffenen Kinder wirklich nützlich waren, sofern »die Schulen eine gute Linie fahren«. Doch meistens neigen die Schule dazu, schwierige Kinder »abzuschieben«. So ist ein weiteres Hauptanliegen der interkulturellen Beratungstätigkeit der *Schaworalle*, darauf zu achten, dass die Schulen unbequeme Roma-Schüler nicht in die Sonder-/Förderschulen abschieben, oder bei der *Schaworalle* loswerden wollen. »Unser Ziel ist, die Kinder in ihren (Regel-)Schulen zu halten. Wenn das Kind allerdings explizit zu uns möchte, und wenn die Eltern das auch möchten, dann denken wir auch darüber nach.« In Frankfurt, wo mittlerweile gut die Hälfte aller Jugendlichen unter 16 Jahren aus anderen Ländern und Kulturkreisen kommen, haben sich manche Schulen auch auf Intensiv-Kurse für Seiteneinsteiger (Alphabetisierung und Sprachkurse) spezialisiert. (»Der Herr Freseknecht von der Schwanthaler Schule, der hat fast alle unserer Großen schon mal in seinen Kursen gehabt.«) In ganz besonders schwierigen Fällen bezieht die *Schaworalle* die Beratungsstelle des *Fördervereins Roma* mit ein, um für die fraglichen Familien ggf. eine besondere Lernhilfe einzurichten.

Oft genug kommt es auch vor, dass Heranwachsende, die mit der Justiz in Konflikt gekommen sind und dazu verdonnert wurden, gemeinnützige Arbeit abzuleisten, sich »einschleichen, wenn sie merken, dass es ihnen hier eigentlich gefällt. Dann kommen die morgens rein, witschen gleich nach oben und sitzen dann plötzlich in der Hauptschulgruppe«. Die betreuenden Sozialstationen und/oder Bewährungshelfer »finden das natürlich ganz toll, dass der endlich irgendwo regelmäßig hingeht. Doch da muss man dann auch immer wieder verhandeln und darauf schauen, dass es hier nicht zu voll wird. Denn wir haben ja den Anspruch, die, die wir angemeldet haben, auch im Blick zu behalten, und sei es nur um zu wissen, die sind jetzt weg ...«

Fazit: Die *Kita Schaworalle* spielt in Frankfurt eine Mediatorenrolle zwischen nahezu allen offiziellen Stellen und Behörden und den (fast ausnahmslos) rumänischen Roma-Familien unter der Maßgabe, die Beteiligten zu befähigen, in Zukunft ohne Vermittler miteinander kommunizieren zu können. Die Offenheit der Projektstruktur gewährleistet, dass die Familien sehr genau nachvollziehen können, wie alles hier Hand in Hand geht. Das ist umso wichtiger, wenn es darauf ankommt, in heiklen Situationen auch ohne große Verzögerung verbindliche Absprachen zu treffen.

Die *Schaworalle* ist ein Modellprojekt gemeinwesenorientierter Erziehung und Bildung, das von zahlreichen Mitarbeiterinnen und Mitarbeitern im Sozial- und Jugendamt, im Schulamt und in der öffentlichen und privaten Kinder- und Jugendpflege als außerordentlich hilfreich geschätzt und mit Blick auf seine präventive Bedeutung gar als unverzichtbar gepriesen wird. In den Worten eines Mitarbeiters: »Es ist sehr anstrengend, aber es ist auch sehr familiär, sehr lebendig und es gibt einem trotz allem auch ne Menge an positiver Energie. Außerdem ist es etwas Neues.«

»Lesen gelernt habe ich auf der Autobahn.«

Die Turnmatten sind die Wand hochgeklappt, das Trampolin beiseite geräumt. Der etwa 60 Quadratmeter große Raum ist möbliert mit Bierzeltgarnituren. Sechs, sieben Tische, entsprechend doppelt so viele Bänke. Auf jeder Bank sitzen drei bis vier Kinder und Jugendliche. Dazu ein paar Erwachsene, das »pädagogische Personal«. 40 bis 50 Personen mindestens füllen den Raum. Dafür ist es erstaunlich ruhig, gefräßige Stille – Mittagessen in der *Schaworalle*. Es gibt Hähnchenbeine im Teigmantel frittiert, Kartoffelbrei, gemischten Salat und zum Nachtisch Obst. Auch an dem runden Tisch im Flur sitzen einige, meist Familienmitglieder und haben einen Teller vor sich. Hier bleibt niemand hungrig.

Ganz hinten im »Speisesaal«, am letzten Tisch in der Ecke bricht ein kleines Mädchen plötzlich in Tränen aus. Mika lässt die Gabel, die sie eben noch zum Mund führen wollte, fallen und läuft an den Nachbartisch, tröstet die Kleine, spricht mir ihr ein paar Worte, wischt ihr die Tränen aus dem Gesicht. Auf dem Rückweg an ihren Platz kommt sie bei Rupa vorbei, die mit dem Essen fertig und eben im Begriff ist, sich wegzustehlen. »Halt!« ruft sie – »Erst abräumen und den Tisch abbauen!« Rupa ist unwillig. »Los jetzt!« Mika wird ungeduldig, spreizt die Ellenbogen ab und stemmt sich entschlossen die Fäuste in die Hüften. Rupa merkt, es ist ernst – und spurt. Mika setzt sich wieder an ihren Platz, isst zwei Bissen, springt auf, zeigt Codruza wie die Tische zusammenzuklappen sind, packt mit an und hilft den Tisch in der Ecke auf die zu stapeln, die dort schon liegen. Im nächsten Augeblick erwischt sie Crisan gerade noch am Kragen: »Erst abräumen!« Mika hier, Mika dort. Zum Essen hat sie kaum Zeit. »Macht nichts –«, lacht sie, wenn ihr Essen inzwischen kalt geworden ist, »ich muss sowieso abnehmen«. Und das freundliche Blitzen ihrer Augen wird durch die funkelnden Goldzähne in ihrem Mund noch überstrahlt. Leise klimpernd gibt der Schlüsselbund am Gürtel ihres langen Rockes Laut, wo immer sie sich bewegt.

»Letztes Jahr im September habe ich den Aufenthalt gekriegt. – Für ein Jahr – und wenn ich bis dahin nichts verbrochen habe, bekomm ich ihn vielleicht für zwei Jahre oder für immer.« Eleonora Caldaras, genannt Mika ist etwas Besonderes: Sie ist vielleicht die einzige »Zigeunerin« mit einer *green card*, eine rumänische Romni, die eine Arbeitsgenehmigung bekommen hat, obwohl sie aufgrund ihres Aufenthaltsstatus dazu gar nicht berechtigt war. Sie war nämlich nur »geduldet«. Alle drei Monate musste sie sich das bestätigen lassen. Immerhin. Viele, die meisten, müssen alle vier Wochen zur Ausländerbehörde.

»Duldung«, »Aufenthalt«, »Abschiebung« – die zentralen Begriffe, um die sich der Alltag der 200 bis 300 rumänischen Familien in Frankfurt immer dreht. Das nächste wichtige Thema sind die Kinder. Auch und besonders für Mika. Sie ist nämlich pädagogische Mitarbeiterin in der *Kita Schaworalle*. Wie die Erzieherin Vera Ristic besetzt sie eine Planstelle; Mika ist – nach den Maßstäben deutscher Gast- (d.h. Ausländer-)Freundlichkeit – die berühmte Ausnahme von der Regel; für Frankfurt nicht untypisch. Derart unbürokratischer Pragmatismus hat auch zu anderen Zeiten und Gelegenheiten die Kommunalpolitik geprägt, parteiübergreifend! Eine liberale Tradition, mit der sich die Stadt schmücken kann.

»Als ich 18 wurde, habe ich meinem Nachbarn, ein guter Freund der Familie, gesagt, dass ich Arbeit suche. Ich *wollte* arbeiten, mein eigenes Geld, auf meinen eigenen Füßen stehen. Und dann habe ich ein Jahr lang einer deutschen Frau in Fechenheim (Frankfurter Stadtteil) geholfen, eine Gruppe Roma-Kinder zu betreuen. Ich habe vor allem übersetzt: Romanés – Deutsch – Romanés. Eines Tages habe ich Sabine kennen gelernt. Sie hat mir von *Schaworalle* erzählt und dass sie einen Kindergarten eröffnen wollte. Sie konnte mir aber nichts versprechen. Doch ein paar Monate später rief sie mich an, um zu fragen, ob ich nicht eine kranke Kollegin vertreten wollte. Und als Joachim gesehen hat, wie ich gut ich mit den Kindern auskam, hat er gefragt: »Warum bleibt sie nicht bei uns?«« Bald darauf überschlugen sich die Ereignisse. Mika bekam Post von der Ausländerbehörde: Mittlerweile volljährig stand sie nicht mehr unter dem Schutz der familiären Duldung und sollte abgeschoben werden. Der *Förderverein Roma e.V.* konterte und meldete dringenden Bedarf an einer Mediatorin für die eben neu eröffnete *Kita Schaworalle*. Joachim Brenner, Geschäftsführer im Trägerverein, forderte explizit Eleonora Caldaras an, und die Behörde genehmigte die Ausnahme von der Regel. Das war im September 2000.

»Meine Aufgabe ist, für die Kinder da zu sein und für die Arbeitskollegen.« Mika verliert nicht viele Worte für die Beschreibung ihrer Tätigkeit. Und dann fügt sie noch hinzu: »So gut ich kann, damit meine Arbeitskollegen mit mir zufrieden sind, damit man merkt, es hat Sinn, wenn ich hier arbeite. Ich will, dass man sowohl hier drinnen wie auch draußen sieht, dass ich hier voll mit meiner ganzen Energie drinstecke.« Fünf Tage in der Woche ist sie Nachmittags hier, Dienstags und Donnerstags auch Vormittags. An den anderen drei Vormittagen nimmt sie an der Volkshochschule an einem Deutschkurs teil, jeweils von 9.00 Uhr bis 12.00 Uhr. Das war eine Bedingung für die Erteilung einer Arbeitserlaubnis. In dem Kurs sind Italiener, Türken, Marokkaner, Iraner, Afghanen und –? Mika lächelt: »Ich bin die einzige Romni in der ganzen VHS.« Also ist sie doch etwas Besonderes? Bescheiden wehrt sie ab. Eine Ausbildung als Kinderhelferin oder gar Erzieherin hat sie nie gemacht. »Seitdem ich acht Jahre alt war, habe ich auf meine drei jüngeren Geschwister aufgepasst. Mein Bruder war anfangs noch ein ganz kleines Baby. Na ja, und da habe ich gelernt, wie das geht, Kinder großzuziehen.« Ihre Eltern waren tagsüber unterwegs, um zu putzen und irgendwie Geld zu verdienen und bis sie 16 wurde, war sie zu Hause. »Das ist normal. In diesem Alter lernen bei den Roma die Mädchen immer, den Haushalt zu machen.«

1987 kam die Familie nach Deutschland, weil die willkürlichen Verhaftungen und brutalen Prügelorgien, die damals in Rumänien unter Ceausescu an der Tagesordnung waren, nicht mehr auszuhalten waren, auch weil zahlreiche ihrer Familienmitglieder betroffen waren. Mika war damals sechs Jahre alt. Dass sie oft große Angst gehabt hat, weiß sie noch genau, aber an viel mehr kann sie sich nicht erinnern. Ihr jüngster Bruder kam schon in Deutschland auf die Welt. Ihre Eltern waren in Rumänien zur Schule gegangen, die Mutter sogar neun Jahre, der Vater immerhin vier Jahre lang. Mika allerdings hat vor ihrem VHS-Sprachkurs noch nie die Schulbank gedrückt. »Lesen gelernt habe ich auf der Autobahn. Ich war oft mit meiner Mutter unterwegs und da habe ich sie gefragt: Was steht auf diesen großen blauen Schildern?« Die Mutter hat es ihr erklärt; – Schreiben und die Grundrechenarten hat sie sich irgendwie nebenbei angeeignet. »Ich war wild darauf, zu lernen.«

Wann wird sie in der *Schaworalle* besonders gebraucht? »Immer! Immer werde ich hier gebraucht. Manchmal fällt einer aus, wenn jemand krank ist, und noch jemand ist im Urlaub, dann muss ich für drei arbeiten. Das ist nichts Besonderes. Meine Aufgabe ist, dass ich da bin, wenn ich gebraucht werde.«, wiederholt sie den Kernsatz ihrer Berufsauffassung. – Zum Beispiel bei Ausflügen in die weitere Umgebung Frankfurts oder ins Schwimmbad; da bestehen die Eltern darauf, dass Mika dabei ist, wenn auch die größeren Mädchen über 12 Jahren mitgehen wollen.

Ein »Naturtalent« hat Sabine Ernst ihre vielleicht wichtigste Mitarbeiterin in der *Kita Schaworalle* genannt. Unter den Kindern und Jugendlichen genießt Mika großen Respekt. Ihr ebenso resolutes wie freundliches Auftreten, ihre Hilfsbereitschaft, ihr mutiges und entschiedenes Engagement für Gerechtigkeit und Offenheit in Auseinandersetzungen und bei der Bewältigung von innerfamiliären Konflikten, die nicht selten auch die *Schaworalle* insgesamt erschüttern – wer sollte das machen, wenn nicht eine Romni? Sicher, da ist mit Lothar Winter noch ein Rom im Team, aber oft sind eben Frauen gefragt, zum Beispiel, wenn es darum geht sich zärtlich den ganz Kleinen zuzuwenden, um ihnen zu helfen, ihren Trennungsschmerz zu überwinden; denn die Mütter werden – wie in jeder normalen Kindertagesstätte auch in der *Kita Schaworalle* – gebeten, ihre Kinder nach einer gewissen Eingewöhnungszeit von zwei bis drei Wochen alleine zu lassen. »Wenn ich mal einen Tag nicht hier sein kann – Samstags und Sonntags zum Beispiel – dann fehlt mir etwas; die Geräusche der Kinder, ihre Stimmen. Sie rufen ja ständig nach mir. Ja, das Wochenende fällt mir manchmal schwer.« Eigene Kinder? – »Nein«, und nach einer Pause: »Noch nicht.«

Noch nicht – hinter diesen zwei Worten verbirgt sich der Spagat zwischen den Kulturen, den junge Roma-Frauen vollziehen, wenn sie nicht wie üblich mit 14, 15 oder spätestens 16 Jahren heiraten, genauer: verheiratet werden. Immer wieder wird Mika von ihren Eltern ermahnt, daran zu denken, dass man in der Roma-Gesellschaft über sie redet, weil sie schon 21 Jahre alt und immer noch nicht verheiratet ist. Oft haben Frauen in ihrem Alter schon drei oder vier Kinder. »Gott sei Dank verstehen mich meine Eltern. Bei uns Roma gibt es das nur ganz selten, dass ein unverheiratetes Mädchen eine Arbeit, einen Pass, eine eigene Wohnung hat. Meine Eltern sagen: »Warum sollten wir ihr das wegnehmen?« Zum Glück akzeptieren sie, dass ich noch nicht heiraten *will*.« Sie befürchtet mit Recht, dass ihr als Ehefrau und Mutter neben ihrer eigenen Familie kaum mehr Zeit bleiben wird, im erforderlichen Umfang auch in der *Schaworalle* zu arbeiten. »Meine Mutter hat gesagt: »Mit 14, 15 hatte ich es schwer. Aber weil ich leiden musste, darfst du jetzt Freude haben.«« Mikas fünf Geschwistern geht es anders: So hat zum Beispiel ihre ältere Schwester längst eine eigene Familie mit fünf Kindern. Ihre jüngere Schwester ist 19 und schmeißt daheim den Haushalt; denn die Mutter arbeitet und kommt unter der Woche immer erst spätnachmittags nach Hause. Und die drei Jüngsten sind natürlich in der *Schaworalle*, in der Hauptschulgruppe, darunter auch der 17-jährige Gratian, als frisch verheirateter Familienvater in spe.

Mika bei der Arbeit

»Das Schöne ist, dass die Kinder mich respektieren wie eine Erwachsene, obwohl ich manchmal kaum älter bin als sie; und auch, dass die Kollegen mich so akzeptieren, wie ich bin.« Mika ist sicher: »Ein Mann könnte mir nicht verbieten, hier zu arbeiten. Die Männer stehen zwar in unserem Leben eine Stufe höher, ihr Wort zählt mehr. Aber das berechtigt sie nicht, den Frauen zu nehmen, was diese gerne wollen. Da mache ich nicht mit. Wenn es darauf ankommt, entscheide ich mich für die Arbeit und gegen den Mann.« Als kompromisslose Vertreterin ihrer Eigenständigkeit spielt Mika auch in entsprechend gelagerten Konfliktfällen eine wichtige, glaubwürdige Rolle. Eines Tages kam eine Cousine ganz traurig zu ihr, und erzählte, dass die Mutter ihr verboten hatte, weiterhin in die *Schaworalle* zu gehen. »Da bin ich zur Mutter nach Hause gegangen und habe zur ihr gesagt: ›Du bist zwar meine Tante, aber Gina muss in die *Schaworalle*, weil du selbst nicht lesen kannst. Wenn Gina lesen kann, dann wird das Leben auch für dich leichter. Du brauchst um sie keine Angst zu haben. Ich bin ja da!‹« Seit diesem Gespräch kam die Cousine wieder regelmäßig in die *Schaworalle*. – »Roma wollen eigentlich alles und nur das Beste für ihre Kinder, damit sie zu Hause bleiben und nicht der Familie verloren gehen.«

Auch für Mika ging der Einstieg in die *Schaworalle* nicht reibungslos. Ihre Eltern wollten es ihr anfangs nicht erlauben. Doch immerhin kamen sie mal vorbei, um sich den Laden anzuschauen, wo ihre Tochter arbeiten wollte. Als sie Mika und ihren Umgang mit den Kindern eine Weile beobachtet hatten, verstanden sie die Begeisterung ihrer Tochter und ließen sie gehen. Sollte es mal vorkommen, dass Mika dringend zu Hause gebraucht würde, »... dann sagt Sabine, heute Mika musst du bei deiner Familie sein, aber morgen bist du wieder hier.« Ihre Eltern akzeptieren inzwischen, dass es für Mika Pflichten auch außerhalb der Familie gibt. (»Dafür bin ich ihnen sehr dankbar.«) Sie verstehen die Verantwortung, die Mika in der *Schaworalle* übernommen hat. Und als vor kurzem eine neue Köchin gesucht wurde, meldete sich Maricica Caldaras, Mikas Mutter. Seitdem krempeln schon zwei aus der Familie alltäglich die Ärmel in der *Schaworalle* hoch ...

Mika ist selbstbewusst und immer sehr sorgfältig gekleidet. Lange Röcke trägt sie mit selbstverständlicher Eleganz, manchmal kommt sie auch ganz in schwarz, umso strahlender leuchten dann ihre Goldzähne. Für sie ist klar: »Ich bin eine Romni. Ich habe einen rumänischen Pass, doch heute spreche ich besser Deutsch als Rumänisch. *Meine* Sprache ist Romanés. Mit Romanés bin ich groß geworden.« Die goldenen Zähne verdankt sie ihrer Großmutter. Auf dem Sterbebett hat sie Mikas Vater das

Auch Hausaufgaben können Spaß machen!

Versprechen abgenommen, wenn Mika »groß« sei, ihre Zähne zu vergolden, damit sie noch schöner werde. »Bei uns ist das Tradition. Als ich 14 war, da erzählte er mir das von der Großmutter und sagte: »Jetzt werde ich mein Versprechen einlösen.«« – Die Großmutter hatte Recht. Als ich das bestätige, lacht Mika laut auf, dass es nur so blitzt und funkelt und ruft: »Danke schön!«

Sie käme nicht auf die Idee, ihre Herkunft zu verheimlichen. In der *Schaworalle* besteht kein Grund dazu, auch in der näheren Umgebung nicht. Rassistische Anmache haben die Roma hier weniger zu fürchten als anderswo. Ein bisschen trägt dazu auch Herr Mehlgarten bei. Er wohnt im Nachbarhaus, Sabine Ernst stellt ihn als »unser ehrenamtlicher Hausmeister« vor. »Ich bin hier der Blitzableiter«, erklärt Herr Mehlgarten seine wichtigste Aufgabe. Wenn die Nachbarn meckern, zum Beispiel wegen Krach im Hinterhof, wenn dort, wo unter der Woche immer die Kinder johlen, am heiligen Sonntag die Zigeuner ihre Teppiche waschen, dann tritt der »Blitzableiter« in Funktion. Das System funktioniert gut: Die Leute werden ihre Beschwerde los, und Herr Mehlgarten gibt sie tags drauf gefiltert an die Chefin weiter.

Im Frankfurter Stadtzentrum, kaum 600 Meter weg von der Paulskirche – rund um die *Kita Schaworalle* und die gegenüber liegende Beratungsstelle vom *Förderverein Roma* – da ist ein Stück »befreites Gebiet«. Hier muss keiner seine Identität als Roma verleugnen. Trotzdem lastet auf fast allen ständig der Druck ihres wackeligen Aufenthaltsstatus. Alle vier Wochen müssen die meisten bei der Ausländerbehörde betteln, damit ihre Duldung verlängert wird. Heute hat Mika den Dienst an der Familie übernommen. Um 5.00 Uhr früh hat sie sich schon in die Schlange gestellt; wer erst um 8.00 Uhr da ist, hat kaum Chancen bis 12.00 Uhr dranzukommen. Mittags ist sie »ein bisschen müde«. Aber das wischt sie mit einer Handbewegung beiseite, sie spricht von den Kindern: »Die spüren den Druck genauso, aber sie erfahren es zuletzt. Es kann sein, sie kommen abends heim und dann heißt es vielleicht: Wir müssen weg.«

Die Kinder können noch weniger als die Erwachsenen verheimlichen, wie sie die Angst vor der Abschiebung umtreibt. Wenn es schlechte Nachrichten von der Ausländerbehörde gegeben hat, »... dann sehe ich es gleich an den Gesichtern. Die Kinder erzählen nichts, aber sie sind verändert«. Oder im Unterricht, wenn sie Arbeitsblätter austeilt und ein Kind hat nach fünf Minuten noch keinen Strich gemacht, fragt sie gezielt nach und bekommt manchmal zur Antwort: »›Wer hat das gesagt. Woher weißt du das?« – und dann sage ich: »Deine Augen erzählen mir das.‹«

Das Mediatorenprojekt der RAA in Berlin

Profil

Die *Regionalen Arbeitsstellen für Ausländerfragen, Jugendarbeit und Schule e.V.* (RAA) in den neuen Bundesländern mit ihrer Zentrale in Berlin verstehen sich mit ihren Angeboten für Kinder und Jugendliche in erster Linie als »Dienstleistungsagenturen für Schulentwicklung und Demokratisierung«. Zu ihren zentralen Aufgaben rechnen sie die Integration von sozialen und kulturellen Minderheiten in die Regelschule. Dazu gehören Maßnahmen zur Schulvorbereitung und Alphabetisierung im Elementarbereich und in der Sekundarstufe, schulbegleitende Hilfen und Unterstützung bei den Übergängen im Schulsystem sowie beim Übergang Schule–Beruf. Im multikulturellen Schmelztiegel Berlins sind die haupt- und ehrenamtlichen Mitarbeiterinnen und Mitarbeiter in der Chausseestraße an der Grenze zwischen Mitte und Wedding, ihr kreatives Engagement und ihr Einsatz für ein tolerantes Miteinander der Kulturen aus der psychosozialen Versorgung im Gemeinwesen nicht mehr wegzudenken. Eine besondere Rolle spielen in diesem Zusammenhang mehrere Angebote zur Verbesserung der Lebensbedingungen der seit Ende der 1980er-Jahre vorwiegend aus Südosteuropa zuwandernden Roma-Flüchtlinge. Neben verschiedenen Beiträgen zur Familienhilfe (Dolmetscherdienste, Eltern- und Sozialberatung etc.) und Fort- und Weiterbildungsangeboten für junge Erwachsene zählen vor allem auch Bildungsprogramme für Kinder und Jugendliche zu den selbst gestellten Aufgaben der RAA (Einschulungshilfen, schulbegleitende Lerngruppen, Hausaufgabenhilfe, interkulturelle Ferienspiele, Jugendbildungsseminare, etc.). Die Angebote werden vorrangig in Wohnheimen veröffentlicht, in denen nach wie vor viele der Flüchtlinge untergebracht sind. Die Begründung für die vielfältigen Anstrengungen ergibt sich aus den Lebensbedingungen der Kinder, ihrer Teilhabe am Bildungsangebot deutscher Schulen, aber auch aus den Schwierigkeiten der Schulen, ihrem Bildungsauftrag gegenüber allen Kindern gerecht zu werden. Christoph Leucht, Projektleiter an der RAA Berlin, hat den Status quo zusammengefasst:

»Für das pädagogische Versagen der Schule ist nicht die kulturelle Identität von Roma und von Sinti verantwortlich zu machen. Vielmehr muss dem Vorschlag von Lösungsansätzen eine Untersuchung der Anforderungen, die die deutsche Schule stellt, vorausgehen. Für viele Lehrer nicht wahrnehmbar sind die ungleich höheren Schwierigkeiten, die eine Roma-Flüchtlingsfamilie hat, Geld und Materialien für schulische Aktivitäten, einen geeigneten Arbeitsplatz zu Hause, die engagierte Unterstützung der Eltern bei außerschulischen Lernaufgaben und nicht zuletzt ein ausreichendes Maß an Wohlbefinden und Entspannung bereitzustellen. Nicht einmal bekannt ist den Lehrern oftmals der Bezug von verminderten Sozialleistungen unter dem Existenzminimum, das Leben auf 6 qm pro Person in Sammelunterkünften und das Aushalten des ständigen psychischen Drucks, der mit Abschiebungsdrohung und Ausländerfeindlichkeit verbunden ist.«[10]

Sehr bald stellte sich heraus, dass die Eltern in ihrer großen Mehrheit damit überfordert sind, die eigene Situation zu überblicken und die Bildungschancen ihrer Kinder realistisch einzuschätzen. Abgesehen davon durchschauen die Flüchtlinge nicht das deutsche Schulsystem mit seinen unterschiedlichen Bildungsgängen und Schulabschlüssen. Es hatte also keinen Sinn, darauf zu warten, dass die Eltern ihren Bedarf selber äußerten. Die RAA beschloss zu handeln aus der Überzeugung heraus, dass die vorherrschende gesellschaftspolitische Strategie, Flüchtlingsfamilien zu verschrecken, um sie dazu zu bewegen, das Land möglichst bald wieder zu verlassen, nicht in den Schulalltag verlängert werden darf. Als die Hausaufgabenhilfe, die Freizeitprojekte und die Schulvorbereitung nicht wie erwartet zu einer höheren Schulbesuchsquote führten, wurde als Reaktion auf die Argumente der Lehrer, eine nur punktuelle Teilnahme der Kinder am Unterricht wirke sich zusätzlich demotivierend aus, ein neuer Ansatz in das Projekt integriert. Ab sofort wurden die in drei ausgewählten Flüchtlingswohnheimen untergebrachten schulpflichtigen Kinder allmorgendlich von den RAA-Mitarbeitern zur Schule gebracht. Sehr bald allerdings zeigte es sich, dass ein Teil der Eltern durchaus willens und in der Lage war, ihre Kinder selber morgens zur Schule zu bringen. Die Kinder hingegen, die in den drei betreffenden Schulen als Schulschwänzer und -verweigerer aufgefallen waren, ließen sich nach ein paar Wochen nur noch widerwillig von zu Hause abholen. Nach zwei Monaten begannen sie sich zu verstecken oder liefen vor den frühmorgens anklopfenden RAA-Kollegen weg. Entgegen der Vermutung der Lehrer blieben die Kinder trotz regelmäßiger Teilnahme am Unterricht dabei, den Schulbesuch nach Möglichkeit zu vermeiden, wenn schon nicht zu verweigern. Mit Blick auf die eigenen Ressourcen stellten die Mitarbeiter der RAA nach zwei Monaten den personalintensiven Abholdienst ein. Stattdessen suchten sie nach Möglichkeiten, die Schule für die Kinder attraktiver zu machen. Diese Überlegungen mündeten in praktische Unterstützung der jeweiligen Lehrerinnen und Lehrer, um sie in die Lage zu versetzen, den besonderen Bedürfnissen der Flüchtlingskinder, ihren Bildungsvoraussetzungen, aber auch ihren Erwartungen und Ängsten besser entsprechen zu können.

»Besonders Jugendliche – Migranten und Deutsche – entwickeln alternativ eine *Ghetto-Ethnizität*, die auf der pseudo-kulturellen und pseudo-ethnischen (germanisch-völkischen, türkisch-völkischen oder arabisch-islamistischen) Betonung von Aggressivität gegen die verhasste Gesellschaft der Etablierten beruht.«[11]

10 Christoph Leucht, »Roma-Flüchtlingskinder und die deutsche Schule – Schulkarrieren und Bildungsstrategien von Roma-Flüchtlingskindern in Berlin« vorgelegt als Diplomarbeit am Institut für Soziologie der FU Berlin im WS 2000/2001, S. 121.

11 C. Leucht a.a.O., S. 122.

Im Frühjahr 2001 hat die RAA zwei erwachsene Roma als Vermittler zwischen den Kulturen (*Mediatoren*) angestellt und in zwei Grundschulen in Berlin-Mitte, bzw. am Prenzlauer Berg entsandt, wo jeweils 15 bis 20 Roma-Kinder unterrichtet werden. Ein Teil dieser Kinder ist dank der mobilen Schulberatung der RAA Berlin überhaupt erst eingeschult worden. Die Roma-Mediatoren arbeiten als Ansprechpartner für die Kinder, Lehrer und Eltern in der Schule und im Wohnheim. Sie helfen im Bedarfsfall im Fachunterricht und bei den Hausaufgaben. Sie tragen außerdem zur seelischen Stabilisierung der Kinder bei, indem sie in spielerischer Form nachmittags unter anderem auch in Romanés unterrichten. Hier bietet sich ein Anknüpfungspunkt, um die Eltern praktisch mit einzubeziehen und sie auf diese Weise zu ermuntern, über die Pflege ihrer Kultur selber auch die eigene Identität zu stabilisieren.

Generell ist die Elternarbeit von zentraler Bedeutung. Es gilt, das Selbstvertrauen der zum Teil verunsicherten Erwachsenen zu fördern, sie zu ermutigen, ihre Kinder nach Kräften zu unterstützen und sich nach Möglichkeit auch in der Schule zu engagieren, um hier den Umgang mit einem der wichtigsten Instrumente deutscher (»Leit-«)Kultur kennen zu lernen und zu trainieren. Die Stärkung ihres Selbstbewusstseins (*Empowerment*) ist umso wichtiger, als gerade Roma-Flüchtlinge nicht nur unter der ständigen Abschiebedrohung zu leiden haben, sondern außerdem auch alltäglich mit den in der Mehrheitsgesellschaft verbreiteten antiziganistischen Ressentiments[12] konfrontiert werden. Diesen »aufrecht« zu begegnen, gelingt den Flüchtlingen umso eher, wenn sie die Erfahrung machen, dass auch ihre eigenen Kompetenzen zur Lösung anstehender Probleme (z.B. der ihrer Kinder in der Schule) gefragt sind.

Als Vorbild für das Mediatorenprojekt der RAA dienten Erfahrungen unter anderem aus Hamburg und Kiel, wo der schleswig-holsteinische *Landesverband der deutschen Sinti und Roma e.V.* es vermocht hat, Sintezzas zu motivieren, sich von gutwilligen Schulleitern in die Kollegien einer Grund- und einer Förderschule einbinden zu lassen. Ihre alltägliche Präsenz in der Schule hilft Sinti-Eltern und -Kindern, bestehende Vorbehalte abzubauen und signalisiert moralische Unterstützung nach vertrauten Mustern. In allen schul- und sozialpädagogischen Fragen, die die Sinti-Kinder betreffen, sind die Mediatorinnen zur Stelle und tragen dazu bei, die Vorstellungen der Lehrerinnen und Lehrer mit den Bedürfnissen, Sitten und Gewohnheiten der Kinder und ihrer Familien zu synchronisieren. Umgekehrt prüfen sie schulische Anordnungen, um sie – wenn nötig – in »entschärfter« Form den Eltern zu übermitteln.

12 »Antiziganismus« ist hier im Sinne des von Wolfgang Wippermann beschriebenen Vergleichs mit dem Antisemitismus zu verstehen. Dieser Vergleich drängt sich auf, seitdem Martin Luther 1543 mit Blick auf die 1498 als vogelfrei erklärten »Zigeuner« empfahl: Behandelt die Juden »wie die Zigeuner«. Das Phänomen des Antiziganismus, seine Geschichte, sein Erscheinungsbild und seine Funktion ist mittlerweile in zahlreichen Werken gründlich und unmissverständlich beschrieben worden, sodass hier darauf verzichtet wird. Vgl. u.a. K. Martins-Heuß 1983; R. Rose 1987; J. Giere 1996; K. Reemtsma 1996; W. Hund 1996 und 2000; W. Wippermann 1997.

»Ständige Reflexion der Beteiligten ist auch deshalb unabdingbar. Vertrauen wird über den permanenten Dialog hergestellt und gefestigt. Dies ist nicht unbedingt vorgesehen im Betrieb der deutschen Schule und erfordert besondere (Zu-)Neigung und Bereitschaft auf Seiten der Lehrerschaft und Leitung. Diese zu stützen ist eine lohnende Aufgabe auch der Schulbehörden und der Schulpolitik.«[13]

Auf diese Weise kann sicher gestellt werden, dass auch in der Schule immer jemand ist, der (oder die) im Bedarfsfall mit Rat und Tat einspringen kann. Allerdings bestehen zwischen dem Roma-Mediatorenprojekt der RAA Berlin und dem Vorbild in Kiel signifikante Unterschiede. Die Klientel in Kiel setzt sich überwiegend aus Sinti deutscher Staatsangehörigkeit zusammen, die in Familienverbänden leben, von denen nur ein Teil die nationalsozialistische Verfolgung überlebt hat, jedoch alle in der damaligen Zeit vom Schulbesuch ausgeschlossen waren. Das Trauma, die Schule als Teil der nationalsozialistischen Diffamierungs- und Vernichtungsstrategie erlebt zu haben, ist durch die Überlieferung der Eltern und Großeltern nach wie vor präsent. Die Roma-Flüchtlinge in Berlin dagegen stammen überwiegend aus Südosteuropa, aus dem Kosovo, aus Bosnien, Serbien, Mazedonien. Sie beherrschen die deutsche Sprache – wenn überhaupt – nur schlecht. Ihre Familien sind meist auseinander gerissen, vom Krieg gezeichnet, Kinder und Eltern oft genug schwer traumatisiert. Unter ihnen Personen zu finden, die – wenn schon nicht sozialpädagogisch vorgebildet – so doch willens sind und sich in der Lage fühlen, sich trotz fehlender Aufenthaltsperspektive und alltäglicher Abschiebungsangst kontinuierlich die regelmäßig widerstreitenden Interessen ihres Volkes und der deutschen Mehrheitskultur miteinander zu versöhnen, ist außerordentlich schwierig. Ihre aktive und konstruktive Mitwirkung ist gleichwohl eine Voraussetzung dafür, um neue Wege in der Integrationspolitik zu erschließen.

Ein weiterer Unterschied des Berliner Mediatorenprojekts zum Kieler Modell besteht in der Berücksichtigung außerschulischer Einflüsse. Während in Kiel die Mediatorinnen sich fast ausschließlich auf die schulische Begleitung und Förderung der Sinti-Kinder an einer Grundschule und an einer Förderschule konzentrieren, ist die integrative Arbeit in Berlin ausdrücklich am Gemeinwesen orientiert. Das gilt für die unmittelbare Nachbarschaft und den Umgang mit Behörden und anderen Institutionen wie auch für die Flüchtlingsgemeinde selber. Dieser so genannte *community development*-Ansatz unterscheidet vier Handlungsebenen, die aufeinander aufbauen:

- Die Flüchtlinge werden aus ihrer Opferrolle »befreit«; ihre Kompetenzen werden ermittelt und gewürdigt. Anschließend werden sie ihren Wünschen und Vorstellungen folgend weiter qualifiziert.
- Ihre Mitwirkung fördert den Gemeinschaftsgedanken und die Verbundenheit der Roma-Flüchtlinge untereinander.
- Als Gruppe werden sie in das Netzwerk benachbarter Organisationen einbezogen.

13 R. Wurr »Schattenkämpfe« Agimos Verlag 1998, S. 173.

- In Geschäften und anderen örtlichen Einrichtungen, bei Behörden, medizinischen und sozialen Diensten, aber auch bei Unternehmern und Privatpersonen wird für ein besseres Verständnis und für die Unterstützung der Roma-Flüchtlinge geworben mit dem Ziel, diese mit ihren Interessen und Kompetenzen Schritt für Schritt als integralen Bestandteil des Gemeinwesens anzuerkennen.

Mit dieser Zielvorstellung hat die Roma-Flüchtlingsarbeit der RAA eine politische Dimension gewonnen. Zum Beispiel wird die allgemeine Schulpflicht nicht nur mit Blick auf die Eltern gesehen, die ihre Kinder in die Schule schicken müssen, sondern auch als Bringschuld der Schule interpretiert, sich auf die ungewohnte »Kundschaft« einzustellen und die Bildungsangebote entsprechend weiter zu entwickeln bzw. zu verändern. Hieraus erklärt sich das neben der psychosozialen Stabilisierung der Flüchtlinge nächste wichtige Ziel der RAA und des Mediatorenprojekts, nämlich die Schule bei der Bewältigung ihrer integrativen Aufgabe zu unterstützen. Entscheidende Voraussetzung für Erfolg dieser Bemühungen sind vor allem: Eltern wie auch die Schule müssen begreifen, dass die Schulpflicht in Deutschland für alle gilt, auch für »Zigeunerkinder«.

»Die Erweiterung der Schulpflicht auf alle in Berlin lebenden Kinder im Jahr 1991 ist (...) ein wichtiger Schritt zur schulischen Emanzipation der Roma ganz allgemein und der Roma-Flüchtlingskinder im Besonderen. Die Erfüllung der Schulpflicht beinhaltet die Pflicht der Kinder und Eltern, die Teilnahme am Unterricht zu ermöglichen. Zu ihrer Umsetzung ist es notwendig, dass Schule und Eltern sich verständigen und zusammenarbeiten und sich dazu wechselseitig mit Respekt, Offenheit und der Unterstellung von Kompetenz begegnen. (...) Die Schulpflicht verpflichtet jede einzelne Schule weiterhin, die persönlichen, sozialen und kulturellen Besonderheiten aller Schüler wahrzunehmen und bei der Bildungsvermittlung zu berücksichtigen. Insbesondere religiöse und kulturelle Spezifika sind als eigene soziale Kompetenz und als Reservoir zu betrachten, um die Schüler auf ein Leben in einer kulturell dynamischen und vielgestaltigen Welt vorzubereiten.«[14]

Außerdem muss die Gesellschaft, einschließlich ihrer sozial grundsätzlich wohl wollenden Gliederungen (Stiftungen, Wohlfahrtsverbände und andere gemeinnützige Organisationen und Einrichtungen), lernen, Flüchtlinge nicht nur als Opfer einer Verkettung unglücklicher Lebensumstände zu sehen (»Victimisierung«), sondern als selbstverantwortliche (»erwachsene«) Menschen und Gesprächspartner ernst zu nehmen, die teilweise durchaus, bevor sie sich auf den Weg nach Deutschland machten, eine Vorstellung davon hatten, was hier zu erwarten war.

14 C. Leucht a.a.O., S. 123 ff.

Chancen und Strategien

Bei allen Unterschieden zwischen Roma-Flüchtlingen aus südosteuropäischen Ländern verbindet die meisten von ihnen der Wunsch, nach den Strapazen der Flucht hier in vergleichsweise friedlicher Umgebung ihre teilweise traumatischen Erfahrungen und ihre existenziellen Ängste und Sorgen um ihre Familien zu bewältigen. Erst nach und nach im Laufe ihres Aufenthaltes in Deutschland entwickeln sie Strategien, um mit den an sie gerichteten gesellschaftlichen, wirtschaftlichen und politischen Anforderungen fertig zu werden: Eine Rückkehr nach Jugoslawien ist nur für wenige Roma-Flüchtlingsfamilien erstrebenswert, weil sie kaum darauf hoffen dürfen, dort ein Leben fortführen zu können, das – wie in Deutschland – zumindest frei von materiellen Existenzängsten ist. So versucht ein Teil der Roma mit aller Kraft, sich soweit, wie es Flüchtlingen mit Arbeitsverbot möglich ist, in Deutschland kulturell und sozial anzupassen. Sie sind bereit, die damit verbundenen formellen Anforderungen zu erfüllen und suchen ihren individuellen Erfolg in möglichst geräuschloser Inszenierung einer in ihrer gesellschaftlichen Lage nur schwer darstellbaren Normalität. Mehr oder weniger erfolgreich werden alle verfügbaren materiellen und zeitlichen Ressourcen in die Absicherung eines möglichst erfolgreichen Schulbesuchs der Kinder investiert. Damit ist nicht selten ein hoher Leistungsdruck auf die Kinder verbunden. Mitunter infolge anhaltenden Misserfolgs bei solchen Versuchen, Normalität zu inszenieren, blockt eine zweite Gruppe interkulturelle Annäherungsversuche ab, indem sie sich in das Schneckenhaus traditioneller Wertvorstellungen zurückzieht. Viele von ihnen lehnen es ab, ihre Kinder in die Schule zu schicken. Je weniger sie sich aber mit den alltäglichen Gepflogenheiten der Mehrheitsgesellschaft auseinander setzen, umso härter werden sie von Ablehnung und Ausgrenzung getroffen, was wiederum die Tendenz bestärkt auf scheinbar bewährte Strukturen und Wertvorstellungen zurückzugreifen, denn – »Für die Rollen Ehemann und Ehefrau, Vater und Mutter, Tagelöhner und Kleingewerbetreibender, Hausfrau und Schwiegertochter brauchen sie keine Ausländerbehörde und kein Arbeitsamt vergeblich um Erlaubnisse und Genehmigungen zu bitten.«[15]

Nicht zuletzt infolge eines oft mehrfach durchexerzierten Versagens in der Regelschule beschreitet eine dritte Gruppe vor allem jugendlicher Roma-Flüchtlinge einen Mittelweg. Sie verweigern die Anpassung an die Normen der etablierten Gesellschaft ohne sich von den traditionellen Strukturen der Familienverbände und deren Rollenmodellen absorbieren zu lassen. Gemeinsam mit deutschen, türkischen, jugoslawischen und anderen Jugendlichen auf der Suche nach passenden Lern- und Lebensarrangements durchstreifen sie die in Cliquen und Klubs gegliederten Subkulturen der deutschen Großstädte und Metropolen. Sie fahren oft weite Strecken, nur um einen neuen *breakdance-move* zu erlernen oder ihre pädagogischen Vorbilder zu treffen. In die unmittelbar benachbarte Schule jedoch bringen sie »keine zehn Pferde mehr«. Wozu auch? Dass sie blöde Versager sind, haben ihnen Lehrer und Mitschü-

15 C. Leucht a.a.O., S. 119.

ler dort schon mehrfach mündlich und schriftlich versichert. Ihr Selbstwertgefühl können sie sich auch zu Hause von autoritären Vätern zerstören lassen. Die sprechen wenigstens ihre Sprache.

Die große Mehrheit der im Laufe der seit etwa 1970 – teils als »Gastarbeiter«, teils als Flüchtlinge – zugewanderten Roma dagegen improvisiert und versucht auf informellen Bahnen, auf »Schleichwegen« in Deutschland Fuß zu fassen. Auch an sie richtet sich das Mediatorenprojekt der RAA. Diese – größte – Gruppe ist sehr unterschiedlich zusammengesetzt. Intellektuelle, Ärzte, Anwälte, Schriftsteller, Ingenieure und Facharbeiter gehören dazu. Die große Masse aber – Angelernte, Hilfsarbeiter und Arbeitslose – werden eher den unteren, minder privilegierten Schichten ohne Aussicht auf wirkliche Teilhabe am Bildungsreichtum der Gesellschaft zugerechnet. Die Zeiten, in denen sich auch mit Gelegenheitsjobs oder riskanten Handelsgeschäften ein bescheidener Wohlstand aufbauen ließ, sind sowohl in Deutschland als auch in Jugoslawien vorbei.

Der Alltag der Roma-Flüchtlinge ist oft anstrengend, auch weil es eigentlich nur selten etwas »Vernünftiges« zu tun gibt. Gute Jobs sind für Roma-Flüchtlinge Mangelware. Dabei gibt es bestimmt einige unter ihnen, die auch Gefallen daran fänden, zum Beispiel als Vermittler zwischen den Kulturen ihr Geld zu verdienen. Jedenfalls ist diese Perspektive vergleichsweise »krisensicher«, denn der Bedarf an Roma-Mediatoren wird steigen, schon weil ihr gesellschaftlicher Nutzen nicht in Zweifel gezogen werden kann. Im Gegenteil: Der Einsatz von Mediatoren trägt spürbar dazu bei, die Spannungen in der interkulturellen Kommunikation abzubauen.

Überraschend öffnet sich hier eine Nische auf dem Arbeitsmarkt, die für Roma-Flüchtlinge ausnahmsweise auch langfristige Engagements in Aussicht stellt. Zwar sind sie alle »irgendwie« damit beschäftigt, zum Familieneinkommen beizutragen, doch einen unbefristeten Anstellungsvertrag bekommt keiner, sei er auch noch so qualifiziert, schon aus aufenthaltsrechtlichen Gründen nicht. Welcher Arbeitgeber stellt jemand ein, der – kaum eingearbeitet – schon wieder gehen muss, weil er nicht mehr »geduldet« wird?[16] Ein weiteres Hindernis auf dem Weg in ein geregeltes Arbeitsverhältnis bildet die so genannte »Arbeitsmarktvorrangprüfung«, die die Arbeitgeber sechs Wochen lang zwingt »bevorrechtigte« Bewerber zu prüfen, die ihnen das Arbeitsamt schickt. Dazu zählen die Inhaber der deutschen Nationalität, als Nächste in der Reihe kommen Ausländer mit Aufenthaltsberechtigung. Erst wenn der Arbeitgeber nachweisen kann, dass von diesen keiner die formell geforderte »Eignung« aufweisen kann, besteht die Möglichkeit, dass auch ein Flüchtling eine Arbeitserlaubnis erhält.

Die eigene Erfahrung des Flüchtlingsschicksals, eine wichtige Voraussetzung der Roma-Mediatoren für ihren Job, kehrt sich unter dem Damoklesschwert ihres Aufenthaltsstatus um in Schwäche. Wo schon die alltägliche Sorge um die Sicherung der eigenen Existenz so viel Kraft kostet, wie viel bleibt da noch für die Vermittlung zwi-

16 Der Verständlichkeit zuliebe wird hier die männliche Form gewählt, wenngleich das Problem sich natürlich in derselben Schärfe auch für Frauen stellt.

schen den Kulturen? Von der andauernden Auseinandersetzung mit antiziganistischen Vorbehalten gegen die eigene Person ganz zu schweigen. Die Wenigsten verfügen über Reserven, die sie in die Gemeinschaft investieren können oder wollen; und sozialpädagogische Naturbegabungen sind (nicht nur) unter den Roma selten. Deshalb hofft die RAA in den Jahren ab 2003 im Rahmen eines groß angelegten Roma-Qualifizierungsprojekts im Rahmen des EQUAL-Programms der Europäischen Kommission Mediatoren systematisch ausbilden zu können, um die chronische Personalnot zu lindern, die das vielversprechende Mediatorenprojekt der RAA Berlin bremst.

Empowerment

Das Mediatorenprojekt wird flankiert von zwei Angeboten der RAA, dem *Forumtheater RAAbenschwarz* und dem *storys-exchange-projekt*. Letzteres ist die deutsche »Verlängerung« eines seit 1998 in Tschechien von und für Roma mit großem Erfolg entwickelten Projektes, welches mittlerweile ein eigenes Forum im Internet betreibt. *(www.storys-exchange.com)* Vordergründig geht es dabei um die Erzählung, Sammlung und den Austausch von Lebensgeschichten und Alltagserlebnissen. Abgesehen von dem kommunikativen Nutzen für die unmittelbar Beteiligten entsteht ein von diesen selbst geschaffenes Stück »Geschichtsschreibung von unten«. Dahinter steht die für die Einzelnen ermutigende Erfahrung, sich selber in der Öffentlichkeit präsentiert und so die eigene Identität positiv bestätigt zu haben.

Forumtheater RAAbenschwarz

Mit dem *community-development*-Konzept setzt die RAA Berlin an der konkreten Lebenswirklichkeit der Flüchtlinge an. Hier bietet das *Forumtheater RAAbenschwarz* Möglichkeiten, die angestrebten Ziele der integrativen Arbeit mit den Betroffenen gemeinsam kreativ zu bearbeiten. Sechs bis zehn Roma-Flüchtlinge, darunter alle Mitarbeiter/innen im Mediatorenprojekt, sind in der Theatergruppe engagiert.

> Ein Beispiel:
> Alexander sieht nicht ein, für die Konsolidierung seines Flüchtlingsstatus Vorleistungen zu bringen, die ihm möglicherweise die Chance bieten, seine ständig von Abschiebung bedrohte Duldung in eine befristete Aufenthaltserlaubnis umzuwandeln. Die vage Aussicht auf die »Verbesserung« seines Status motiviert ihn nicht, regelmäßig der Honorartätigkeit nachzugehen, die ihm die RAA als Musiklehrer an einer Grundschule bietet. Seine Unzuverlässigkeit wird in der Gruppe kritisch zur Diskussion gestellt. Das will er nicht auf sich sitzen lassen und prangert die inhumane Politik der Ausländerbehörde an. Daraus entwickelt sich die engagierte Suche nach den Verantwortlichen für die verfahrene Situation.

> Die Schuldigen werden überall geortet – vom Bundeskanzler über das Arbeits- und Sozialamt, den Hausmeister im Wohnheim bis hin zum Trambahnfahrer. Nur bei sich selber vermag Alexander keinerlei Verantwortung für seine Lage zu erkennen; gerade *er* hätte es besonders schwer. Flüchtlinge aus allen anderen Ländern hätten es leichter, nur nicht die aus dem ehemaligen Jugoslawien. Es entwickelt sich ein lebhaftes Gespräch über die Schuldfrage mit dem Ergebnis, dass dabei das Konzept eines aberwitzigen Streitgesprächs mit verteilten Rollen entsteht, das die realen Probleme der Protagonisten – die erzwungene Arbeitslosigkeit, die fehlende Bewegungsfreiheit, die beklemmende Wohnsituation mit mehreren Kindern – nicht verschweigt, gleichzeitig aber die Rollen der Streitenden derart überzeichnet, dass die Beteiligten lachen müssen. »Die Schuldfrage« jedenfalls ist geklärt und mit diesem Begriff auch gleichzeitig der Titel der Szene gefunden.

Wenn der Inhalt und die Abfolge der Pointen halbwegs klar sind, ist schon viel gewonnen, auch wenn die Szenen noch geprobt, der Text präzisiert, die Dramaturgie entwickelt und Bühnenbild, Licht und Musik entworfen werden müssen. Mit jeder Probe wird der eigentliche Konflikt den Darstellern klarer. Dementsprechend verändert sich eine Szene oder wird am Ende gar verworfen. Des Weiteren sind zahlreiche organisatorische Aufgaben zu bewältigen, bevor das *Forumtheater RAAbenschwarz* auch vor Publikum auftreten kann: Die Raumfrage muss geklärt werden, man muss sich über den Zeitablauf mit den Partnern der geplanten Veranstaltung abstimmen und – ganz wichtig! – es gilt, nachbarschaftlichen Animositäten (z.B. wegen zu großer Lautstärke) vorzubeugen. Das wiederum setzt die freundlich zugewandte Mobilisierung der Anwohner voraus; kurz: Öffentlichkeitsarbeit ist gefragt!

Die Notwendigkeit, diese Aufgaben zu erledigen, eröffnet quasi automatisch ein Trainingsprogramm, um den alltäglichen Umgang mit unterschiedlichsten Vertretern der Mehrheitsgesellschaft zu üben.

Stories exchange

Abgesehen von der mitunter nervenaufreibenden Vermittlungstätigkeit besteht die Gefahr, die Vorgeschichten der Mediator/innen und die damit verknüpften psychischen Restlasten zu verkennen. Die ethnischen Spannungen in den Balkanländern – nicht nur in Ex-Jugoslawien, dort allerdings aber besonders auffällig – haben sich seit Mitte der 1980er-Jahre zunehmend verschärft, was neben den ohnehin zu bewältigenden Folgen des wirtschaftlichen Strukturwandels dazu beitrug, die beruflichen Chancen der Roma und ihre kulturellen Spielräume immer weiter einzuengen und ihre Zukunftsaussichten zu verdüstern. Viele von ihnen sind damals vor dem immer aggressiveren Antiziganismus einer Gesellschaft geflohen, die selbst immer weniger zu verlieren und deshalb dringenden Bedarf an Prügelknaben hatte. Für diese Rolle waren und sind »Zigeuner« und zumal deren Kinder traditionell prädestiniert. Wer Einblick nimmt in die Biografien und Lebensgeschichten der

Menschen, die in den 1990er-Jahren vor den Balkankriegen nach Deutschland geflohen sind, ist vielleicht besser in der Lage zu verstehen, warum diese Menschen die Klischees und Ressentiments der Mehrheitsgesellschaft hier in Kauf nehmen, um der fortgesetzten rassistischen Anfeindung in ihrer Heimat zu entkommen.

Die ursprünglich in Tschechien entwickelte Idee, die Lebenserfahrungen von Roma in Form biografischer Notizen im Internet zu veröffentlichen, kann also neben der Ich-Stärkung der Betreffenden auch eine gewisse Strahlkraft nach außen entwickeln. Aus diesem Grund sind im Folgenden die Geschichten der beiden Brüder Markovic dokumentiert, die 1997 im Abstand von acht Monaten als Kriegsflüchtlinge aus Serbien nach Berlin gekommen sind und im Laufe der Jahre mit der RAA Berlin im Rahmen des Mediatorenprojekts Kontakt aufgenommen haben.

Nebojša Markovic, der jüngere der beiden Brüder, hatte seine Heimatstadt Paracin Hals über Kopf verlassen. Nur so gelang es ihm, sich der Einberufung in die serbische Armee zu entziehen; – buchstäblich im letzten Augenblick. Sonst wäre er zu einer Spezialeinheit abkommandiert worden mit dem Auftrag »Terrorismus-Bekämpfung im Kosovo«; eine beschönigende Umschreibung für die ethnische Säuberung, mit der der jugoslawische Staatschef Slobodan Milosevic seinen Traum eines großserbischen Reiches verwirklichen wollte. Die Vertreibung der albanischen Bevölkerungsmehrheit aus dem Kosovo hatte später den Bombenkrieg der NATO gegen Serbien ausgelöst.

Eine Folge der im Balkankrieg weitgehend zerstörten Zivilgesellschaft Ex-Jugoslawiens äußerte sich in der immer brutaleren Verfolgung der heimischen Roma. Die Geschichte, die Nebojša Markovic hier erzählt, wiederfuhr ihm, als er als 17-jähriger Hotelfachlehrling gelegentlich nebenher in Paracin jobbte:

Mafia-Schock im Weißen Haus

»Es war an einem Abend im Juni 1997, als ich Bekanntschaft mit der Mafia machte.

Ich war im »Beli Dvor« (»Weißes Haus«) angestellt, einem Restaurant der gehobenen Klasse in Paracin, und ich hatte Spätdienst. Das Geschäft lief normal, Gäste saßen an fünf oder sechs Tischen in beiden Räumen des Lokals. Einer war fürs gepflegte Speisen bei gedämpftem Gespräch gedacht; im anderen aber, wo ich bediente, konnte man essen, trinken und zusätzlich Life-Musik oder kabarettistische Einlagen genießen. Hier spielte etwa ab 20.45 Uhr eine Band.

Die Gruppe hatte gerade mit jugoslawischer Volksmusik begonnen, als vier Männer in Begleitung eines Mädchens unser Restaurant betraten. Zumeist junge Leute, das Mädchen war vielleicht 16, drei der Männer zwischen 25 und 30 Jahre alt. Nur einer, ihr Anführer, wie sich bald herausstellte, sah älter aus: 37 oder 38 Jahre mochte er zählen.

Für Kellner wie Gäste waren dies höchst unwillkommene Besucher, denn sie waren bereits stadtbekannt – als Angehörige einer paramilitärischen Bande, einer Mischung aus ehemaligen Militärangehörigen, Kriminellen und Halbkriminellen, die seit Kriegsbeginn vielerorts und zunehmend vom Schwarzhandel mit dem immer knapper werdenden Benzin lebten und obendrein als bewaffnete, gewaltbereite Mafia-Terroristen ihr Unwesen trieben. Wer in Paracin noch nicht selbst mit ihnen in Berührung gekommen war, hatte zumindest schon von Schutzgeld-Erpressung in Hotels, Gaststätten und Geschäften, von krankenhausreif geschlagenen oder gar umgebrachten Zahlungsverweigerern gehört. Distanzierter Respekt, ja größte Vorsicht waren also angebracht.

Ihrem Gang und den unsteten Blicken nach zu urteilen, waren einige der Neuankömmlinge betrunken – oder sie standen unter Drogen, am stärksten wohl der Ältere. Ganz in der Nähe der Band ließen sie sich nieder und versuchten, gleich mit den Musikern anzubändeln. Sie redeten auf sie ein, während sie bei mir Wodka und Whisky bestellten und weiter tranken. Noch waren sie relativ friedlich, benahmen sich freilich zunehmend großkotzig. Bald begannen die Gangster mich zu provozieren, wenn ich an den Tisch kam. Ihr Boss zog zum Beispiel seinen Revolver und setzte ihn mir an den Kopf, wortlos und breit grinsend. Das Mädchen versuchte ihn zu beruhigen, es zog seinen Arm herunter.

Je mehr Alkohol ihr Hirn vernebelte, desto aggressiver wurden sie. Plötzlich gingen Gläser am Tisch zu Bruch. Einer verletzte sich daran, seine Hand blutete stark. Ein Zweiter griff in die Scherben, neben denen der Revolver lag. Fluchen und lautes Gegröle erfüllten den Raum, während der Anführer immer mal wieder zur Pistole griff und quer durch den Raum auf mich zielte, wenn ich Gäste an anderen Tischen bediente. Einer der Jüngeren machte Anstalten, zwei Männer an einem Nachbartisch, die besänftigen wollten, zu verprügeln.

Eine halbe Stunde vor Mitternacht wurde unser Lokal endgültig zum Wildwest-Salon: Es krachte mehrmals, der Chefgangster hatte – nur so zum Spaß – in die Decke geschossen! Ich erschrak furchtbar, mein Herz klopfte heftig vor Angst, am liebsten wäre ich geflohen. Doch konnte ich die völlig verstörten Gäste, meine Kollegen und die Bandmitglieder mit diesen Teufeln allein lassen?

Also drückte ich mich hinter den Schanktresen, als die Schüsse fielen, und überlegte fieberhaft, was in dieser gefährlichen Situation zu tun sei. Gerade als ich erwog, per Telefon Hilfe herbei zu rufen, kam Herr Zivadin herein, der Restaurantbesitzer, überschaute sofort die Situation und fragte leise: ›Soll ich die Polizei holen?‹ Es war inzwischen 0.00 Uhr. Wir mussten das Für und Wider bedenken. Durch einen Polizeieinsatz könnte die Sache auch gänzlich unberechenbar werden ...

Zu einem Entschluss kamen wir nicht mehr. Das Drama eskalierte erneut. Einer der Männer vom Nachbartisch hatte die Banditen wohl ›kritisch‹ gemustert. Jedenfalls ergriff der Bursche, der ihnen schon mal Prügel angeboten hatte, plötzlich einen Mikrofonständer der Band und begann, auf die beiden einzuschlagen, von den anderen bekam er noch Unterstützung. Der am stärksten getroffene Mann blutete am Kopf. Die beiden flohen aus dem Lokal.

Dass sie ihre Zeche nicht bezahlt hatten, fiel in diesem Augenblick auch mir nicht ein. In meiner Angst, ebenfalls attackiert zu werden, hatte ich mir ein langes Kü-

chenmesser gegriffen, um mich notfalls zu verteidigen. Doch die Typen beachteten mich zum Glück in ihrer Rage nicht. Ich konnte das Messer wieder hinter dem Tresen platzieren und begann, verängstigt, mit dröhnendem Puls, den Tisch der Mafia-Leute, die sich schwankend wieder hinsetzten, von den Scherben zu säubern und das überall verteilte Blut wegzuwischen.
Eine Viertelstunde nach Mitternacht war ich damit fertig – da betraten zwei Polizisten in voller Montur das Restaurant. Ich hatte sie nicht gerufen, Zivadin auch nicht, vielleicht einer der Gäste? Die Uniformierten steuerten geradewegs auf den Tisch der Banditen zu – und ließen sich an ihm nieder! Bald war man dort angeregt im Gespräch, scherzte und lachte, erzählte sich Witze. Die Polizisten bestellten eine Flasche Wein. Sie waren offenbar nur ins Lokal gekommen, um den gemeinsamen Dienst ausklingen zu lassen.
Gut eine halbe Stunde später verabschiedeten sich die beiden wieder. Und sofort schlug die Stimmung der Mafiosi um: Der Boss rief Zivadin, unseren Chef, an den Tisch und beschuldigte ihn lauthals, die Polizei geordert zu haben. Mit wie viel Opportunismus er es schaffte, sie vom Gegenteil zu überzeugen, weiß ich nicht ... Ich sah ihn nur wortreich gestikulieren. Die Bande schien sich erneut zu beruhigen. Nur die Spielerei des Anführers mit seinem Schießeisen ging weiter.
Schließlich rief er nach mir: ›Zahlen!‹ Was blieb mir übrig, ich musste die Rechnung fertig machen und an den Tisch bringen. Die Waffe lag da. Der Anführer legte die Hand darauf ohne die Rechnung zu beachten. Wie ein angriffslustiger Wolf schaute er mir in die Augen, regungslos. Im Lokal wurde es mucksmäuschenstill. Mein Herz pochte laut gegen die Rippen. Kein Zweifel, er war nun überzeugt davon, dass *ich* die Ordnungshüter gerufen hatte. – Drei, vier endlose Minuten ging das so. Dann aber besann er sich und warf ohne eine Mundbewegung das Geld auf den Tisch. Die Bande verließ das Restaurant. Jetzt erst wurde mir mein Schlottern bewusst. Die Uhr zeigte 1.00 Uhr.
17 Jahre war ich damals alt. Nie zuvor hatte ich solche Angst gehabt. Und ähnliche Szenen kannte ich bis dahin nur aus Gangsterfilmen. Doch die gehen ja nicht ins Mark. Zwei Wochen habe ich noch in diesem Restaurant gearbeitet. Dann suchte ich mir einen anderen Job. Als später die Einberufung zur Armee kam, floh ich zum Bruder nach Berlin. 21 bin ich jetzt. Wie es weiter geht? Fragen Sie etwas leichteres.«

Nebojšas Bruder, Slaviša Markovic, kehrte 1996 seiner Heimat den Rücken. Damals war Slaviša 25 Jahre alt. Nach dem Gymnasium hatte er ein Semester Biologie studiert, bevor ihn die jugoslawische Armee 1990 für den Bosnienkrieg zwangsweise rekrutierte. 1992 wurde er in Mazedonien schwer verwundet. Nach einem langen Krankenhausaufenthalt lebte er während seiner Rehabilitation bei Verwandten in Belgrad und hatte dort Gelegenheit, ein Jahr lang eine Medienschule zu besuchen. Später war er häufig als Reporter für den Lokalsender *Radio Paracin* unterwegs und arbeitete zugleich als Studiotechniker für Sound-Bearbeitung. Dank der Empfehlung eines einflussreichen Professors der Belgrader Universität, der auch an der Medienschule in Paracin lehrte, hatte Slaviša 1995 Gelegenheit, an einem Radioseminar in der Hauptstadt teilzunehmen. Ein Vierteljahr lang fuhr er einmal die Woche morgens nach Belgrad und abends zurück. Dem Beispiel seines »kleinen« Bruders folgend, publizierte auch Slaviša seine Erfahrungen im Internet:

Dialog im Dunkeln

»Rund 160 km Straße und Autobahn liegen zwischen Paracin und Belgrad. Ich benutzte für die Hin- und Rückreise einen Fernbus der Linie Novy Sad–Nis, der beide Städte direkt verband. Nach einem anstrengenden Lehrgangs-Tag konnte ich erst nach 20.00 Uhr von Belgrad zurückfahren. Es war nasskaltes Herbstwetter und schon dunkel. Ich hatte auf der linken Seite im Bus Platz gefunden. Dieser war fast voll besetzt, der Sitz rechts neben mir aber war noch frei.

Zwei Stationen später stieg mit einigen anderen, soweit ich im Dunkeln erkennen konnte, auch ein älterer Herr zu. Eilends steuerte er meine Richtung an und setzte sich neben mich. Etwa 20 Minuten später sprach er mich an, das heißt anfangs redete er mehr vor sich hin: Ironisch kommentierte er den Zustand der Autobahn und die vielen Schlaglöcher, die wir während der Fahrt zu spüren bekamen. Ich antwortete zunächst – wie es meinem Naturell entspricht – zurückhaltend. Doch bald kamen andere Themen ins Gespräch: die Arbeit, die dramatische Geldinflation, die allgemeine Teuerung. Die Unterhaltung wurde lebhafter. Urteile und Denkweise meines Nachbarn sagten mir zu. Der Serbe war gut informiert, seine Analyse intelligent und realistisch. Auf keinen Fall war er ein politischer Extremist. So entzog ich mich ihm nicht. Und so landeten wir schließlich bei der Politik nach dem politischen Umbruch und bei den Parteien ...

Ihm gefiel das Programm der UL, der ›Vereinten Linken Jugoslawiens‹. Er hielt sie, wie viele andere Landsleute, für eine positive Alternative zur herrschenden sozialistischen Partei unter Slobodan Milosevic. Wir fanden zahlreiche gemeinsame Punkte, gerieten indes auch in eine richtige Pro- und Kontra-Diskussion. Er meinte, die UL habe gute Vorschläge, wie man aus der Misere herauskommen könnte. Ich widersprach ihm in manchen Punkten: Als freier Linker fand ich das Programm zwar gefällig, die Partei selbst jedoch schien mir mehr eine Spielerei zur Kanalisierung der Wähler zu sein. Ich sagte zum Beispiel: ›Vielleicht kann die UL mit dafür sorgen, dass unser Einkaufskorb wieder besser gefüllt ist, wie er aber bezahlbar bleiben kann – davon ist keine Rede.‹ Mein Nachbar wurde nachdenklich und still, empfand aber – so wie ich für ihn – ganz offensichtlich Sympathie für den jungen Mann neben sich, den er gar nicht erkennen konnte. Etwa eine Stunde hatten wir miteinander gesprochen. Plötzlich schlug er vor: ›Ich möchte in Kontakt mit ihnen bleiben. Wollen wir nicht die Adressen tauschen?‹ – Ich stimmte zu, im völlig finsteren Bus war dies jedoch nicht möglich. Wir mussten den nächsten offiziellen Haltepunkt abwarten, wo sich die Fahrgäste der Fernlinie kurz erfrischen, einen Imbiss nehmen oder die Beine vertreten konnten.

In Jagodina, rund 20 Kilometer vor meiner Heimatstadt, war es dann soweit. Der Bus hielt. Wir waren durstig und wollten zusammen etwas trinken gehen. Das

Licht ging an, die Türen öffneten sich. Zum ersten Mal konnten wir uns richtig anschauen, bevor wir den Bus verließen. – Vielleicht sollte ich sagen, dass ich mit meinen schwarzen Augen, leicht gebogener Nase und etwas dunklem Teint die Roma-Herkunft nicht verbergen kann.
Ich bemerkte so etwas wie Verwunderung, ja leichte Verwirrung im Gesicht meines Gesprächspartners. Schweigend gingen wir nebeneinander zum Kiosk, bestellten ein Glas Saft und tranken. Uns beide beschlich wohl das gleiche Gefühl: Ein gemeinsames Gesprächsthema gab es nicht mehr. Und plötzlich brachte mein Platznachbar zögernd die Worte heraus: ›Mit einem von euch habe ich ja noch nie über Politik gesprochen.‹
Es war das Letzte, was er zu mir sagte. Meine Adresse wollte er wohl nicht mehr haben. Wir stiegen erneut in den Bus und saßen die 20 Minuten bis nach Paracin stumm nebeneinander, wo ich mich freundlich verabschiedete.
Lange habe ich noch an diese Bekanntschaft im Bus gedacht. Ich und viele meiner Schicksalsgefährten vom Balkan haben inzwischen – infolge von Krieg, Flucht und Vertreibung, da die Schwächsten in der Gesellschaft am meisten leiden müssen – weit schlimmere Erfahrungen mit der Roma-Diskriminierung gemacht.
Woher aber bezieht ein aufgeklärter Mensch wie dieser zufällige Platznachbar, ein serbischer Intellektueller womöglich, ohne besonderen Anlass oder opportunistischen Zwang seiner ›Volksgenossen‹, derart tief sitzende ethnische, kulturelle und politische Vorurteile? Wieso gerät er gar in Verlegenheit darüber, sich im dunklen Bus in einen Diskurs mit einem Rom eingelassen zu haben? Zumal er wohl kaum Zweifel an meiner Urteilsfähigkeit haben konnte.
Antiziganismus gab es seitens anderer jugoslawischer Volksgruppen immer. Doch in den Friedenszeiten der vergangenen Jahrzehnte, da die meisten Menschen irgendwie ihr Auskommen hatten, lebten wir Roma immerhin weitgehend unbehelligt und vielfach sogar gefördert mitten unter ihnen. Sind wir etwa an der politischen und wirtschaftlichen Misere nach 1990 Schuld? Weiß jemand eine Antwort auf solche Fragen?«

Ein Jahr nach dieser Busfahrt entschloss sich Slaviša Markovic zur Flucht. Er hatte lange mit sich gerungen, ob er seiner Heimat, seinem kleinen Sohn, den er zur Sicherheit bei seinen Eltern untergebracht hatte, den Rücken kehren sollte. »Damals war ich Jugoslawe. Das war nicht supergut, aber ein Grundstein für eine freiheitliche Perspektive.« Doch als Rundfunkjournalist hatte er dann hautnah miterlebt, wie infolge des nationalistischen Kurses von Slobodan Milosevic die politische Situation im Lande eskalierte. »Radio Paracin – ein Staatssender – konnte mir keine Sicherheit bieten, von außen machte die Opposition Druck. Als Rom hatte ich da keine Chance.«

Auf Umwegen – denen er heute bessere Englisch- als Deutschkenntnisse zu verdanken hat – kam er nach Berlin und »landete« zunächst bei einer Schwester seines Vaters. Doch außer einem Bett bot sich hier für ihn keine Perspektive. In einem Flüchtlingswohnheim holte ihn die Wirklichkeit ein: »Das war wie im Ghetto, da wurde ich depressiv.« Zufällig erfuhr er von der *Romani Union* und begegnete dort endlich Menschen, vor denen er sich nicht für seine Abstammung entschuldigen musste, wie früher »alle paar Meter in Serbien«. Der ständige Rechtfertigungsdruck hatte ihm in seiner Heimat besonders zu schaffen gemacht. Gemessen an diesen Sozialerfahrungen empfand Slaviša Markovic seinen Flüchtlingsstatus in Berlin wie eine Erlösung. »Ich hatte zum ersten Mal den Eindruck: Ich kann mich frei bewegen, ich bin nicht gestempelt. Ich bin hier zwar Ausländer, aber eben *nur* Ausländer.«

»Wer sich isoliert, verliert den Überblick.«

Existenzielle Krisen zehren an der psychischen und physischen Substanz und lassen die betroffenen Menschen nicht selten an sich selber (ver-)zweifeln. Slaviša Markovic teilt diese Erfahrungen mit vielen Leidensgenossen und wie diese, so konfrontiert auch er sich selbst mit argwöhnischen Fragen an die eigene Person: »Wer bin ich? Was mache ich? – Dann immer werden bei mir Kindheitserinnerungen wach.« Erinnerungen an eine offenbar glücklichere Zeit in Wohlstand und emotionaler Geborgenheit. Der mütterliche Teil seiner Familie war eher handwerklich, technisch orientiert, während die väterliche Linie seit Generationen erfolgreiche Kaufleute hervorbrachte. Der plötzliche Tod des Großvaters jedoch kam für Slavišas Vater zu früh, um ihn gegen den wirtschaftlichen Strukturwandel zu wappnen. Das Handelsgeschäft brach zusammen, so blieb dem Vater nichts anderes übrig als die Branche zu wechseln und fortan als Arbeiter in einer Glasfabrik sein Brot zu verdienen.

Slaviša Markovic kam 1972 im serbischen Paracin auf die Welt. Seine lebhaftesten Erinnerungen verbindet er mit der Schmiede seines Großvaters mütterlicherseits. Dort war er besonders gerne, nicht zuletzt auch deshalb, »... weil wir Kinder immer mitarbeiten durften. Mein Opa war pädagogisch sehr gut. Jedes Kind wusste immer genau, was es zu tun hatte. Meistens haben wir Spielzeuge gebaut. Das war Klasse!« Fragen an seine Roma-Identität standen nicht im Vordergrund. Erst in der Grundschulzeit erfuhr er mehr und mehr über die Kultur und die Traditionen seines Volkes. An Einzelheiten aus diesen Jahren kann er sich kaum erinnern, mit Ausnahme seiner Lehrerin, die ihn durchaus auch als Rom unterstützte und die er als »eine sehr starke Frau« beschreibt. »Ich wusste wohl, dass ich Rom bin, aber das kam eher von außen. Meine Mutter spricht kein Romanés, und ich zum Beispiel denke bis heute nicht in Romanés. Ich bin eine Mischung, ein slawischer Rom.«

Auch in der Familie wurden weniger Roma-Traditionen als eher die religiösen Rituale der orthodoxen Kirche gepflegt. Die dazugehörigen Fest- und Feiertage zelebrierte die Mutter zu Hause und dabei gelang es ihr, »... immer eine sehr warme Atmosphäre zu schaffen. Das war eine der Goldseiten meiner Kindheit. Zum Beispiel am Feiertag der Handwerker: Die Zeremonie fand bei uns in der Schmiede statt und regelmäßig kam die Nachbarschaft und die ganze Familie dazu. Im Ofen der Schmiede wurde der Slivowitz gewärmt und alle zusammen haben wir gesungen«.

Mit einem Achselzucken erzählt Slaviša, dass er früher kaum Spielkameraden hatte, weil er als Roma-Kind gemieden wurde. »Dafür hatten wir einen schönen

Garten, wo ich gerne war. Am schönsten aber war es, wenn wir mit meinem Vater und meinem Onkel irgendwo rausgefahren sind und Picknick gemacht haben.« Die beiden Männer haben Slaviša besonders geprägt. Er liebte es, während der Schulferien den Vater auf seinen Handelsreisen zu begleiten. Seine künstlerische Begabung und sein Zeichentalent aber glaubt er vom Onkel geerbt zu haben, obwohl dieser im Hauptberuf nicht Künstler, sondern Lastwagenfahrer war und zwar ein besonders geschickter; in jeder Hinsicht, wie Slaviša betont: »... ein Künstler hinter dem Lenkrad!« Außer durch seine Geschicklichkeit am Steuer imponierte er seinem Neffen besonders dadurch, wie er mit rassistischen Beleidigungen fertig wurde. Im Volksmund hieß es: »Nur Lastwagenfahrer sind schlimmer als Zigeuner. Darauf hat mein Onkel immer geantwortet: »Ich bin beides.««

Nach dem Abitur – seine Mutter hatte darauf bestanden – hatte Slaviša Markovic ein Semester lang Biologie studiert und mit der Idee sympathisiert, Landschaftsarchitekt zu werden. Doch das entsprechende Studium in Belgrad wäre zu teuer geworden. Bald nach der Einberufung zum Wehrdienst brach der Bosnienkrieg los. In Mazedonien wurde Slaviša schwer verwundet. Nach langem Krankenhausaufenthalt und anschließender Rehabilitation wohnte er 1994 ein Jahr lang bei Verwandten in Belgrad und besuchte dort eine Medienschule. »Das hat mich eigentlich wieder aufgebaut. Aber dann kam die Inflation und bald hatten wir nicht einmal mehr genug Geld für Heizung und Lebensmittel. Meine Mutter, Nebojša und ich sind dann zu meiner Tante und ihrem Sohn gezogen. Wir waren eine Wohngemeinschaft. Diese Überlebensstrategie war richtig und auch sehr gut, obwohl die Zeit beschissen war.« Im gleichen Jahr wurde er Vater eines Sohnes. Ein gutes Jahr später trennte er sich von seiner Frau; seinen Sohn brachte er bei seinen Eltern in Paracin unter, wo er seitdem aufwächst.

»So taumelte ich zwischen Euphorie und Depression. Ich musste immer einen hohen Preis bezahlen, um nicht ausgeschlossen zu werden.« Slaviša fasst sein Leben in zwei Sätzen zusammen. Die Frage seiner Identität jedenfalls scheint heute geklärt: »Ich bin Rom. Ich sage nicht, ich bin serbischer Rom. Vielleicht könnte man sagen: Ich bin ein Rom aus Deutschland.«

Die Schule sieht er als besten Weg, »... um unsere Kultur zu retten, denn hier findet Integration statt – oder nicht. Ich habe lange überlegt, wo ist das Problem? Und dann habe ich festgestellt, es ist die Motivation, die Motivation, die Motivation. Es ist sehr gefährlich im Ghetto zu bleiben, denn dort wachsen die Ressentiments und Vorurteile. Ich habe zum Beispiel nie geglaubt, dass es in Jugoslawien Krieg geben könnte. Heute weiß ich: Wer sich isoliert, verliert den Überblick.«

Im Jahr 2000 lässt sich Slaviša Markovic für das Mediatorenprojekt der RAA engagieren und verbringt zwei Tage wöchentlich an der Grundschule am Teutoburger Platz. Er »steigt ein« mit der großen Pause auf dem Schulhof. Hier knüpft er seine Kontakte zu den Kindern, zu allen Kindern. Im Schulgebäude hat er einen kleinen Raum zu Verfügung (»Insel«), in dem er bei Bedarf mit den Kindern arbeitet. Jetzt wird deutlich, was er meint, wenn er der Motivation der Kinder so große Bedeutung zumisst:

Sabrina, 4. Klasse, weigert sich, Mathe-Hausaufgaben zu machen. Slaviša lenkt ein, weil er Verständnis dafür hat, dass es nichts bringt, am Nachmittag dieselben Übungen wie im Unterricht zu wiederholen. Also macht er sich auf die Suche nach einem neuen »Zugang«. Er hält nichts davon, hochtrabende Pläne zu entwickeln, die er ohne große Unterstützung von außen nicht realisieren kann. Deshalb hat er entschieden: »Ich bleibe in meinem Bereich. Ich kann am besten mit Computern umgehen, also nutze ich sie auch, wenn ich mit den Kindern arbeite, und es funktioniert!«

Sie entwickeln ein Interview und befragen sich gegenseitig. Slaviša zeigt ihnen, wie sie den Text aufnehmen können und fotografiert die Beteiligten. Die Bilder werden im Computer den Texten zugeordnet. Thema des Interviews ist: »Wer will was werden?« Es stellt sich heraus, dass Sabrina gerne Verkäuferin werden möchte. »Daraufhin haben wir ein Rollenspiel veranstaltet und plötzlich hat Sabrina gemerkt, dass sie den Job nicht machen kann, solange sie nicht rechnen kann. Bis wir so weit waren, hat es allerdings drei Tage gedauert.«

Schwierigkeiten mit den Kindern hat Slaviša nicht. Aber die Eltern davon zu überzeugen, dass sie ihre Kinder regelmäßig in die Schule schicken, fällt ihm sichtlich schwer. Von seiner äußeren Erscheinung her lässt es sich nachvollziehen, dass eindrucksvolle Auftritte nicht seine Stärke sind. Respekt bei den Eltern verschaffen ihm erst die Kinder, wenn sie zu Hause von Erfolgserlebnissen bei Slaviša berichten. Günstige Gelegenheiten ergeben sich bei den alljährlichen Ferienspielen während der Sommerferien. »Danach haben die Eltern auch mit mir gesprochen, weil sie gemerkt haben, dass die Kinder zu *mir* kommen wollen. Es geht also nicht um die Schule, sondern es geht um die Menschen.«

Slaviša Markovic zeigt sich in hohem Maße anspruchsvoll, wenn es darum geht, sich selbst und seine persönlichen Interessen und Beweggründe mit den Erwartungen der RAA zu verbinden. »Manchmal mache ich bestimmte Dinge nur, um mir zu bestätigen, dass ich frei bin. Wenn ich allerdings merke, dass ein Kind oder jemand aus seiner Familie mich braucht, dann bin ich sofort da. Ideal ist es, wenn es mir gelingt, meine eigenen Ziele mit denen anderer Leute so zu kombinieren, wenn ich meine eigene Befreiung wie ein Virus auf die Leute übertragen kann.«

Slaviša Markovic legt allerdings Wert darauf, nicht als Sozialarbeiter missverstanden zu werden: »Was immer ich tue, das mache ich nicht, weil ich ein Sklave der Roma-Problematik bin, sondern weil ich es für mich selbst so will. Aber eigentlich habe ich im Moment nicht genug Kraft für den Job.«

Dem zweiten Mediator, den die RAA als »Pionier« für die Integrationsarbeit gewonnen hat, scheint die Arbeit mit den Eltern leichter zu fallen. Vielleicht hat Zikica Ibraimovic, abgesehen davon, dass er Slavišas Vater sein könnte, einfach mehr Ruhe gehabt in seinem Leben. Er war früher in Jugoslawien als Elektroingenieur bei der Staatsbahn angestellt und reparierte Lokomotiven. Anfang der 1990er-Jahre floh er mit der ganzen Familie vor dem Bosnienkrieg. Mit seiner Qualifikation hätte er ohne Mühe einen Job auch in Deutschland gefunden. Doch nur mit einer Duldung war daran nicht zu denken. Sein Sohn war von der RAA als Mediator an einer Schule in Lichtenberg angeworben worden. Bald darauf bot sich die Gelegenheit im Rahmen des Schülerklubprogramms der RAA auf eine feste Stelle umzusteigen. Vergleichsweise gut abgesichert sollte er als Roma-Mediator den Kontakt der Schule zu den Roma-Kindern und -Eltern im nahen Wohnheim verbessern. Doch nachdem sowohl Schulleitung als auch die Team-Kollegen in den anderen Schülerklubs dieser Konzentration auf eine besondere Gruppe der Flüchtlinge keine Priorität einräumten, gab er die Besuche im Wohnheim und den Kontakt zu den Eltern auf, und das Projekt hatte einen Roma-Mediator weniger. Zur Finanzierung dieser Arbeit waren inzwischen von der Freudenberg Stiftung und der Lindenstiftung Honorarmittel bewilligt worden, um die Arbeit in der Papageno-Schule fortzusetzen. In diesem Moment meldete sich der Ingenieur: »Ich dachte, warum nicht?«

»Wenn Sie uns helfen?«

Eine durchaus gepflegte, elegante Erscheinung: Gebräuntes Gesicht, sorgfältig rasiert, Brille mit Goldrand, legere Kleidung, dunkler Sommeranzug. Der oberste Knopf seines sportlich blauen Hemdes ist offen, keine Krawatte; über alledem ein sommerlicher Trenchcoat. Sein Alter ist schwer zu schätzen – um die Fünfzig. Mit seiner flachen, schwarzledernen Aktentasche unterm Arm wirkt er wie ein gut situierter Vertreter eines größeren Unternehmens. Der professionelle Eindruck scheint sich zu bestätigen. Nach einer kurzen höflichen Begrüßung kommt er ohne Umschweife zur Sache: »Ich habe hier ein Kind – Daniel, 10 Jahre alt – kann vom Alphabet A, B, C, D – und dann nichts mehr. Mit Rechnen ist gar nichts drin. Er kann noch nicht mal plus und minus unterscheiden. Er müsste eigentlich in die 1. Klasse.«

Christoph Leucht – in der Regionalen Arbeitsstelle (RAA) Berlin Koordinator der verschiedenen Förderprojekte zugunsten von Roma-Kindern und -Jugendlichen – schüttelt den Kopf. »Geht nicht mehr. Dafür ist er zu alt.« – Zikica Ibraimovic, der elegante Herr im hellen Trenchcoat, ist ratlos. Das kommt zwar öfter vor, hält aber nie lange an. Irgendwie hat sich bisher immer noch eine Lösung gefunden. »Ich genieße großen Respekt bei meinen Roma, und das hilft mir persönlich. Wenn ich ins Wohnheim komme, bitten mich die Leute gerne rein, setzen sich an den Tisch mit mir, wollen reden. Und sie glauben mir, was ich sage.« – Kein Wunder, er könnte ihr Vater sein, sofern es sich um Eltern von Schulkindern handelt. Mit Beginn des neuen Schuljahres hat ihn die RAA in Berlin als Mediator angestellt, als Vermittler zwischen den Kulturen, in diesem Fall zwischen knapp 20 Roma-Kindern eines Wohnheims, deren Eltern und der Papageno-Schule, eine Grundschule in Berlin-Mitte, gleich hinterm Nordbahnhof. Zikica Ibraimovic, genannt Zika ist einer von drei Roma-Mediatoren in Berlin. Alle drei arbeiten an unterschiedlichen Schulen. Allen gemeinsam ist, dass die Lehrer der betreffenden Schule die Arbeit ihrer neuen Kollegen außerordentlich schätzen. Mit einer Einschränkung. An einer der drei Schulen, wäre es der Schulleitung bei aller Wertschätzung der willkommenen Unterstützung lieber, wenn die »Zigeuner« ihre Kinder nicht brächten. Dort ist – wie beschrieben – der Mediator auch nicht lange Mediator geblieben.

Für seine Aufgabe als Mediator bringt Zikica außer seiner persönlichen Lebenserfahrung erst mal keine schriftlich dokumentierte Qualifikation mit. Im »Zivilberuf« ist er Elektroingenieur. Als solcher hat er 20 Jahre lang in Jugoslawien Lokomotiven repariert, Klimaanlagen in Eisenbahnwaggons installiert und anderes mehr. Außerdem war er für die Betreuung der Lehrlinge zuständig, die in diesem Betrieb ihre Praxis absolvierten. Dabei hat er sich sein eigenes pädagogisches Basis-Set erarbeitet. Zikica Ibraimovic ist Vater von zwei Söhnen, Marian und Daniel. Daniel (29) war zwischenzeitlich gleichfalls als Mediator an der Alexander-Puschkin-Oberschule in Lichtenberg eingesetzt und betreut nun einen Schülerklub an derselben Schule. Marian ist ein Jahr älter als Daniel, verheiratet und hat zwei Kinder. Als Großvater hat Zikica zwar keine besseren Chancen auf dem Arbeitsmarkt, aber stolz ist er. Besonders seitdem auch Daniel einen kleinen Sohn hat. Man merkt, hier steht ein Mann,

Zika ist immer ansprechbar …

der weiß was vom Leben. Trotzdem ist er in keiner anderen Lage, als andere Flüchtlinge auch. Er hätte längst einen Job – mit einem anderen Status; aber als Flüchtling ohne Aufenthaltserlaubnis, nur mit einer Duldung und der Aussicht, alle sechs Monate aufs Neue die Abschiebung fürchten zu müssen, stellt ihn keiner ein. Zehn Jahre geht das jetzt schon. Zum Verrücktwerden! »Ich weiß nicht, wo ich bin, in Deutschland, in Jugoslawien, oder in einem dritten Land – wir wissen nicht, wer wir sind, was wir wollen.« Wenige Worte genügen ihm, um die seelischen Probleme der Flüchtlinge zusammenzufassen. Eine große Rolle spielt dabei, dass sich die wenigsten als Roma zu erkennen geben. Sie stellen sich als Serben vor, Mazedonier, Kosovaren. Zikica durchschaut natürlich sofort die Tarnung. »Man merkt es schon an den Namen!« Auch er ärgert sich, dass er als Rom hier noch größere Schwierigkeiten hat, als ohnehin schon. Doch die Ressentiments gegen »die Zigeuner« kennt er von klein auf. In Jugoslawien war das normal. Doch weil es so viele gab, fiel es irgendwann nicht mehr so auf.

Es sind diese Gemeinsamkeiten in der persönlichen Geschichte, die ihm den Respekt seiner Landsleute eintragen. Vor allem mit den Eltern der Kinder kommt er gut klar. *Ihm* gelingt es, Väter und Mütter davon zu überzeugen, dass sie endlich das ihre dazu tun, damit ihre Kinder in die Schule gehen. »In dieser Zeit – Kinder ohne Schule? Das geht nicht! Das ist eine verlorene Welt ohne Zukunft. Während woanders die Kinder mit sechs, sieben oder acht Jahren mit dem Computer umgehen, aber wir sind Analphabeten. Das ist für mich traurig. – Und dann sage ich immer den Eltern, ohne Schule ist das hier für Kinder kein Leben. Wir sind hier in Deutschland, nicht in Jugoslawien. In Jugoslawien kommst du vielleicht als Händler durch, als Kaufmann. Das geht dort zurzeit, da brauchst du vielleicht keine Schule, aber hier in Deutschland läuft das nicht. Hier in Deutschland *müssen* alle Kinder die Schule besuchen!«

Montags und Mittwochs ist Zikica Ibraimovic von 11.00 Uhr bis 14.00 Uhr für die Roma-Kinder da, als Gesprächspartner, Vertrauensmann – als Bezugsperson. Heute, Montag früh erscheint er schon eine halbe Stunde vor seinem Dienstbeginn in der RAA, um zu hören, wie Christoph Leucht die Sache mit dem 10-jährigen Daniel sieht. Aber es geht ihm nicht nur um Daniel. In der letzten Woche hat Zikica im Wohnheim Monica und ihre Familie kennen gelernt. Monica ist sieben Jahre alt und eigentlich für die 1. Klasse fällig. Nur die für sie zuständige Papageno-Schule weiß noch nichts von ihr. Dabei sind die Sommerferien schon seit fünf Wochen vorbei. Schließlich reicht Zikica Ibraimovic Christoph Leucht einen Brief, »*gez. Stemmler*«: Die Schulleiterin der Papageno-Schule fragt, wo denn Ruta bleibe. Er sei schließlich angemeldet für die Klasse 1a: »Schon vor zwei Wochen haben die Eltern den Brief gehabt. Und gestern erst haben sie ihn mir gezeigt!«, empört sich Zikica, der wie in der Schule auch regelmäßig im Wohnheim zu Besuch ist. Hier verbringt er die zweite Hälfte seiner Dienstzeit, an zwei Tagen jeweils 3 bis 4 Stunden. Die Bewohner – wenngleich er noch nicht alle 300 kennt – wissen genau, wenn von »Zika« die Rede ist, wer gemeint ist. Sein besonderes Interesse gilt natürlich den Familien mit Kindern im schulpflichtigen Alter. Er steht den Eltern Rede und Antwort und klärt sie über Hintergründe und Einzelheiten der ganzen Schulangelegenheit auf. Bei diesen Gesprächen erfährt er ganz nebenbei, wie es der Familie geht, wo eine konkrete Unterstützung nützlich wäre. So ist er in der Lage, der Schule wichtige Informationen über den familiären Hintergrund der Kinder zu geben.

Heute hat er die Eltern der drei Kinder Daniel, Monica und Ruta für 11.00 Uhr in die Schule bestellt, und bittet Christoph Leucht, ein Treffen mit der Rektorin zu arrangieren. Dieser greift zum Telefon und bittet die Schulsekretärin zu prüfen, ob die drei Kinder – der 10-jährige Daniel, Ruta und Monica, »die beiden Kleinen« –

überhaupt in der Kartei der Schule geführt würden. Alles Weitere bespreche Herr Ibraimovic nach Möglichkeit bald mit der Schulleiterin, wenn er, wie geplant, demnächst komme.

Zehn Minuten später steigen wir in dem alten Schulhaus die bunt bemalten Treppen in den zweiten Stock. Zikica geht ins Sekretariat, wo uns die Sekretärin gleich empfängt und zu Frau Stemmler ins Zimmer bittet. Zikica Ibraimovic fasst die Geschichte mit Daniel, Ruta und Monica kurz zusammen. Die Rektorin dankt ihm, runzelt aber gleichzeitig die Stirn. Für Daniel sieht sie keine Chance. Mit zehn Jahren ist er tatsächlich zu alt. Sie ist allerdings zuversichtlich, ihn in der nur 100 Meter entfernten Förderschule unterzubringen, wo es nur acht, neun Kinder in jeder Klasse gebe und er bestimmt besser aufgehoben sei als in der Papageno-Schule. Das aber, entgegnet der Mediator, wollten die Eltern auf keinen Fall. Vor dieser Schule hätten sie Angst, die sei ja für Behinderte, und außerdem solle doch sein kleiner Bruder Ekrem jetzt hier in der Papageno-Schule in die Vorklasse gehen, und dann könne ihn Daniel nicht mehr in die Schule begleiten. Frau Stemmler weist eindringlich darauf hin, dass die Chance für Daniel, das Versäumte nachzuholen, in der Förderschule wesentlich größer sei, als wenn er in der Masse von 30 Kindern in einer Grundschulklasse »unterginge«.

Es klopft und der kleine Ruta streckt seinen Kopf herein. Im Schlepptau folgt sein Vater, den Zikica auf Romanés begrüßt. Sofort lockert sich dieser und legt seine beiden großen Hände auf die Schultern seines Sohnes. Die Schulsekretärin bestätigt die Anmeldung Rutas zu Schuljahresbeginn. Er stehe auf der Liste der Klasse 1a. Ein Glück, meint Frau Stemmler, denn die Klasse ist mit 31 Schülern bereits übervoll. Freundlich erklärt sie dem Vater, wie wichtig es für seinen Sohn sei, wenn er gerade am Anfang regelmäßig in die Schule käme – Zikica übersetzt – und dann redet die Schulleiterin zuversichtlich dem kleinen Kerl zu, in gemeinsamer Sorge würden sie das Versäumte sicher nachholen. »Und Herr Ibraimovic wird sicher mithelfen. Gleich morgen früh kommst du zur ersten Stunde, fünf vor acht. Und, Ruta –«, jetzt blickt sie ihm freundlich direkt in die Augen: »– machst du mit?« Der ordentlich gekämmte Junge verspricht es. Aber er hat gar keine Schulsachen. Er braucht doch Hefte und Bücher und einen Ranzen. Zikica verspricht dem Vater Hilfe, den entsprechenden Antrag ans Sozialamt gleich heute noch auf den Weg zu bringen. »Die Sachen werden wir schon besorgen, die Bücher kriegst du sowieso von der Schule. Hauptsache, du kommst morgen pünktlich zur ersten Stunde!«, betont Frau Stemmler und entlässt Vater und Sohn. »Hoffentlich packt ers.«, murmelt sie und beruhigt sich gleich darauf selbst – »Notfalls stellen wir ihn noch ein Jahr zurück in die Vorklasse.«

Zikica Ibraimovic begleitet Ruta und seinen Vater auf die Straße. »Der bleibt dran!«, lobt Frau Stemmler ihren neuen Kollegen. »Das ist gut! Wenn Ibraimovic nicht wäre, wäre auch Ruta nicht hier. Und sein Vater schon gar nicht!« Seit der Wende ist sie Rektorin in der Papageno-Schule. Zeit genug, um einschlägige Erfahrungen mit den Kindern aus mehreren Flüchtlingsheimen in der näheren Umgebung zu sammeln. »Wenn die Kinder von Anfang an regelmäßig kommen, ist es gar kein Problem – da haben wir immer gute Erfolge. Nur bei den Seiteneinsteigern gibts Schwierigkeiten.« – Und zu Zikica gewandt, als er wieder hereinkommt: »Was ist mit dem anderen Mädchen, Monica – wie heißt sie noch?« Zikica buchstabiert den komplizierten Nachnamen. Frau Stemmler blickt fragend zu ihrer Sekretärin. Die schüttelt den Kopf, nein, Monica steht nicht auf der Liste. Weder in 1a noch in 1b. Sie muss also noch durch die schulärztliche Untersuchung und dann – wohin mit ihr? – fragt die Sekretärin. »Nein, nicht auch noch in dieselbe Klasse«, entscheidet Frau Stemmler. »32 Kinder, das geht einfach nicht. Irgendwo muss Schluss sein.« Und dann streift ihr Blick Zikica Ibraimovic. Sie holt tief Atem und fragt ihre Sekretärin: »Wie siehts denn in der 1b aus?« Auch diese Klasse ist voll. Die Schulleiterin tauscht sich kurz mit der Sekretärin aus und entscheidet: »Die Kinder sind beide gerade sieben geworden, also sollen sie beide kommen.« Immerhin wird die Klassenlehrerin 16 Stunden in der Woche von einer zusätzlichen Kollegin unterstützt. »Mit den beiden müssen wir natürlich reden. Vielleicht gehts ja doch. Wenn sie uns helfen –«, sie beugt sich über den Tisch zu Zikica Ibraimovic »– dann schaffen wir es vielleicht.«

Sie blickt besorgt zur Uhr. In einer Dreiviertelstunde hat sie Unterricht und vorher noch eine Menge zu erledigen. In diesem Moment öffnet sich die Tür und die zweite Familie steht auf der Schwelle. Zikica Ibraimovic hat kein Mitleid mit seiner Chefin. Jetzt ist nämlich auch Daniel gekommen, samt seiner Mutter mit einem hustenden Kleinkind auf dem Arm. Freundlich wie immer bittet die Rektorin den Besuch in ihr Büro. Zikica nimmt neben ihr Platz, an seiner Seite steht Daniel, im Gegensatz zu seinem sichtlich verschwiemelten kleinen Bruder auf Mamas Arm ein munteres Kerlchen mit wachen Augen. Frau Stemmler erklärt ausführlich, warum Daniel in der 1. Klasse nicht mitmachen könne und dass er mit seinem Leistungsstand vorläufig in der 3. oder 4. Klasse keine Chancen hätte. Als sie ihren Lösungsvorschlag präsentiert, Daniel erst einmal in die Förderschule zu schicken, um ihn dann zu gegebener Zeit in die Grundschule zurückzuholen, bricht die Mutter in Tränen aus. Erregt wendet sie sich an Zikica und überschüttet ihn mit einem Schwall Romanés. Herr Ibraimovic übersetzt und wiederholt damit die bereits bekannten Argumente. Außerdem, fügt er hinzu, hat sie Angst, dass ihr Sohn von

... und hilft gerne.

der Mafia geklaut werden könne. »Geklaut?«, fragt ungläubig die Rektorin, um gleich darauf die schluchzende Mutter zu beruhigen. »Also, ich bin jetzt hier seit 11 Jahren Schulleiterin, geklaut wurde hier noch nie ein Kind. Man hat uns höchstens noch welche gebracht.« Jetzt hat auch Daniel Tränen in den Augen. Er sorgt sich um seinen kleinen Bruder Ekrem, den er doch morgens immer in die Vorklasse begleiten soll. »Keine Sorge –«, beruhigt auch ihn Frau Stemmler. »Du wirst Ekrem hierher begleiten. Anschließend gehst du rüber und wenn du ein paar Minuten später kommst, dann besprechen wir das mit deiner Lehrerin, und du wirst sehen: Kein Problem!« Als Daniel dann noch von Frau Stemmler mit einer Banane abgespeist wird, hellt sich seine Miene langsam wieder auf. Zikica redet der Mutter nochmals gut zu, und nach insgesamt zehn Minuten ist auch dieses Problem gelöst und der Roma-Mediator macht sich befriedigt eine Notiz in sein Büchlein. Nur Monica fehlt jetzt noch. »Da werde ich nochmal nachfassen!«, sagt er. »Ja, tun sie das und sagen sie, sie solle gleich morgen früh kommen. Je eher desto besser.« Aber sie hat wahrscheinlich keinen Schulranzen, keine Hefte und keine Stifte, wendet Zikica ein. »Das macht nichts. Hauptsache, sie ist erstmal hier.« Und mit dieser Zusammenfassung entlässt sie uns und wendet sich ihrem Schreibtisch zu. Ihr bleiben noch genau 13 Minuten, um die Dinge zu erledigen, für die sie sich eigentlich heute Vormittag 2 Stunden Zeit reserviert hatte ...

»Ich mach mir meine eigene Tradition.«

Sabina Xhemajli: Eine Romni und ihr Programm

»Irgendwann kommst du in die Pubertät, und dann hast du niemanden zu Hause, mit dem du sprechen kannst, außer der Schwester, wenn du eine hast. Aber mit der Mutter gehts nicht. Oder später, wenn du dann einen Freund hast – wo ich mich so gefreut hatte, jemanden gefunden zu haben, der zu mir passt! Und dann kann ich ihn nicht in meiner Familie vorstellen. Warum nicht? Weil er dunkelhäutig ist. Und das passiert dir als Roma! Ein Volk das so lange diskriminiert wird und so lange unter Rassismus zu leiden hat, drückt dann noch auf andere drauf, nee, also wirklich nee!«

Sabina Xhemajli ist Erzieherin und lebt mit ihrem Sohn José in Köln. Sie ist eine überzeugte Romni und scheut nicht davor zurück, ihre Meinung zu vertreten, ganz egal, wem sie dabei auf die Zehen tritt. Sie verehrt die Traditionen ihres Volkes solange sie die Menschen nicht daran hindern »... sie selbst sein zu können«.

Ihre Eltern brachen den Kontakt ab, als sie ihnen eröffnete hatte, dass sie mit einem Schwarzen zusammen lebte. Nicht zum ersten Mal. Ihr erster Mann war auch ein Afrikaner. Nachdem sie sich von diesem getrennt hatte, war sie zwei Jahre allein. »Das war die beste Zeit für meine Eltern.« Ihre zweite Beziehung unterschied sich von der ersten Ehe vor allem dadurch, dass Sabina bald schwanger wurde. Ihre Mutter empörte sich am Telefon, »... ob ich denn nicht gelernt hätte ... und, wie ich sie denn so beschämen könnte!« Die Reaktion der Eltern traf sie dieses Mal besonders hart.

»Ich musste dann erst mal ins Krankenhaus, weil die mir so einen Stress gemacht haben. Anschließend haben wir telefoniert. Da habe ich gesagt: »Jetzt machen wir das mal so: Entweder ihr akzeptiert das oder aber wir lassen es sein miteinander. Dann lebt ihr euer Leben und ich meins; denn ich brauche diesen Stress nicht, ich komme jetzt gerade aus dem Krankenhaus und muss mich erholen.« Nachdem sie mir dann tausend Sachen an den Kopf geworfen hat, hat sie gesagt, sie wolle keinen Kontakt und hat aufgelegt.«

Sabina Xhemajli ist 1976 in Siegen als älteste Tochter eines Kosovaren und seiner Frau geboren. Der Vater arbeitet als Schweißer von Beginn an in derselben Firma, die ihn 1970 in Mitrovica im Kosovo angeworben hatte. Ihre Mutter, die ihrem Mann nach zwei Jahren nachgefolgt war, ist seit vielen Jahren als Putzkraft in einem Krankenhaus tätig. Als Roma haben sie sich nie »geoutet«. Auch Sabina wusste lange nicht Bescheid.

»Das ging los, als ich in die Schule gekommen bin. Damals haben meine Eltern gesagt: »Wenn die Leute euch fragen, woher ihr kommt, sagt ihr: Wir sind aus Jugoslawien.« Da waren in der Klasse aber auch Jugoslawen. Daraufhin habe ich gesagt: Mama, die sprechen ganz anders wie wir. – »Dann sagt ihr,« – antwortete meine Mutter – »ihr seid Albaner.«« Bei der Erinnerung an das merkwürdige Versteckspiel bricht sie unvermittelt in Lachen aus:

»Irgendwann hatten wir das raus: Bei den Serben haben wir gesagt, wir sind Albaner, bei den Albanern haben wir gesagt, wir sind Serben. Ich wusste schon, wir sind irgendwas, aber ich wusste nicht genau, was. Immer häufiger haben Schulkameraden uns dann als ›Zigeuner‹ gehänselt. Daraufhin hat mein Bruder sie verprügelt. Nachdem das ein paar Mal vorgekommen ist, hat sich meine Mutter in der Schule beschwert. Das hat damals noch etwas genützt, denn danach wurde es besser. Etwas später hat mich meine Mutter aufgeklärt: »Ja, wir sind Roma, aber wir haben kein Land.« Jedes Jahr aber sind wir in den Kosovo gefahren und haben dort Mitglieder unserer Familie besucht. Da kannte ich mich dann überhaupt nicht mehr aus, weil dort alle eine andere Sprache gesprochen haben. Schließlich hat meine Mutter gesagt: »Wir kommen eigentlich aus Indien.« – und dann war ich vollkommen verwirrt.«

Sabina Xhemajli ist in mancher Weise eine Ausnahmeerscheinung unter den Roma-Frauen. Tatsächlich sieht sie sich selbst auch so, denn ihr Vater gehört zu den unter Roma eher seltenen Männern, die die schulische und berufliche Bildung ihrer Kinder – auch der Töchter! – für wichtiger halten als ihre Heirat.

»Ich rechne ihm das bis heute hoch an, dass er immer sehr viel Wert darauf gelegt hat, dass wir zur Schule gehen, regelmäßig zur Schule gehen und auch mit guten

Noten nach Hause kommen. Schule musste sein! Er hat auch mit uns Hausaufgaben gemacht – soweit er konnte, ungefähr bis zur 4. Klasse, dann konnte er nicht mehr mithalten. Er war auch regelmäßig beim Elternsprechtag. Meine Mutter ist Analphabetin, spricht aber sehr gut Deutsch, besser als er, und deshalb sind sie immer zusammen da aufgetaucht. Das ist schon ne Ausnahme. Ich kenne das sonst nicht in Roma-Familien, dass da so hinterhergemacht wird. Wir sind fünf Geschwister, die Jüngste ist jetzt 16. Alle anderen Geschwister sind in der Ausbildung oder – wie ich – schon fertig.«

Die Befürchtung vieler Roma- (und Sinti-)Eltern, die deutsche Schule entfremde die Kinder ihrer Kultur und Tradition ist Sabina wohl bekannt. So kursiert auch in Roma-Familien die These, in der Schule lerne man »zu viel«:

»Ich bin da, wie gesagt, eine Ausnahme. Aber ich kenne den Normalfall. Zum Beispiel meine Cousinen: der Bruder von meiner Mutter hat fünf Kinder und er kümmert sich überhaupt nicht darum, dass seine Kinder in die Schule gehen. Manchmal gehen sie; – unregelmäßig. Und als sie mal wieder zu Besuch bei uns waren, saßen wir gemeinsam zusammen, und ich habe mit meinem Vater gestritten. Ich weiß jetzt nicht mehr, worum es ging, aber – wie immer, wenn ich etwas nicht richtig fand, dann habe ich das gesagt und begründet mit sachlichen Argumenten. Mein Vater hat es sich angehört – immerhin! – auch wenn er eine andere Meinung hatte.

Daraufhin hat mein Onkel gesagt: »Nein, so sollen meine Kinder nicht werden! Das macht alles die Schule!« Daraufhin hat er sie ganz aus der Schule rausgenommen und hat das auch so zu mir gesagt: »Das verdanken wir dir!««[17]

Dennoch wurden die Xhemajli-Kinder wie die meisten Roma-Kinder und zumal die Töchter in den engen Grenzen traditioneller Moralvorstellungen erzogen: Vor ihrem 18. Geburtstag hatte Sabina noch kein Kino von innen gesehen. Auch Jugendzentren und Abendveranstaltungen bei Freunden waren tabu, von Disco-Besuchen ganz zu schweigen. So überrascht es nicht, dass sie sich eine Ausbildung suchte, die in Siegen nicht zu haben war. Auf diese Weise hatte sie einen triftigen Grund, zu Hause auszuziehen. Sie wollte Heim- und Jugenderzieherin werden und suchte sich in Köln eine eigene Wohnung. Sabinas Eltern allerdings, trotz der relativen Freizügigkeit, die sie ihrer Tochter gewährten, hielten aus der Distanz ihr wachsames Auge auf die überaus selbstständige Tochter. In Köln lernte sie einen Mann kennen und lieben. Ein Jahr später heirateten die beiden.

»Als ich meinen Eltern von meinem Mann erzählte, fing der ganze Stress an. Sie haben mich richtiggehend verstoßen. Quasi erst am Ende, nach fünf Jahren, als ich mich von dem Mann getrennt hatte, haben sie mich wieder aufgenommen. Meine kleine Schwester war damals zehn. Als ich sie nach meinem Auszug zum ersten Mal

17 In Nordrhein-Westfalen gilt wie in zahlreichen anderen Bundesländern die Regel, dass Schulpflicht nur für die Kinder besteht, die mit ihren Eltern über einen gesicherten Aufenthaltsstatus verfügen. Kinder, die mit ihren Eltern von der Ausländerbehörde zeitlich befristet »geduldet« werden, haben nur ein »Recht« auf den Schulbesuch. Wer dieses Recht nicht wahrnimmt, wird von der Schulbehörde meistens nicht ernsthaft dazu angehalten.

wieder sah, war sie 15! Ich dachte, das darf doch nicht wahr sein! – Mir fehlte so viel. Ich wusste auch ganz viel von all dem nicht, was in der Familie passiert war, und das fand ich doch sehr schade.«

Ihre nächst jüngere Schwester war die einzige von der Familie, mit der sie gelegentlich Kontakt hatte. Ihre Brüder lehnten die Verbindung zu »dem schwarzen Mann« ab und hatten gar verschiedentlich Versuche unternommen, ihre Schwester aus der Ehe »raus zu holen«. Ihr Vater drohte, sie in den Kosovo zurück zu bringen und ihren Pass zu zerreißen. – Sabinas Leben glich einer Achterbahn. Sie floh vor dem Vater, wohl wissend, dass er es war, der ihr die Möglichkeit zur Flucht eröffnet hatte.

»Aus verschiedenen Gründen habe ich dann einen deutschen Pass beantragt: Erstens weil ich Angst hatte, die tun mir wirklich was, und ich sitz dann da drüben irgendwie fest. Auf der anderen Seite, weil ich meinem Freund helfen wollte, der auf diese Weise in der Lage war, das zu tun, was er gerne wollte: eine Ausbildung zu machen und später den Beruf zu ergreifen, den er sich wünschte. Und das finde ich nach wie vor sehr gut!«

In Köln widmete sich Sabina zunächst allerdings ihrer eigenen Herkunft. Auf der Suche nach einer Antwort auf die Fragen »Was bin ich, woher komme ich?« durchstöberte sie öffentliche Bibliotheken und stieß auf diese Weise auf einen »Verein für die Verständigung von Roma und Nicht-Roma« (*Rom e.V.*) – Weil sie Sorge hatte, dort möglicherweise auf Bekannte zu stoßen, verabredete sie telefonisch einen Termin außerhalb der üblichen Sprechzeiten.

»Die waren total erstaunt, dass da eine junge Roma-Frau kommt, die alleine kommt, ihre Ausbildung macht und noch dazu mit einem Schwarzen zusammen ist. Sie haben mich gleich aufgefordert, mitzuarbeiten. »Wir brauchen so Leute wie dich!« – Das hat mir natürlich gefallen, und bald war der Verein so etwas wie Familienersatz für mich.«

Ihre Ursprungsfamilie – das ist für Sabina Xhemajli völlig klar – steht im Zentrum ihrer Identität als Romni. Auch die Erfahrung, zum zweiten Mal von ihren Eltern verstoßen worden zu sein, weil ihnen der Mann ihrer Wahl nicht passte, konnte sie nicht irritieren. Seitdem sie selber Mutter ist, werden die Karten neu gemischt. »Ich denke nicht, dass ich jetzt den Rest meines Lebens ohne Familie leben werde.«

Im Herbst 1999 schrieb sich Sabina Xhemajli ihren Frust von der Seele. Provokant ironisierte sie die ihrer Meinung nach verkrusteten und antiquierten Moralvorstellungen ihrer Kultur und setzte sich schonungslos mit verschiedenen »Tabuthemen« und den unter Roma verbreiteten Erziehungsvorstellungen auseinander. (»Von der Kindheitsphase springt man gleich ins Erwachsenenleben.«) Scharf kritisierte sie die üblichen Geschlechterrollen. (»Das Wort der Männer ist Gesetz.«) – Der Aufsatz wurde ins Englische übersetzt und erschien leicht gekürzt Anfang 2000 im Heft »Woman rights« (European Roma Right Center).[18]

18 »Everything we don't want to hear!« Nr. 1-2000 »Women's rights« Hrsg. European Roma Right Center.

Der Text lieferte gleichsam nachträglich den moralischen Überbau einer Idee, die Sabina Xhemajli 1996/97 mit der Unterstützung und im Namen des Vereins *Rom e.V.* und des Deutschen Paritätischen Wohlfahrtsverbandes DPWV realisiert hatte. Hinter dem schlichten Titel »Mädchenprojekt« verbarg sich ein sozialpädagogisches Experiment, das mit einem Dutzend Roma-Mädchen zwischen 10 und 15 Jahren den Spagat zwischen den Kulturen vorexerzierte.

»Ich war damals gerade ein Jahr von zu Hause weg. Ich wollte einen Ort schaffen, wo sich Mädchen treffen können, wo sie auch mal rauskommen; nichts Großartiges, einfach normale, alltägliche Erfahrungen, die in jedem Mädchenleben drin sind, die wir im Roma-Familienleben aber nicht kennen.«

Roma-Mädchen veranstalten ein Wochenendseminar »Sexualkunde«
Leonardo di Caprio satt – Dauerauftrag für den Pizza-Service

Vom Umgang mit Fahrkartenautomaten
Ein interkultureller Workshop

So oder ähnlich hätten die Boulevard-Blätter getitelt, wenn die Mädchen geplaudert hätten. Aber sie haben dicht gehalten, bis heute. – »Ich hatte den Mädchen bei solchen Gelegenheiten gesagt, wir können so etwas machen, aber das muss unter uns bleiben. Und die Mädchen wussten ja nun genau, was bei ihnen zu Hause los gewesen wäre, wenn das rauskam.«

Heute ist es zwar immer noch eine gute »Geschichte«, aber eben viele Jahre alt und also für die Tagespresse nicht mehr interessant. Die damals 10- bis 15-jährigen Mädchen sind heute erwachsen, und noch hat sich Sabina Xhemajli nicht aufgemacht, die Langzeitwirkung ihres Experiments zu dokumentieren. Die dem Projekt zu Grunde liegenden Überlegungen sind allerdings auch heute nach wie vor aktuell und gerade in ihrer Schlichtheit überzeugend:

»Die Tradition steht für uns über allem. Traditionen sind auch mir wichtig, aber nur solange sie mich nicht daran hindern so zu leben, wie ich gerne möchte. Ich habe zum Beispiel Freunde, die homosexuell sind, auch Roma. Mit denen unterhalte ich mich oft, und die werden ähnlich wie ich auch gestört in ihrem Leben. Die müssen alles verheimlichen vor ihren Eltern, die können nicht so leben, wie sie wollen. Wenn das Tradition sein soll, dann bin ich dagegen. Auch, dass man den Kindern die Bildung vorenthält, oder dass man die Mädchen zwangsweise verheiratet – ich finde von ein paar Dingen, die hier nicht mehr hinpassen, sollten wir abkommen. *Mich* interessiert, was ist gut für uns, was bringt uns weiter?«

Der *Rom e.V.* hatte sich in Köln seit 1986 den Schutz der deutschen Roma und Sinti und besonders auch die beratende Begleitung der Roma-Flüchtlinge auf die

Fahnen geschrieben.[19] Sabina Xhemajli mit ihren persönlichen Erfahrungen und den ersten Eindrücken ihrer pädagogischen Ausbildung war eine ideale Partnerin für den Verein. In Köln-Dellbrück hatten damals viele Kriegsflüchtlinge, überwiegend Roma-Familien aus dem früheren Jugoslawien, Unterkunft gefunden. Um Kontakt zu den Mädchen der fraglichen Altersgruppe aufzunehmen, stellte sich Sabina Xhemajli zunächst den Eltern vor, die sie schnell als glaubwürdige Partnerin akzeptierten. In ihrer Heimat Jugoslawien war es durchaus üblich, dass sich die Mädchen der Nachbarschaft gelegentlich in einem der Häuser trafen. An diese Tradition anknüpfend schlug Sabina als erstes ein wöchentliches Treffen in einem Raum vor, den ihr die Heimleitung zu diesem Zweck zur Verfügung gestellt hatte.

Das Angebot fiel sofort auf fruchtbaren Boden: Schon zur ersten Verabredung waren mehrere der Mädchen erschienen, bald darauf brachte die eine oder andere auch ihre kleine Schwester mit, und immer wieder waren auch Mütter mit von der Partie, wenn zu Kaffee, Keksen und Kuchen bunte Perlenketten aufgefädelt und andere Handarbeiten erledigt wurden. Neben ihrer Herkunft kamen Sabina besonders ihr Geschlecht und ihr selbstbewusstes Auftreten zugute. Und es überzeugte, dass sie kaum älter als ihr Klientel war, dass sie von außen kam und damit allen Familien gleich nah stand.

»Immer wieder haben wir dann auch über Fragen gesprochen, die sie außer mit mir mit niemand anders besprechen konnten. Zum Beispiel, wenn sie geschlagen worden waren, haben wir darüber geredet, dass man Konflikte ja auch anders lösen könne, als nur mit Prügel.«

Im Rahmen ihrer Ausbildung zur Heim- und Jugenderzieherin hat Sabina Xhemajli mit dem »Mädchenprojekt« quasi ihr eigenes Praktikum veranstaltet. Inhaltlich konnte sie bei ihren eigenen Erfahrungen als pubertierender Teenager in einem konservativen Elternhaus ansetzen. Das Wichtigste aber war – wie so häufig in der Sozialarbeit – die Methode. Es ging ihr darum, die Interessen der Mädchen zu wecken, um anschließend mit ihnen gemeinsam Antworten auf die eigenen Fragen zu finden.

»Da habe ich mich ein bisschen als Pädagogin versucht und gedacht, das Beste, was man machen kann, ist das Lernen am Modell. Und dafür habe ich mich hergegeben; denn am besten kann man ja lernen und erfahren, wenn es ein Vorbild gibt. Ich hatte mir vorgenommen, für diese Mädchen Vorbild zu sein. Damit sie auch erfahren, es gibt auch andere Wege im Leben als nur die der Eltern.«

19 Kontaktadresse: Bobstraße 6-8, D-59676 Köln, Tel.: 0221/242536, Fax: 0221/2401715. Der Rom e.V. fühlt sich den Beschlüssen der Ersten Europäischen Konferenz der Roma und Sinti (Sevilla Mai 1994) verpflichtet, die die Anerkennung der Minderheit als europäisches Volk fordern. Vorrangige Ziele des Vereins: Förderung der Verständigung zwischen Roma und Nicht-Roma; besonders die Bekämpfung der Diskriminierung und des Rassismus gegen Roma und Sinti. Bleiberecht für die de facto staatenlosen Roma und ihre Integration. Erhaltung und Förderung ihrer Sprache »Romanés« und ihrer Kultur.

Der Zugang zu Themen wie Hygiene und Sauberkeit – für die Mädchen von hoher Brisanz – wurde durch die eigene Herstellung von Kosmetika erschlossen. Auf diese Weise kamen auch persönliche Probleme zur Sprache, die sonst dem Peinlichkeitstabu unterworfen waren. Aber auch strukturelle Defizite in der Heimunterbringung (z.B. fehlende Duschen) oder mangelhafte medizinische Beratung und Hilfe wurden vorgebracht und festgestellt. Als eine Läuseplage ausbrach, waren die Heimbewohner ratlos, wie sie dem Problem beikommen sollten.

»Über den Weg, selber Parfum, Seife und Shampoo herzustellen, sind wir ein ganzes Stück weitergekommen, weil das auch wiederum attraktiv für die Mädchen war. – Die waren dann auch ganz stolz. Ich habe kleine Parfum-Fläschchen besorgt und extra schöne Flacons, damit das auch nach was aussieht. Irgendwie war das auch gut für *mich*. Ich habe einfach versucht, den Mädchen das zu geben, was ich mir in ihrem Alter auch gewünscht hatte. Auf diese Weise konnte ich bei diesen Gelegenheiten einiges nachholen, was mir natürlich auch ganz persönlich Spaß bereitet hat.«

Je länger das Projekt lief, desto eher wuchs auch das Vertrauen der Eltern und nach einiger Zeit gelang es Sabina, die Mädchen aus der unmittelbaren Kontrolle ihrer Eltern zu lösen. Bei den Ausflügen in die nähere Umgebung standen auch Spaziergänge durch Köln auf dem Programm. Die Gruppe flanierte durch die Einkaufspassagen und tauschte sich angeregt über die Auslagen der Kaufhäuser aus. Aber die Mädchen »erarbeiteten« sich auch manches Stück Weg durch die ihnen bis dahin völlig unbekannte deutsche Geschichte, indem sie entlang der Kölner »Stolpersteine« zum

Gedenken an die Opfer des Nationalsozialismus wanderten. Gelegentlich fanden solche Exkursionen dann ihren krönenden Abschluss in einem Restaurant.

»Roma gehen ja normalerweise nicht »aus« zum Essen. Ich selbst war auch nie mit meinen Eltern in einem Restaurant. Die meisten Mädchen hatten also noch nie eine Speisekarte in der Hand gehabt. Besonders gut angekommen ist die Erfahrung, bedient zu werden. Roma-Mädchen haben zu Hause selbstverständlich im Haushalt zu helfen, Staub zu saugen, zu putzen, abzuspülen. Keiner bedient die beim Essen.«

Bei anderen Gelegenheiten standen Alltagsfragen auf dem Programm. Zum Beispiel die Benutzung öffentlicher Verkehrsmittel und die Frage: Wie löse ich ein Ticket? Gerade auch ältere Roma-Frauen wurden allzu oft beim Schwarzfahren erwischt, weniger weil sie sich den kostenlosen Personentransport erschleichen wollten, sondern weil sie mit den Fahrkartenautomaten nicht umgehen konnten.

»Die wenigsten haben gewusst, wie der Stadtteil heißt, wo sie wohnten, von ihrer Heimatadresse ganz zu schweigen. Sie wussten wohl, wie sie zur Schule kommen und wieder zurück, aber mehr auch nicht. Also haben wir Stadtpläne und den Atlas gewälzt und nachgeschaut, wo sie wohnten und wo sie ursprünglich herkamen, weil sie auch davon gar keinen Begriff hatten. Dann sind wir mit der Straßenbahn gefahren, hin und her. Ich wollte, dass sie wissen, wie man mit der Straßenbahn bis ins Zentrum kommt. Wir haben das so lange geübt, bis sie auch ihre Fahrkarten selber gezogen haben.«

Zwei Mal die Woche trafen sie sich. Die Themen ergaben sich meist von selbst. »Die Sache war ja nie im Detail geplant worden, sondern hat sich wie von selbst weiter entwickelt.«

Eines Tages wurde Sabina Xhemajli von einem der Mädchen in die Schule zur Weihnachtsfeier eingeladen, »... weil sie unbedingt wollte, dass ich ihre Lehrer kennen lerne«. Doch mit der einen Schule war es nicht getan, und so dauerte es nicht lange, bis Sabina alle Schulen »durch« hatte und damit auch die schulische Situation aller Mädchen überblicken konnte. Sie wurde dann auch zunehmend von den Mädchen zu Elternsprechtagen gebeten. Schließlich hatten die Mädchen Sabinas Telefonnummer weiter gegeben, sodass gelegentlich die Lehrer sich auch direkt mit ihr in Verbindung setzten, wenn eins der Mädchen in Schulkonflikte verwickelt worden war.

»Eines Tages dann haben wir – ganz geheim! – ein Sexualseminar veranstaltet. Dazu hatten wir eine Mitarbeiterin vom Geburtshaus eingeladen, die anhand von Bildern und Modellen Aufklärungsunterricht machte und ganz genau erklärte, wie ein Baby zur Welt kommt. Dieses Seminar haben wir in den Räumen des *Rom e.V.* veranstaltet, Freitag, Samstag und Sonntag. Eigentlich wollten wir auch dort schlafen, aber das haben die Eltern nicht zugelassen. So habe ich die Mädchen abgeholt und abends wieder nach Hause gebracht. Tagsüber haben wir unsere Fläschchen gemacht, zwischendurch die Musik laut aufgedreht, getanzt und über alle drei Tage immer wieder den Pizza-Service kommen lassen. Das fanden sie ganz toll. Und zum Schluss – das gabs damals gerade auf Video – haben wir dann »Titanic« geguckt, manche auch zwei und drei Mal.

Einmal sind wir in die Disco gegangen. Das weiß natürlich auch keiner! Ich habe das eingefädelt mit einem Jugendhaus, die einmal in der Woche Disco machen. Der Leiter war ganz begeistert und hatte extra dafür auch eine Gruppe deutscher Mädchen mobilisiert. Dann kam ich mit meinen Roma-Mädchen, wir haben erstmal in der Gruppe zusammengesessen und alle haben sich etwas beschnuppert. Hinterher haben wir Handball gespielt und anschließend eben Disco.«

Mit einem untrüglichen Gefühl für den jeweils aktuellen Bedarf gelang es Sabina Xhemajli, die Beteiligten zur Selbsthilfe zu mobilisieren. Dass sie dabei immer wieder mit den Eltern zu tun haben würde, war von Anfang an Bestandteil ihres Konzepts. Ihre Bemühungen konzentrierte sie dabei allerdings in erster Linie auf ihre Zielgruppe: »Ich wollte vor allem erreichen, dass die Mädchen ihr Selbstwertgefühl entwickeln und darüber auch selbstständiger werden.«

Die Konsequenz, mit der das »Mädchenprojekt« im *Rom e.V.* in Köln sich über anderthalb Jahre Stück für Stück scheinbar von selbst entwickelte, findet ihre schlüssige Erklärung in Sabinas Person, die dem ganzen Treiben ihren unverwechselbaren Stempel aufdrückte. So sind auch die Merkmale des Projekts für Sabina Xhemajli selbst charakteristisch: Klar und einfach, aber subversiv in der strategischen Umsetzung; Subtil im Ansatz, aber konsequent, wenn nicht gar stur in der Ausführung und selbstbewusst im Auftreten. Wie meistens in der Sozialarbeit – zumal im Zusammenhang mit Roma-Familien – stehen und fallen Erfolge der jeweiligen Maßnahmen und die Wahrnehmung der Angebote mit der Glaubwürdigkeit der handelnden Personen. Kein Wunder also, dass sich im *Rom e.V.* die Frage stellte, warum die Eltern der Mädchen in zunehmendem Maße Sabina Xhemajli okkupierten, anstatt sich mit ihren Fragen der offenen Beratung im Verein anzuvertrauen. Wenn überhaupt, nehmen dieses Angebot nur die Männer an.

»Die Eltern bewegst du nur damit, dass du mit ihnen redest. Immer reden, reden, reden und Kaffee trinken. Kaffeetrinken-Politik ist das. Männer, die in den *Rom e.V.* kommen, die bewundern mich immer und finden das ganz toll, dass »hier eine von uns arbeitet«. Aber zu Hause verhindern sie, dass ihre Töchter sich die dafür notwendigen Qualifikationen aneignen. Und genau das sage ich ihnen dann auch, zum Beispiel bei Hausbesuchen: »Ist das nicht gut, dass ich jetzt hier bei euch sitze? Wenn ihr mal eure Kinder regelmäßig zur Schule schicken würdet und sie eine Ausbildung machen könnten, dann könnten euch auch eure eigenen Kinder helfen, die Probleme zu lösen. Zur Antwort höre ich dann, wie Recht ich doch hätte. Aber dann bleibt doch alles beim Alten.«

Die Frage nach ihrer Identität, nach ihrem kulturellen Zugehörigkeitsempfinden überrascht Sabina Xhemajli nicht. Die Antwort kommt schnell und entschieden und mit derselben Offenheit, die ihren Umgang mit Menschen auszeichnet:

»Ich kann jetzt nicht sagen: Ich bin jetzt nur Roma. Ich habe ja ganz viele deutsche Werte und Elemente in mir, weil ich in Deutschland geboren und aufgewachsen bin. – Ich versuche das irgendwie zu vermischen. Es gibt so viel, was ich bei den Deutschen überhaupt nicht gut finde, und das lass ich dann auch weg. Aber es gibt eben auch manches, das ich gut finde. Und das versuche ich dann zu übernehmen. –

So mach ich dann irgendwie meine eigene Tradition daraus. Gute Roma-Traditionen, zum Beispiel dieses Gesellschaftliche, Familiäre, das finde ich total schön, die Feste und Feiern, auch den Respekt vor älteren Leuten, unsere Sprache oder die Kleidung – alle diese Dinge sollten wir bewahren und auch weitergeben – aber die anderen Sachen? –

Wie viele Roma-Frauen gibts denn so wie ich in meinem Alter, die selbstständig denken, die einen Beruf haben, die sich irgendwo politisch engagieren, die in einem Verein sind, die nebenher arbeiten und die sich den Mann ausgewählt haben, den sie wollen?«[20]

Wohl ihrem Durchsetzungsvermögen ist es zu verdanken, dass inzwischen auch der Kontakt zu den Eltern wieder hergestellt ist. »Die Stimmung ist heute besser denn je. Sie haben verstanden, dass die Hautfarbe keine Rolle spielt und nichts aussagt über das Wesen der Menschen und ihren Charakter. Das verdanke ich José.«

Die mächtigste Triebfeder der Roma-Gesellschaft – das Zusammengehörigkeitsgefühl der Familien – hat auch in diesem Fall scheinbar unüberwindliche Barrikaden aus dem Weg geräumt. José, der erste Enkel, ist Sabinas Eltern »unheimlich wichtig« und wurde von diesen sofort als »Nachkomme« identifiziert. In den Worten von Sabinas Mutter: »José – das ist kein Afrikaner, das ist ein Zigeuner. Guck ihn dir doch an: Das ist einer von uns!«

20 Seit dem 1. August 2003 kümmert sich Sabina Xhemajli in Köln um die Lebenssituation krimineller Kinder und Jugendlicher, hauptsächlich aus Bosnien und Serbien. Das Projekt in Trägerschaft des *Rom e.V.* wird finanziert mit Mitteln des Europäischen Flüchtlingsfonds hat die Aufgabe, die Gründe für die völlige Entwurzelung und den daraus folgenden umfassenden psychosozialen Zusammenbruch von 50 bis 100 Roma-Flüchtlingsfamilien zu recherchieren und eine nachhaltige Hilfeplanung zu entwickeln. »Ich versuche herauszufinden, wie die Menschen früher, vor ihrer Flucht aus der Heimat gelebt haben und was dazu geführt hat, dass sie krank und kriminell geworden sind.« Ein Wende zum Besseren wird ohne öffentliches Engagement nicht zu schaffen sein. Die Lebensbedingungen der Familien sind teilweise entwürdigend. Sieben Personen in einem Raum sind keine Seltenheit. Zunächst betrachtet es Sabina Xhemajli als ihre wichtigste Aufgabe, die schulpflichtigen Kinder von der Straße zu holen und in die Schule zu reintegrieren.

Das Hamburger Modell

Es war einmal eine Ministerin, die dadurch auffiel, dass sie einer Kampagne des Pöbels gegen Bettelkinder mit der Idee begegnete, nicht nur Recht und Ordnung seien gefragt, sondern auch Zusammenarbeit mit diesen Kindern und ihren Eltern, von denen in der Stadt schätzungsweise 10.000 bis 15.000 lebten. Die Ministerin (in Hamburg Senatorin) lud eine Reihe von Experten zur Beratung, darunter auch einige Roma und Sinti, angeführt von Rudko Kawczynski. Viele Anregungen und gute Argumente reicher berief sie eine Kabinettsrunde ein, überzeugte ihre Kollegen, und bald erklärte sich die Regierung damit einverstanden, für die »Bettelkinder vom Jungfernstieg« die Staatskasse zu öffnen und zwei Personalstellen zu finanzieren, deren Besetzung der Roma und Cinti Union (RCU) und ihrem Chef Rudko Kawczynski anheim gestellt wurde. Dreieinhalb Monate später meldete das *Hamburger Abendblatt*: »Erfolg von Sozialarbeitern in der Innenstadt: Roma-Bettelkinder sind verschwunden.«

Ein halbes Jahr vorher noch (Oktober 1991) hatte *Der Spiegel* Furore gemacht mit seiner Story »Hier steigt eine Giftsuppe auf.« Untertitel: »Konflikte mit Roma-Kindern im Karolinenviertel.« Die *BILD*-Zeitung griff die Geschichte auf und legte nach: »Sie prügeln, rauben, erpressen, handeln mit Rauschgift: die Terrorkinder vom Karolinenviertel.« Im Parlament beantragte die CDU-Fraktion, die »Integrationsfähigkeit der Kinder im Karolinenviertel« zu verbessern. Wie das erreicht werden sollte, machte ein zweiter Antrag der Fraktion deutlich. Er trug die Überschrift »Effektivierung der Verfolgung von Straftaten« (– die im Karolinenviertel begangen worden waren). Das war der Moment, als die Schulsenatorin die Initiative ergriff ...

Hamburg versteht sich selbst als deutsches »Tor zur Welt«. Die Gründe dafür haben nicht nur mit dem Hafen zu tun: Nirgendwo sonst in Deutschland tummeln sich in den Grundschulen so viele Kinder von Eltern ohne deutschen Pass: 38 Prozent aller Grundschülerinnen und Grundschüler haben einen »Migrationshintergrund«. Romanés gehört zu den 20 Sprachen, denen man in Hamburg am häufigsten begegnet. »Die Roma stellen damit also keine kleine Minderheit dar, sondern sie sind eine nennenswerte Schülergruppe, für deren spezifische Situation pädagogische Antworten dringlich sind.« – Betont Ulrich Vieluf von der Hamburger Schulverwaltung, die in dem Stadtstaat zugleich Ministerium für Schule, Jugend und Berufsbildung ist (heute: *Behörde für Bildung und Sport*). Vieluf ist der Dienstvorgesetzte von Helga Büchel, die in der Schulbehörde für die Lösung interkultureller Problemstellungen zuständig und vor allem mit der Entwicklung von geeigneten Integrationsmaßnahmen beschäftigt ist. Dazu gehört im Besonderen der muttersprachliche Unterricht. Helga Büchel steuert ein Programm, das dazu beitragen soll, dass Schule auch Kindern »schmeckt«, die die deutsche Sprache nicht oder nur sehr unvollständig beherrschen. Gerade die Integration von Roma-Kindern ist für Helga Büchel mehr als nur ein Dienstauftrag. Die Förderung der Roma-Kinder ist ihr eine Herzensangelegenheit, seitdem sie früher in der Grundschule Laeiszstraße im Karolinenviertel 1993 als erste Schulleiterin in Deutschland mit Dragutin Petrovic einen jugoslawischen Lehrer, einen akademisch gebildeten und praxiserfahrenen Rom aus Negotin an der serbisch-bosnischen Grenze angeworben, in ihrer Schule angestellt und damit für Roma-Familien ein Zeichen gesetzt hatte, dass auch ihre Kinder in der deutschen Schule willkommen seien, und dass Rom und Schule kein Gegensatz sondern durchaus in einer Person vereinbar seien.

Im Herbst 1993 gaben die Probleme von Roma-Kindern im Karolinenviertel Rosemarie Raab, der Senatorin für Schule, Jugend und Berufsbildung, den entscheidenden Anstoß zum Handeln. Sie beauftragte Mareile Krause im Hamburger Institut für Lehrerfortbildung (IfL)[21] mit der Einrichtung der Beratungsstelle »Pädagogik mit Roma und Sinti«. Mareile Krause hatte zuvor in ihrer Dissertation dokumentiert, auf welch nachhaltige Weise staatliche Erziehungsmaßnahmen zur Vernichtung der kulturellen Identität von Roma und Sinti in Deutschland beigetragen hatten.[22] Mareile Krause auch war es zu verdanken, dass das Hamburger Modell von Beginn an nicht eine Erfindung wohlmeinender Gadje war, sondern sich nur unter der Voraussetzung zum Erfolgsmodell entwickeln konnte, dass mit der RCU Roma und Sinti in der Hansestadt während der 1980er-Jahre eine ernst zu nehmende politische Vertretung aufgebaut hatten. An diesem Aufbau hatte auch Mareile Krause ihren Anteil, indem sie sich von Anfang an vor allem der Förderung von Kindern und Jugendlichen widmete. Rückblickend resümiert sie: »Es konnte sich nur dort etwas entwickeln, wo bereits etwas vorhanden war.«

Mit der RCU und ihrem Chef Rudko Kawczynski begegnete die Schulsenatorin einem harten, herausfordernden Verhandlungspartner. »Wenn die RCU nicht die Roma und Sinti aktiviert hätte, um die günstigen politischen Rahmenbedingungen auch zu nutzen, wäre nicht viel passiert. So aber wurde die schulische Förderung von Roma-Kindern in Hamburg zu einem bildungspolitischen Thema mit eigener Wertigkeit« (Mareile Krause).

Zum ersten Mal in Deutschland beschäftigte sich eine Facheinrichtung im Regierungsauftrag (die Beratungsstelle »Pädagogik mit Roma und Sinti«) mit der Herstellung von muttersprachlichen Unterrichtsmaterialien auf Romanés.[23] Das Ergebnis

21 Heute: Landesinstitut für Lehrerbildung und Schulentwicklung, Felix-Dahn-Straße 3, D-20357 Hamburg.

22 Mareile Krause »Verfolgung durch Erziehung«. Ammersbek bei Hamburg, 1989.

23 Jekh, duj, trin ... romanés – Eins, zwei, drei ... auf Romanés.
Regenbogen-Bücher in Romanés.
Übersetzt wurde die deutsche Vorlage von Danuta Rösteholm (Kelderaša/Lovara), Andrzej Wisniewski (Leschaki), und Dragutin Petrovic (Gurbet). Die sprachwissenschaftliche Redaktion übernahm Yaron Matras (Universität Manchester). Bestellungen an: Verlag für pädagogische Me-

ist eine bis heute viel genutzte Reihe (»Regenbogen-Bücher«). Ziel der Reihe ist es, Roma-Kinder und -Jugendliche beim Lesenlernen in ihrer Muttersprache zu unterstützen und sie mit der Variation und einigen Dialektunterschieden innerhalb der Sprache vertraut zu machen. Unser Motto ist: *Einheit durch Vielfalt.* Dadurch wollen wir Kinder und Jugendliche in die Diskussion über muttersprachliche Schriftlichkeit, Orthographie und Standardisierung aktiv einbeziehen. Die Texte erscheinen in drei Dialekten des Romanés – Kelderaša/Lovara, Gurbet und Leschaki – stellvertretend für Dialekte, die in Mittel-, Nord- und Südosteuropa sowie in Roma-Gemeinschaften in Amerika und anderswo gesprochen werden. Die Übersetzer halten sich an die Laute und grammatischen Formen ihrer jeweiligen Dialekte und benutzen neben Begriffen aus dem allgemeinen Wortschatz des Romanes Wörter, die für ihren jeweiligen Dialekt typisch sind, sowie internationale Fremdwörter. So können die Leser ihre eigene Mundart des Romanés wieder erkennen und sich gleichzeitig mit den anderen Dialekten vertraut machen. Dadurch sehen sie, dass Unterschiede nicht unbedingt ein Verständigungshindernis sind: Wir können uns oft trotz der Dialektunterschiede schriftlich verständigen, ähnlich wie wir uns mündlich verständigen können. Wir haben uns für ein internationales Alphabet entschieden, das in neueren sprachwissenschaftlichen Arbeiten zum Romanes gebraucht wird. So können Roma aus verschiedenen Ländern in ihrem jeweiligen Dialekt schreiben und kompatible Schriftsysteme verwenden. Gleichzeitig gewährt ihnen dieses Alphabet Zugang zu einer Reihe von Wörterbüchern, Grammatiken, und Lehrbüchern des Romanés und der Romanés-Mundarten, die in den letzten Jahren erschienen sind. Die Bücher der Reihe befassen sich mit Themen wie Zahlen, Tiere, Leben in fremden Ländern. Die Texte und Bilder sollen Gespräche über diese Themen anregen und die Leser vielleicht sogar dazu ermutigen, eigene Texte in Romanés zu verfassen.

Einer der Übersetzer dieser aus 12 einzelnen Büchlein bestehenden Reihe ist Dragutin Petrovic, der Roma-Lehrer aus Negotin, den die Schulleiterin Helga Büchel auf ausdrücklichen Wunsch der Eltern an der Schule Laeiszstraße angestellt hatte. In vielfältiger Weise belebte der Gastlehrer vom Balkan die Diskussion deutscher Schulpädagogen über geeignete Mittel und Wege, um Kinder aus anderen Kulturkreisen, zumal aus Sinti- und Roma-Familien in deutschen Schulen zu integrieren.

Auch wenn die Verpflanzung eines Roma-Lehrers aus seiner jugoslawischen Heimat in eine deutsche Grundschule ein Einzelfall bleiben sollte, so steht doch Dragutin Petrovics Verpflichtung für einen konstruktiven Anfang des Bemühens, die interkulturelle Kompetenz der deutschen Schule zu entwickeln. Mareile Krause:

»Aufbau von Vertrauen, Veränderung von schulischem Angebot und ein Abbau von gegenseitiger Ablehnung und Vorurteilen können erst in der konkreten Zusammenarbeit zwischen Schulen und Roma und Sinti entstehen. Die direkte und

dien (vpm), Unnastraße 19, D-20253 Hamburg, Fax: 040/4014711. Kommentare und Vorschläge können gerichtet werden an Heiko Bathorn, Verlag für pädagogische Medien (vpm) oder an Dr. Yaron Matras, Department of Linguistics, University of Manchester, Manchester M13 9PL, England.

gleichberechtigte Einbindung von Roma- und Sinti-Erwachsenen in die schulische Arbeit hat sich in Hamburg als ein für alle Beteiligten unterstützender und konstruktiver Weg zur Verbesserung der Bildungssituation von Roma und Sinti erwiesen.«

Allein schon der Name der Koordinations- und Beratungsstelle »Pädagogik *mit* Roma und Sinti« signalisierte das programmatische Credo der neuen Einrichtung. Gezielt wurde unter den Roma-Flüchtlingen nach engagierten Erwachsenen gesucht, um sie als Schulsozialarbeiter an Hamburger Schulen zur interkulturellen Vermittlung einzusetzen. Gleichzeitig mussten die Voraussetzungen für Anstellungsverhältnisse überarbeitet und neue Kriterien entwickelt werden, um Mitarbeiter/innen einstellen zu können, die mangels Staatsexamen den üblichen Anforderungen nicht genügten. Es waren Kompetenzen gefragt, die an deutschen Universitäten nicht zu erwerben waren.

»Das Aufgabenfeld der Roma-Lehrer und -Schulsozialarbeiter bezieht sich in erster Linie auf die Mitarbeit im Unterricht, Erteilung von muttersprachlichem Unterricht, Beratung und Unterstützung von Kollegen, Schülern und Eltern. Darüber hinaus sind sie Ansprechpartner für umliegende Schulen, sowie Kinder- und Jugendeinrichtungen. Damit wirkt die Arbeit der Roma-Lehrer und -Schulsozialarbeiter in den Stadtteil hinein. Stadtteileinrichtungen und vor allem dort wohnhafte Roma- und Sinti-Familien haben vor Ort einen Ansprechpartner.«

Sowohl Roma-Mediatoren wie auch deutsche Lehrer/innen, deren Aufgabe es war, sich im Schulalltag gezielt mit der Förderung von Roma- und Sinti-Kindern und -Jugendlichen zu befassen, konzentrierten sich vor allem auf die

- muttersprachliche Begleitung des Regelunterrichts;
- gemeinsame Durchführung von Unterricht mit anderen Kollegen;
- Ergänzung des Fachunterrichts um Themen aus der Geschichte und Gegenwart der Roma und Sinti;
- Durchführung von muttersprachlichem Unterricht;
- Beratung von Eltern und Schülern (bei Einschulung, Umschulung, Schulversäumnissen);
- Beratung von Lehrern;
- Vermittlung zwischen Elternhaus und Schule;
- Beratung und evtl. Kooperation mit Stadtteileinrichtungen;
- Begleitung von Klassenfahrten;
- Beratung und Begleitung zu Fragen des Schulwechsels oder des Einstiegs in die Berufsausbildung;
- Hausaufgabenhilfe oder in der Erteilung von Förderstunden.

Schule hat den Auftrag, die Kinder auf das Leben in der Gesellschaft vorzubereiten und sie zu befähigen, in dieser Welt zurecht zu kommen. Im Hinblick auf Sinti- und Roma-Kinder heißt das, ihre Neugierde auf Erfahrungen in Einrichtungen außerhalb ihrer Familie zu wecken, sie – in den Worten von Helga Büchel – »für das Lernen aufzuschließen«. Und das geht leichter, wenn man *ihre* Traditionen, *ihre* Mythen und Märchen hernimmt, als wenn man versucht, sie für die Geschichten einer ihnen fremden Kultur zu interessieren. Umso mehr, als auf Seiten der Sinti und der Roma grundsätzliche Vorbehalte gegen Schule bestehen, weil sie als Eltern Schwierigkeiten haben, die Erziehung ihrer Kinder an »Gadje« zu delegieren. – »Der Schulbesuch ihrer Kinder bedeutet gleichzeitig die teilweise oder auch gänzliche Auflösung eines historisch gewachsenen Lebensrhythmus und Familiensystems, deren Strukturen früher Sicherheit, Zukunftsperspektive und Schutz boten« (M. Krause).

Wenn Roma-Eltern allerdings merken, dass es in der Schule durchaus von Interesse ist, was und wie sie denken, und dass ihre Haltung und ihre Gedanken nicht erst bewertet, sondern vorbehaltlos akzeptiert werden, dann bestehen gute Chancen, dass sie ihr in vielen Fällen begründetes Misstrauen überwinden. Erst dann wird es der Schule gelingen, die Familien und die Kinder zu *erreichen*, mit ihnen in Dialog zu treten und damit die Voraussetzung dafür zu schaffen, den Bildungsauftrag nicht nur in der Agenda zu haben, sondern auch wirklich zu erfüllen, also die Balance zu finden zwischen Förderung ihrer individuellen Fertigkeiten und ihrer sozialen Kompetenz.

Helga Büchel: »Der Auftrag der Schule besteht ja gerade darin, beides miteinander zu *verbinden*. Bei uns traten dann die Lehrer in einen konstruktiven Diskurs, um zu ermitteln, welche die richtigen Geschichten sind, und was jeweils die Gruppen ganz speziell herausarbeiten sollten. ›Ali Baba und die 40 Räuber‹ jedenfalls wurde von Dragutin Petrovic abgelehnt, weil er die Analogie Räuber = Roma vermeiden wollte. – Für die Kollegen waren das völlig neue Überlegungen, mit denen sie vorher noch nie zu tun hatten. Umgekehrt war für Dragutin die Frage »Wie gehen wir mit Autoritäten um?« schwer nachzuvollziehen. Er kam immer sehr elegant zum Unterricht, so etwas wie Tafel putzen kam für ihn nicht in Frage. Derlei niedere Dienste bedeuteten für ihn einen Autoritätsverlust.«

Zehn Jahre liegen zwischen diesen ersten Erfahrungen einer interkulturellen Kooperation zwischen Roma, Sinti und dem deutschen Lehrkörper. Helga Büchel sieht sich selber als »Teil dieser Geschichte«.

Die Managerin des herkunftssprachlichen Unterrichts an den Hamburger Schulen ist quasi die interkulturelle Schnittstelle zwischen der Mehrheitsgesellschaft und den nicht deutschen Minderheiten. Die frühere Grundschulrektorin, die mit der Anstellung von Dragutin Petrovic aus Negotin an der serbisch-bosnischen Grenze in Hamburg ein entschlossenes Zeichen für die Förderung von Roma-Kindern an deutschen Schulen gesetzt hatte, sieht darin rückblickend »... eine sehr gute und sehr richtige Entscheidung«.

Gleichzeitig bewertet Helga Büchel die Arbeit der Roma-Mediatoren als »ungeheure Zumutung, die sie jeden Tag aushalten müssen: Einerseits Lehrer, andererseits Sozialarbeiter, wenn nicht gar Familientherapeut. Andere Leute würden das nur für sehr viel mehr Geld machen und nur vor dem Hintergrund einer stabilen Professionalisierung«. Folgerichtig wünscht sie sich eine richtige Berufsausbildung für Roma-Mediatoren, die dem Anforderungsprofil dieser Tätigkeit gerecht wird und die erworbene Qualifikation auch zertifiziert, damit Roma-Mediator/innen gegen Angriffe von außen besser gewappnet sind und nicht als »Hilfslehrer« firmieren. Denn wenn sie im Schulkollegium auch mal Ansprüche formulieren, dann kann es vorkommen, dass sich im Schulkollegium die Haltung gegenüber den Roma-Mitarbeiter/innen »ändert«.

Dragutin Petrovic, der Pionier unter den Hamburger Roma-Lehrern, hat die ständige Herausforderung mit seiner Gesundheit bezahlt. Seine frühere Chefin kennt die Hintergründe:

»Er wurde von seinen eigenen Leuten dafür angegriffen, dass er zu sehr die Vorstellungen der deutschen Schule transportierte. Er hat auch nicht alle erreicht, die er erreichen wollte, und nicht jeder hat gemacht, was Dragutin für richtig hielt.«

Zu seinen deutschen Kolleginnen und Kollegen hat Petrovic nie die Nähe gefunden, die er für sich und seine Arbeit eigentlich gebraucht hätte. Umgekehrt war er sehr darauf bedacht, sich auch von seinen Roma-Kollegen klar abzugrenzen.

Im Schuljahr 2003/2004 arbeiten fünf Roma-Schulsozialarbeiter und -Lehrer an mindestens sieben Hamburger Grund-, Haupt-, Real- und Sonderschulen. Immer mehr Lehrer/innen »entdecken« an ihren Schulen Roma-Kinder, die sie bisher unter »jugoslawisch« geführt hatten. Dementsprechend steigt in Hamburg kontinuierlich der Bedarf an Roma-Mediatoren. Mit jedem kleinen Erfolg nimmt die Zahl derer zu, die erkennen, dass an der Bildungsförderung von Roma-Kindern die Roma selbst *aktiv beteiligt* werden müssen. Der muttersprachliche Unterricht in Romanés bietet Gelegenheit, neben der Sprache auch die Geschichte und die Kultur der Roma ausführlich zu betrachten. Auf diese Weise müssen sich Roma-Kinder an deutschen Schulen nicht mehr der eigenen Herkunft schämen. Im Gegenteil: Es besteht eine reelle Chance, dass auch Roma in der deutschen Schule vertraute Signale empfangen.

Der Antrag einer Schule auf Zuweisung eines Mediators, einer Mediatorin richtet sich an die Schulbehörde. Voraussetzung für einen solchen Antrag ist ein nennenswerter Anteil von Roma-Kindern in der Schülerschaft. Eine Determinante ist natürlich der begrenzte Stellenplan der Behörde. Gleichwohl sind die Dringlichkeit eines Antrags und die erklärte Bereitschaft des Kollegiums zur vorbehaltlosen Zusammenarbeit mit Roma und Sinti wichtige Kriterien für die Unterstützung eines Antrags. Im Sommer 2002 hat die Schulbehörde die Schulen aufgefordert, ein vorläufiges Resümee ihrer Erfahrungen mit Roma-Mediatoren zu ziehen.

Die Schule Friedrichstraße schrieb unter anderem: »Stefan Glowacki gelingt der Spagat zwischen den Kulturen. Das heißt, er kann den Eltern Teile der Ansprüche und Anforderungen der Schule näher bringen. Zum Beispiel ist der Schulbesuch von Roma-Kindern sehr viel regelmäßiger geworden und eine schulische Ausbildung hat eine größere Bedeutung gewonnen. Etliche der Kinder, die in den Anfängen bei ihm waren, machen jetzt ihren Haupt- oder sogar ihren Realschulabschluss. Er kann aber auch uns Vertreterinnen und Vertretern von Schule und Staat die Sichtweisen und Traditionen der Familien näher bringen, sodass wir ein größeres Verständnis für die Kinder entwickeln und ihnen mit mehr Akzeptanz begegnen.«

Auf die Frage der Schulbehörde nach einer Einschätzung der Elternarbeit antwortete die Carsten-Rehder-Schule: »Elternarbeit an Förderschulen ist bekanntermaßen ein besonders wichtiges, aber auch schwieriges Feld der Tätigkeit von Sonder- und Sozialpädagogen. Herr Alimanovic hat engen Kontakt zu allen Eltern unserer Schüler und Schülerinnen aus dem ex-jugoslawischen Roma-Kulturkreis aufgebaut.

Er genießt bei den Eltern und in den Familien ein hohes Maß an Akzeptanz und Autorität. Er ist ein wichtiges, unverzichtbares Bindeglied zwischen Schule und Elternhäusern. Ihm ist es gelungen, bei den meisten Eltern Vertrauen gegenüber unserer Schule und den hier tätigen Nicht-Roma-Pädagog/innen aufzubauen.«

Zur Bewältigung des steigenden Nachfragedrucks seitens der Schulen hat die Behörde einen Honorartopf (10.000 Euro p.a.) eingerichtet, der Schulen auf entsprechenden Antrag hin Honorarkräfte für ihre Arbeit mit Sinti- oder Roma-Kindern finanziert. Im Schuljahr 2002/2003 erhielten sechs Schulen Mittel zur Finanzierung von Integrationshilfen. Im Sommer 2003 haben vier weitere Schulen von sich aus eine entsprechende Unterstützung beantragt. Dazu gehören punktuelle Einzelförderungen, Alphabetisierung und andere Hilfen zum Lesen- und Schreibenlernen, vertrauensfördernde Maßnahmen (z.B. Elterngespräche) und Schulwegbegleitung.

»Das ist auch eine Maßnahme, die sich in Hamburg als wichtig und notwendig erweist. Wenn die Schule nicht unmittelbar in fußläufiger Nähe liegt, dann haben viele Eltern Angst, ihre Kinder in die Schule gehen zu lassen, und wir haben die Erfahrung gemacht, dass dann die Schulwegbegleitung eine wirksame Maßnahme ist. (Die Kinder werden morgens von einer Person des Vertrauens abgeholt und in die Schule begleitet und anschließend wieder nach Hause gebracht.) Dieses schafft Vertrauen bei den Eltern, und nach einer Zeit können die Kinder dann auch alleine diesen Weg gehen.«

Der Modellcharakter der Hamburger Integrationsmaßnahmen zeigt sich zunächst darin, dass die Hamburger Zivilgesellschaft und ihre kulturellen und politischen Repräsentanten seit Ende der 1970er-Jahre immer wieder versucht haben, im Umgang mit »Ausländern« nach neuen Wegen zu suchen. Die vorsichtigen Ansätze zu einer interkulturellen Sensibilisierung der etablierten Mehrheitsgesellschaft haben sich dank der in Hamburg vergleichsweise günstigen strukturellen Rahmenbedingungen im Laufe der Jahre stabilisiert und tragen mit dazu bei, den hohen Anspruch des Ganzen zu rechtfertigen.

Schon 1977 entschied die Politik, für das »Tor zur Welt« einen eigenen Etat zur Bildungsförderung von Kindern und Jugendlichen zur Verfügung zu stellen, um herkunftssprachlichen Unterricht und Schulsozialarbeit zu finanzieren. Im Schuljahr 2002/2003 wurde in Hamburg in 12 Sprachen muttersprachlicher Unterricht erteilt. Die für die Bildungsförderung der Roma erforderlichen Personalstellen werden allerdings nicht öffentlich ausgeschrieben, um eine möglichst »schulgenaue Einstellung« der betreffenden Roma zu ermöglichen. »Wir haben nicht irgendjemanden im Hintergrund, den wir da hinschicken, sondern das muss passen. Das ist nicht immer einfach, weil es Leute gibt, die der festen Meinung sind, dass da Lehrer eingestellt werden sollten.« Deshalb wünscht sich Helga Büchel von ihren deutschen Kolleginnen und Kollegen in den Schulen, dass diese die Roma-Mitarbeiter als vollwertige Partner akzeptieren und sei es auch nur im Interesse der Kinder, die die Mediatoren allemal auch als Identifikationsfiguren wahrnehmen. Dringend wünscht sich Helga Büchel Mediator*innen*: »Frauen sind ganz anders in der Lage auf bestimmte Probleme zu reagieren, zum Beispiel die Probleme pubertierender Mädchen aufzunehmen und mit ihnen und den Eltern zu besprechen.«

Die verschiedenen Aktivitäten vor Ort werden von »Regionalen Beratungs- und Unterstützungszentren« (*REBUS*) koordiniert, die sich um signifikant schwierige Schülerinnen und Schüler kümmern. *REBUS* verstehen ihr Engagement grundsätzlich als Hilfe zur Selbsthilfe. Ziel ist, gefährdete Schülerinnen und Schüler sozial zu stabilisieren und in ihrer schulischen Leistungsfähigkeit zu stärken. Da viele Roma-Kinder durch unregelmäßigen Schulbesuch auffallen, bilden sie eine Schwerpunktgruppe. In den *REBUS* finden sich immer mindestens ein/e Mitarbeiter/in, die von Mareile Krause speziell für den Umgang mit Sinti und Roma geschult werden. Manche Schulkollegien zögern noch, ob sie – trotz zahlreicher Roma-Kinder in der Schülerschaft – die Unterstützung eines/einer Roma-Mediator/in anfordern sollen. In solchen Fällen bietet *REBUS* entsprechende Beratung, »... bis sich das Kollegium einig ist, dass sie diesen Weg gehen wollen«.

Helga Büchel stellt nicht in Abrede, dass Roma-Kinder in der Schule den Lehrerinnen und Lehrern viel abfordern, »ganz schön anstrengend sein können«. Das führt allerdings häufig dazu, dass ihr Schwänzen oder anderweitig begründetes Fernbleiben vom Unterricht von vielen Lehrern billigend in Kauf genommen, wenn nicht sogar als entlastend empfunden wird. »Es ist auch mein ganz persönlicher Wunsch als Pädagogin, dass die Schulen sich gegenüber diesen Kindern öffnen und sich freuen, wenn sie kommen, anstatt froh zu sein, wenn sie fernbleiben.« Der *regelmäßige* Schulbesuch der Roma-Kinder, bekräftigt Helga Büchel, sei das wichtigste Ziel ihrer Arbeit und ein Bewusstsein der Eltern, dass Schule »nicht gleichgesetzt wird mit einer Gastwirtschaft, in die man gehen kann oder nicht«.

Die Frage, ob sich nach zehn Jahren Laufzeit des Hamburger Modells signifikant etwas zum Besseren gewendet habe, beantworten Helga Büchel und ihr Vorgesetzter Ulrich Vieluf von der Hamburger Schulbehörde ohne zu zögern mit »Ja«. Der Erfolg bestehe zunächst darin, dass die Kinder zuverlässiger in die Schule gingen. »Hauptsache, sie sind da!« bestätigt Naser Nuredin, Roma-Sozialarbeiter an der Schule Billbrookdeich, und alle hauptamtlichen Roma-Kollegen pflichten bei.

Ulrich Vieluf belegt diese Antwort mit Zahlen und zitiert die Bildungsbiografien von knapp 600 Roma-Kindern und -Jugendlichen, die von der Hamburger Schulbehörde betreut werden:

»46 Kinder sind in einer Vorschulklasse für 5-Jährige. Das entspricht ungefähr auch der Jahrgangsstärke. Der Besuch einer staatlichen Vorschulklasse wird also inzwischen offenbar von den Familien akzeptiert. Von den 589 Kindern und Jugendlichen in den Klassen 1–10 besuchen 323 Kinder die Primarstufe (Klassen 1–4). Immerhin 263 Kinder besuchen eine ganz normale Regelklasse, 60 Kinder (19 Prozent) besuchen eine Sonderschule und davon 1 Kind eine Schule für Hörgeschädigte,

6 Kinder die Schule für geistig Behinderte, 3 Kinder besuchen eine Sprachheilschule und 50 Kinder besuchen eine Förderschule. Man kann hier erkennen, dass die Beteiligung am Regelschulwesen schon recht hoch ist. Das ist vor zehn Jahren noch nicht so gewesen. Wenn man von halb vollen und halb leeren Gläsern spricht, dann will ich hier das halb volle Glas in Augenschein nehmen und feststellen, dass die Integration in den Regelschulen offenbar große Fortschritte gemacht hat.«

Beim Übergang von der Grundschule in die weiterführenden Schulen kommt es allerdings zu einem signifikanten Bruch. Lediglich 3 von 266 Roma-Kindern der fraglichen Altersgruppe besuchen das Gymnasium, 13 die Gesamtschule, 91 Haupt- und Realschulen, davon alleine 33 die Schule Friedrichstraße, die sich konzeptionell der Förderung und Integration von Kindern aus anderen Kulturkreisen verpflichtet hat. Rund 60 Prozent aber werden im Laufe der Sekundarstufe I (Klassen 5–10) in Sonderschulen eingeschult. Wie die meisten Bildungsexperten wendet sich auch Ulrich Vieluf gegen eine Selektion schon nach den ersten vier Jahren und plädiert stattdessen für die 6-jährige Grundschule: »Für diese Schülergruppen wäre es von Vorteil, wenn sie gemeinsam über einen längeren Zeitraum gefördert werden könnten, bis die Verteilung auf weiterführende Schulen erfolgt.«

Die systematische Erforschung der Hintergründe des schulischen Versagens von Sinti- und Roma-Kindern offenbart nicht etwa ein defizitäres Ausdrucksvermögen der jungen Menschen, sondern im Gegenteil eine hohe Sprachvitalität und ein geradezu polyglottes Vermögen. Manche Kinder sprechen drei bis vier Sprachen – »... ein ungeheurer Reichtum, mit dem man pädagogisch umgehen muss«.

Tatsächlich hat es die Bildungsforschung in Deutschland bisher nicht für hinreichend interessant erachtet, die pädagogischen Erfordernisse für die adäquate Betreuung und Förderung von Roma-Kindern langfristig zu beobachten und die Erkenntnisse mit den Schulen rückzukoppeln. Die Schulbehörde des Stadtstaates sieht sich nicht imstande, diesen Forschungsauftrag aus eigenen Kräften zu stemmen und wünscht sich hier die Unterstützung auch von anderen Bundesländern. »Wir denken, auch dort muss es Roma-Kinder geben.«

Helga Büchel und Ulrich Vieluf haben im Laufe der Jahre eine lange Liste angelegt, auf der sie die ihrer Erfahrung nach relevanten Punkte im Hinblick auf eine bessere Beteiligung der Sinti und Roma an den Bildungsressourcen der Reihe nach vermerken. Ganz oben auf dieser Liste sehen sie den Bedarf an speziellen Angeboten für die Förderung von Roma-Mädchen, dicht gefolgt von einem »riesengroßen Aufgabenfeld«, das den Übergang Schule–Beruf markiert.

»Hier wäre es für uns wichtig, mithilfe von Langzeitstudien herauszufinden: Wie entwickeln sich die Bildungsbiografien? Das heißt, wir müssten eigentlich Nachfolgebefragungen durchführen, damit wir erfahren, was wir besser machen können, um die Jugendlichen wirklich vorbereiten zu können auf das, was nach der Schule kommt. Das könnte auch dazu führen, den Sinn von Schule und Unterricht zu erhöhen.«

Grundschule Billbrookdeich

Auf Socken in die Schule ...

»Die Elternarbeit der beiden Roma-Sozialarbeiter ist die Grundlage unserer gesamten Arbeit. Ohne den Einsatz der Herren Nuredin könnten wir uns mit vielen Eltern sprachlich nicht verständigen.« – Ingolf Claassen, seit 1989 Rektor der Schule Billbrookdeich, weiß seine beiden Kollegen zu schätzen. Die Brüder Nuredin arbeiten als Schulsozialarbeiter an der Grundschule im Hamburger Osten. »Bronx von Hamburg« nennen manche die Gegend. Hier, am Ufer der Bille, tummeln sich auf engstem Raum Industriebetriebe aller Größenordnungen, vorzugsweise aus der Chemiebranche. Direkt daneben eine Müllverbrennungsanlage. Das Quartier wird im Süden von Bahndämmen und im Norden und Osten von mehrspurigen Schnellstraßen gerahmt. In dieser Umgebung fristen an die zweieinhalbtausend Einwohner ihr Dasein; 77 Prozent von ihnen haben keinen deutschen Pass. Die Zahl der Sozialhilfeempfänger ist hier fast vier Mal so hoch wie im Bundesdurchschnitt. Traurige Berühmtheit erlangte der Stadtteil, als *Der Spiegel* im Frühjahr 2002 den Tod eines Bewohners dokumentierte, der schwer krank und völlig entkräftet in einer Obdachlosenunterkunft in der Berzeliusstraße unter den Augen der Sozialarbeiter verhungert war.[24] Der Träger dieser Unterkunft publiziert sein Motto via Briefpapier: »Bei uns steht der Mensch im Mittelpunkt«.[25] In den verkommenden Bruchbuden wohnen Flüchtlingsfamilien, deren Kinder in die Schule Billbrookdeich gehen; – wenn sie gehen. Die meisten Schülerinnen und Schüler aber kommen aus einer Siedlung hundert Meter nördlich der Schule. Auf dem verbleibenden Streifen zwischen der Straße und der Autobahnböschung liegt eine Wohnanlage, die etwa 1.000 Menschen beherbergt. Unmittelbar dahinter donnert der Verkehr vorbei. Eine Buschrabatte verdeckt die Sicht auf die Straße. Schallschutzmauern sind hier nicht vorgesehen. Wer sollte sie auch einfordern?

Die meisten Bewohner sind Flüchtlinge mit unsicherem Aufenthaltsstatus (»Duldung«); wenn überhaupt bekommen sie eingeschränkte Sozialhilfe. Auch die Miete in den drei- bis viergeschossigen Plattenbauten bezahlt das Sozialamt. Die Curt C. Schlüter-Grundstücksgesellschaft besitzt mit den Häusern in »Schlichtbauweise« eine krisensichere Goldgrube. Über die Einnahmen aus der Staatskasse mögen weder die Gesellschaft noch das zuständige Hamburger Bezirksamt Auskunft geben. Familien mit vier Personen werden in Einzimmerappartements einquartiert; größere Familien haben Anspruch auf höchstens zwei weitere Zimmer. Immerhin wurde jüngst zwischen den drei- bis viergeschossigen Flügeln der Siedlung das Gelände neu (und relativ abwechslungsreich) gestaltet, die Hauseingänge und Flure allerdings dunkeln noch im alten Stil vor sich hin. Die Wände hier sind flächendeckend mit

24 Gabor Steingart »Letzte Ausfahrt Billbrook« *Spiegel* 10/2002.
25 www.pflegenundwohnen.de

Graffitis lackiert und zugetextet. Mehr Verständigung scheint nicht erwünscht: Flurbeleuchtung, Klingeln, Briefkästen, Pin-Board und andere Kommunikationseinrichtungen sind weitgehend zerstört oder entfernt. Beim Ablaufen einer Etagenlänge über die offenliegenden Außenflure beschleicht mich Unwohlsein. Ich komme mir vor wie ein Zoobesucher und stelle mir vor, wildfremde Leute würden in dieser Weise an *meiner* Wohnungstür vorbeigeschleust. Kein Mensch tritt uns in den Weg.

Jede Wohneinheit hat einen Balkon zur Straße. In der Erwartung himmlischer Bilder – in dieser Umgebung keine Überraschung – ist jeder Balkon mit mindestens einer Satellitenschüssel bestückt. Doch die Bewohner sind gesellig und bekommen viel Besuch. Dann feiern die Familien – oft bis tief in die Nacht. Welches Schulkind bleibt da im Nebenzimmer (so vorhanden) friedlich im Bett? Am nächsten Morgen aber ist Schule; um 7.00 Uhr aufstehen! Die 8-Jährigen kämpfen sich aus dem Bett in die Klamotten und tapern zur Schule; ohne Frühstück.

»Wenn ich sehe, ein Kind kommt auf Socken oder in Pantoffeln, dann ist das ein Erfolg unserer Arbeit,« – erzählt Naser Nuredin, »– weil das Kind *will* in die Schule. Wäre es von den Eltern verabschiedet worden, hätte es nicht vergessen die Schuhe anzuziehen«.

Naser Nuredin und sein zwei Jahre jüngerer Bruder Mevljan sind seit 1993 als Sozialarbeiter an der Schule Billbrookdeich damit beschäftigt, zwischen dem Kollegium der Schule und den Roma-Familien zu vermitteln mit dem Ziel, den Eltern den Sinn von Schule zu erklären und ihren Kindern eine dauerhafte schulische Bildung zu ermöglichen. Ohne ihren Einsatz »... wären die Fehlzeiten der Schüler um ein Vielfaches höher, würden manche Schüler nie zur Schule kommen, könnten die Eltern nicht an schulische Erfordernisse herangeführt werden und würden Roma-Kinder nicht an Klassenreisen teilnehmen können,« – fasst Rektor Claassen zusammen.

Etwas mehr als die Hälfte der 230 Schülerinnen und Schüler in Billbrookdeich sind Roma-Kinder. Sie alle kommen aus den Staaten Ex-Jugoslawiens. Auch die Brüder Nuredin sind Roma und kommen vom Balkan, genauer: aus Mazedonien. Beide haben dort ihre Schulzeit verbracht und einen Beruf gelernt. Naser ist ursprünglich Schlosser und Mevljan Kaufmann. 1988 kamen die beiden nach Billbrook und haben bis 1994 in der benachbarten Siedlung gewohnt. Umso besser können sie sich vorstellen wie schwierig es ist, mit vielen Personen auf engstem Raum auszukommen. Dieses Wissen und ihre Herkunft macht sie für die Bewohner der Siedlung vertrauenswürdig. Ihre Unterstützung der dort lebenden Familien ist vielfältig und kommt häufig nicht nur den Kindern zugute. Oft genug begleiten sie auch die Erwachsenen bei Behördengängen und dolmetschen bei Arztbesuchen. In erster Linie jedoch vermitteln sie in schulischen Angelegenheiten. Gibt es Probleme in der Schule, besuchen sie die Eltern und stellen ihnen bei dieser Gelegenheit die Lehrerinnen und Lehrer vor. »Wenn etwas passiert, dann können wir sofort reagieren.« Im Bedarfsfall übersetzen sie auch Briefe der Schule an die Eltern und erläutern sie im persönlichen Gespräch, wenn die Post angekommen ist.

Normalerweise sind in der Roma-Kultur Erziehung und Bildung der Kinder Elternsache, deshalb können viele Mütter, aber mehr noch Väter nicht verstehen, wieso Naser und Mevljan diesen Job machen. Ein handwerklicher oder kaufmännischer Beruf, ja, das können sie nachvollziehen – aber »*Sozialarbeiter*«?? Entscheidende Bedeutung für das Vertrauen der Eltern in die Zuständigkeit und Kompetenz der Brüder Nuredin hat deren persönliche Glaubwürdigkeit. »Wir sind ein lebendiges Vorbild für die Familien«, erklärt Mevljan Nuredin. »Mit unserer eigenen Geschichte können wir den Eltern zeigen, wie wichtig es für das Leben der Kinder ist, in die Schule zu gehen und einen Abschluss zu machen.« Doch die Hürden sind hoch. Gerade Roma-Flüchtlingskinder müssen im Vergleich zu ihren deutschen Altersgenossen noch viel mehr Energie aufbringen, um die Schwierigkeiten, die ein geregelter Schulalltag mit sich bringt, zu bewältigen. Zudem sind viele Roma-Kinder stunden- oder gar tageweise für die Betreuung jüngerer Geschwister verantwortlich. Das größte Bildungshindernis jedoch sind in den meisten Fällen der aufenthaltsrechtliche Status der Eltern, die damit verbundene existenzielle Unsicherheit und die ständige Angst vor einer Abschiebung. Der Druck, unter dem die Eltern stehen, überträgt sich auf die Kinder. Immer wieder verschwindet plötzlich eine Familie, kommen neue Gesichter. Die Fluktuation ist hoch. Kaum ein Viertel der Kinder an der Schule Billbrookdeich ist lange genug hier, um die Grundschulzeit abzuschließen und anschließend vielleicht auf die Haupt- oder Realschule überzuwechseln.

Die Besuche bei der Ausländerbehörde sind für die Betroffenen nicht nur nervlich strapaziös, sondern auch zeitraubend. Ist eine Familie gezwungen, alle vier Wochen ihre »Duldung« verlängern zu lassen, fällt für die beteiligten Kinder an dem fraglichen Tag die Schule aus. Familiäre Verpflichtungen, akuter Schlafmangel, Krankheiten sorgen dafür, dass die Kinder trotz grundsätzlich guten Willens oft 25 Prozent und mehr des Unterrichts versäumen. Andererseits kommt es besonders darauf an, dass die Kinder *regelmäßig* in die Schule kommen. Natürlich haben die Brüder Nuredin bei bestimmten Anlässen, etwa bei Familienfeiern, Verständnis, wenn die Kinder fehlen. Wenn sich aber die Besuche von Freunden und Verwandten häufen mit den üblichen Folgen für den Nachtschlaf der Kinder und der Eindruck entsteht, dass es eigentlich egal ist, ob diese morgens in die Schule gehen, »... dann schnappen wir uns die Eltern!« Ein kurzes Aufblitzen in Naser Nuredins dunklen Augen macht deutlich, dass er und sein Bruder es im Bedarfsfall an Deutlichkeit im Auftreten nicht fehlen lassen. »Die Kinder interessieren uns am meisten. Und dass es um *sie* geht, versuchen wir den Eltern klar zu machen.«

Die Brüder Nuredin genießen großen Respekt bei den Eltern der Grundschüler am Billbrookdeich. Und nicht nur hier, denn Naser wird seit zwei Jahren auch »ausgeliehen« an andere Schulen, Kinder- und Jugendeinrichtungen im Bezirk. Ganz nebenbei wirken sie so auch in den Stadtteil hinein: Eltern, Sozialarbeiter und Schulen haben einen Ansprechpartner vor Ort. Abgesehen von ihrer Unterstützung der Familien im außerschulischen Alltag stehen die Nuredins ihren Schützlingen auch unmittelbar im Unterricht bei; denn es ist offensichtlich, dass die Kinder zu Hause kaum auf Hilfe hoffen können. Ungeachtet der Sprachprobleme sind ihre Eltern oft

Analphabeten und schon aus diesem Grunde hilflos, wenn es um die Hausaufgaben ihrer Kinder geht.

Gelegentlich springen die Nuredins an der Grundschule Billbrookdeich auch als Vertretungslehrer ein und unterrichten ganze Klassen. Oder sie widmen sich im Rahmen des Regelunterrichts förderungsbedürftigen Kleingruppen. Sowohl für das »Klassenklima«, vor allem aber für einzelne Schülerinnen und Schüler ist es manchmal besser, wenn diese in einer Kleingruppe zusammen gefasst werden und einen der Brüder Nuredin *für sich* haben. »Unsere Methode ist anders. – Wir rechnen im Kopf in der Muttersprache und übersetzen es anschließend ins Deutsche. Das geht viel besser als *auf Deutsch* zu denken.«

Nicht immer ist der direkte Weg die beste Verbindung.

Kommt dann noch eine Sonderportion persönlicher Zuwendung hinzu, wenn Mevljan oder Naser während des Unterrichts phasenweise einzelne Kinder unter die Fittiche nehmen, dann sind schon zwei entscheidende Voraussetzungen für den Erfolg erfüllt: Seelisch, weil auf fremdem Terrain »einer von uns« dabei ist, der den Weg kennt und Schutz verspricht; und praktisch, weil sich die Muttersprache Romanés im Bildungsstress als nützliches Instrument erweist.

Muttersprachlichen Unterricht jedoch lehnen die Nuredins ab, aller Einsicht in den Wert und die kulturelle Bedeutung ihrer Sprache zum Trotz. Keine Frage, Romanés ist ihnen unersetzlich; doch ihr Ziel heißt: Schule bewältigen, und zwar auf Deutsch. Der existenzielle Druck, unter dem die Schülerinnen und Schüler der Grundschule Billbrookdeich alltäglich stehen engt zwar die zur Verfügung stehenden Spielräume ein, doch muttersprachlicher Unterricht als identitätsstiftende Maßnahme scheint hier weniger relevant, wo jedes zweite Kind aus einer Roma-Familie stammt. Im Übrigen entscheiden ohnehin die Mediatoren, ob sie muttersprachlichen Unterricht erteilen wollen. Wer sollte es sonst machen?

»Wir sind eine Grundschule mit integrativen Ansätzen«, fasst Rektor Claassen das Konzept seiner Schule zusammen. Das heißt, dass bei Bedarf neben den Fach- oder Klassenlehrer/innen zusätzlich Sonderschulpädagogen oder eben die Brüder Nuredin im Unterricht für die Förderung von Kleingruppen oder Einzelpersonen eingesetzt werden. So ist es an der Schule Billbrookdeich im Laufe der Jahre gelungen, den Lehrplan auf die höchst unterschiedlichen Interessen der heterogenen Schülerschaft einzurichten. Wann welcher Schritt, welche Maßnahme sinnvoll ist, lässt sich nicht vorhersagen.

Flexibilität und Einfallsreichtum sind also wichtige Zutaten, damit Schule »schmeckt«.

Viele Kinder erleben diese Schule in Billbrook als einen Ort der Freiheit – auch räumlich gesehen – was angesichts der mitunter beklemmend engen Wohnverhältnisse in der benachbarten Siedlung kein Wunder ist. Hier ist einfach mehr Platz, Bewegungsfreiheit. Spielraum ist eine ebenso schlichte wie bedeutsame Ressource, wenn es darum geht, die Kinder im Umgang mit Konflikten zu trainieren. Zweifellos ist »die Verbesserung der Konfliktfähigkeit unserer Kinder« ein sichtbarer Erfolg der Bemühungen sozialpädagogische Ziele mit schulpädagogischen Angeboten zu verknüpfen. Je früher man damit beginnen kann, umso besser. Aus diesem Grund hat die Schule Billbrookdeich Vorschulklassen eingerichtet, um zukünftige ABC-Schützen miteinander in Kontakt zu bringen. »Bildung zeigt sich bei den Kindern auch im Umgang untereinander«, bekräftigt Naser Nuredin.

Als besonders problematisch erweist sich bei Neuankömmlingen immer wieder die Überalterung von Schulanfängern. »Mit 11 Jahren können wir doch keinen mehr in die erste Grundschulklasse schicken.«, beschreibt Ingolf Claassen eine der Schwierigkeiten, die ihn immer wieder neu herausfordern und deren Bewältigung ohne die Nuredins für ihn nicht vorstellbar sind. Die Schulbehörde hat zum Glück zwei ABC-Klassen genehmigt, in denen Schüler, die bislang Schule noch überhaupt nicht kennen gelernt haben, von Klasse 3 bis 9 unterrichtet werden. Sie lernen dort Buchstaben und Laute, Zahlen und Mengenbegriffe und Grundregeln für den Umgang untereinander. Die Lehrer werden in diesen Klassen mit besonderen Herausforderungen konfrontiert. Große Probleme bereitet auch die Frühverheiratung vieler Roma-Mädchen. »Die kommen dann plötzlich nicht mehr.« Und einmal mehr zeigen sich die Brüder Nuredin unerschrocken und scheuen sich nicht, die Eltern quasi präventiv um Aufschub zu bitten, damit ihre Töchter nicht daran gehindert werden, den angestrebten Hauptschulabschluss zu machen. »Das geht nur *vor* der Hochzeit.« Wenn die Ehe erst einmal geschlossen ist, ob mit oder ohne die erklärte Einwilligung der Tochter, können auch die hartnäckigen Nuredins nichts mehr ausrichten.

Die rechtliche Stellung der Mädchen, bzw. Frauen begründet eine ganze Kette von Konflikten zwischen Lehrern und Eltern, zwischen den auf Gleichberechtigung ausgerichteten Vorstellungen der Gadje und den Sitten und Traditionen der Roma. Zur Entschärfung und Bearbeitung dieses Konfliktpotenzials ist die Schule Billbrookdeich analog zu den Brüdern Nuredin auf der Suche nach einer ebenso beherzten Romni. Eine Frau wäre bestimmt in der Lage, so stellt Claassen sich vor, noch ganz andere Zugänge zu den Eltern, besonders zu den Müttern zu erschließen. Denn: »Es geht uns um die Kinder, und da genügt es nicht, aus deutscher Sicht Regeln und Gründe für einen regelmäßigen Schulbesuch zu nennen. Eine Roma-Mutter, die selber zur Schule gegangen ist, hat sehr viel bessere Möglichkeiten, anderen Roma-Müttern die Wichtigkeit von Bildung zu erklären.«

Immerhin, ohne die Nuredins wäre eine Teilnahme der Mädchen am Sportunterricht, bei Ausflügen ins Schwimmbad oder gar auch im Sexualkundeunterricht undenkbar. Mindestens in der Grundschule sehen die beiden Brüder die Schwierigkeiten längst überwunden, auch wenn bei der letzten Klassenfahrt ein Roma-Mädchen zu Hause geblieben ist. – Weil Mevljan Nuredin nicht mitfahren konnte.

Es ist kein Zufall, das die beiden Brüder schon seit 1993 an der Schule Billbrookdeich mitarbeiten. Rektor Ingolf Claassen hatte sich Anfang 1993 einer Initiativgruppe angeschlossen, die im Rahmen der Hamburger Kulturwoche im Stadtteil Billbrook einen Video-Film über Roma-Kinder und ihre Familien drehen wollten. Es ging darum, die Themen »Flucht aus der Heimat« und »Leben im Asyl« in seiner jeweils individuellen Alltäglichkeit darzustellen. Damit wollten die Initiatoren einen anschaulichen Beitrag zu der Stadtteilkultur-Aktion »unGELIEBTE FREMDE« leisten. Flankiert wurde das Projekt von einer Ausstellung zur Geschichte und Kultur der Roma, in deren Rahmen auch die Entstehungsgeschichte des Films dokumentiert wurde. Eine praktische Konsequenz dieser Aktion war, den neueingerichteten Haushaltstitel der Hamburger Schulbehörde zur Förderung muttersprachlichen Unterrichts zu nutzen und die Brüder Nuredin als interkulturelle Vermittler zwischen der Lehrerschaft und den Roma-Familien an die Schule zu holen. Vor allem aber sollte sie den Kindern helfen, die grundsätzlich unterschiedlichen Anforderungen einerseits der Schule, andererseits der Familien zu bewältigen.

Die Hamburger Schulbehörde geht mit ihren Initiativen, den Schulbesuch auch für Kinder anderer Kulturkreise zu ermöglichen, durchaus eigene Wege. Die allgemeine Schulpflicht, die in Deutschland ausnahmslos für alle Kinder ab dem siebten Lebensjahr gilt, wird andernorts keineswegs so konsequent wie in Hamburg durchgesetzt. Jedenfalls werden die zur Verfügung stehenden Rechtsmittel von den Behörden oft nicht ausgeschöpft. Umso wichtiger ist es, immer wieder die Eltern zu drängen, ihre Kinder regelmäßig in die Schule zu schicken. »Das ist das Wichtigste«, fasst Naser Nuredin zusammen: »Hauptsache, die Kinder sind erst mal da.« Das gilt vor allem angesichts der großen Fluktuation unter den Roma. Jetzt, wo die »ungeliebten Fremden« immer ungenierter abgeschoben werden, tauchen unversehens neue Gesichter auf und bekannte werden von einem auf den anderen Tag nicht mehr gesehen, erläutert der Rektor Ingolf Claassen ein großes Problem an der Schule Billbrookdeich: »Wir müssen immer wieder neu anfangen.«

Deshalb möchte er gerne ein Modell entwickeln, das darauf abzielt, nicht nur die Kinder, sondern auch ihre Eltern frühzeitig, möglichst ein Jahr vor der Einschulung mit der Schule vertraut zu machen. Vorgesehen ist der gemeinsame Besuch von Kindern, Vätern und/oder Müttern. Auf diese Weise könne es besser gelingen, den Eltern zu vermitteln, welche Bedeutung die Ausbildung für ihre Kinder habe. Und sie könnten sich frühzeitig mit dem Schulalltag und den Anforderungen vertraut machen. »Für diese Arbeit brauchen wir eine Person – wegen der erwarteten Mütter sollte diese Person eine Frau sein – die Deutsch und Romanés spricht und eine Arbeitserlaubnis besitzt«, begründet Ingolf Claassen seinen Wunsch in einem Brief an das Institut für Lehrerfortbildung. Ein Hintergedanke, den Rektor Claassen und die Brüder Nuredin hegen, spielt dabei eine wichtige Rolle: In dem geplanten »Elterntreff« soll es nicht nur um den bevorstehenden Schuleintritt der Kinder gehen, sondern zum Beispiel auch um die Alphabetisierung der Eltern.

Die schrittweise Öffnung der Schule für das Gemeinwesen ist die logische Konsequenz aus der Feststellung der Bildungshemmnisse der Kinder. Aus diesem Grunde ist es auch die Schule, die die Initiative zu einem Stadtteilarbeitskreis in Hamburg-Billstedt ergriffen hat. Hier versammeln sich die Vertreter der sozialen und pädagogischen Einrichtungen. Gelegentlich kommen Vertreter anderer Jugendhilfeeinrichtungen und auch der Polizei hinzu. Es ist allerdings bisher nicht gelungen, einen »runden Tisch« der Behörden (Bezirksamt, Schulbehörde, Jugendamt, Sozialamt, Träger der Wohnunterkünfte, Polizei, Ausländerbehörde, usw.) auf die Beine zu stellen. Manche Grundprobleme können nur in einem solchen Kreis erfolgversprechend bearbeitet werden. »Dennoch sind wir froh über die Kontakte im kleinen Kreis, weil es um dieselben Familien geht, die zu betreuen sind.«

Die Schule Billbrookdeich bekommt immer wieder Anfragen von anderen Schulen oder Einrichtungen, wenn es um den Umgang mit Roma-Jugendlichen geht. Die Brüder Nuredin sind inzwischen so erfahren, dass sie andere Roma als Mediatoren ausbilden könnten. Dafür – gesteht Rektor Claassen großzügig zu – »... würden wir sogar auf einige Stunden ihrer schulischen Arbeit verzichten«.

»Ich habe immer noch Kontakt auch zu Schülerinnen und Schülern, die schon lange raus aus der Schule sind«, erzählt Naser Nuredin von Begegnungen, die ihm immer wieder den Sinn seiner Arbeit bestätigen. »Aber neulich war ich doch überrascht, als ich Milan und Milosz nach langer Zeit mal wieder traf und sie mir strahlend von einer Lehrstelle erzählten.« Wer von den Kindern einen Zugang zur Schule (und sei es auf Socken!) gefunden und gelernt hat, diesen Start über die Grundschule hinaus bis hin zu einem Schulabschluss zu entwickeln, hat offenbar nicht vergessen, wer ihn – oder sie auf diesem Weg begleitet hat.

Förderschule Carsten-Rehder-Straße

»Mehr als Gold wert!«

»Kommt ganz drauf an, wo die Familie herkommt«, antwortet Pasaga Alimanovic auf die Frage, ob denn die Eltern seiner Schüler grundsätzlich am schulischen Erfolg ihrer Söhne interessiert seien. (Von Töchtern ist in Bildungsangelegenheiten nur ausnahmsweise die Rede.) Er deutet auf die Wandkarte, die in großem Maßstab Serbien und angrenzende Gebiete zeigt. Fast liebevoll streift der Zeigefinger über die Regionen seiner Heimat südlich der Karpaten entlang der Grenzen nach Rumänien und Bulgarien. »Zum Beispiel in Negotin gibt es praktisch keine weiterführenden Schulen, im Unterschied zu Belgrad 200 km nordöstlich oder noch ein bisschen weiter in Novi Sad. Und Roma-Eltern lassen ihre Kinder nur ungern ziehen. Viele sagen: »Mir reicht es, wenn ich ein bisschen lesen, schreiben und rechnen kann. Mehr brauchen wir nicht. Arzt will ich nicht werden und Mechaniker auch nicht.««

Diese Bescheidenheit findet ihre Ergänzung in einschlägigen Erfahrungen der Kinder und Jugendlichen in der deutschen Schule: »Scheißtürke, Scheißneger, Scheißzigeuner! Na ja, und manche Roma lassen sich das nicht gefallen und brüllen zurück: Scheißkartoffel, deutscher!«

Eine über die Grundschulzeit hinausführende Schulkarriere gilt in der Bildungsplanung der Roma aus der ländlichen Provinz nur in Ausnahmefällen als erstrebenswert. Erschwerend kommt hinzu, dass ihr Flüchtlingsschicksal in Deutschland eine nachhaltige Schulbildung verhindert. Die Familien, bzw. Teile der Familien sind versprengt und leben (»irgendwie«) und meist isoliert in viel zu kleinen Wohnungen. Durchschnittlich ein Tag im Monat geht dafür drauf, dass man vor den Schreibstuben der Ausländerbehörde von frühmorgens an der Verlängerung des Duldungsbescheides entgegenzittert, bis endlich der erlösende Stempel aufs Papier knallt. Auch angesichts dieser Unsicherheit urteilen viele Eltern über Schule: Das lohnt sich nicht.

»Als Rom auf der Welt zu leben, ist nicht leicht«, fasst Pasaga Alimanovic die alltäglichen Lebenserfahrungen von Roma-Flüchtlingen in Deutschland zusammen, die sich im Übrigen von denen in anderen europäischen Ländern nicht wesentlich unterscheiden. Und doch bezeichnet er Deutschland als »Paradiesland für Roma. Was man hier verdienen kann und die soziale Unterstützung, das ist unvergleichlich!« – und berichtet von dem studierten Bauingenieur, der in Deutschland als »Raumpfleger« mehr verdient als in der Heimat in seinem Beruf. »Hier geht keiner freiwillig weg. Das, was wir hier bekommen, reicht uns.«

Pasaga Alimanovic kam im Herbst 2000 als Mediator an die Förderschule Carsten-Rehder-Straße und arbeitet seitdem vor allem im Team der Jahrgangsstufen 1, 2 und 3, 4. Vorher war er als Honorarkraft im Haus der Jugend tätig und hatte dort gehört, dass die Schulbehörde Roma suchte, die als Schulsozialarbeiter an ausgesuchten Schulen eingesetzt werden sollten. In Deutschland lebt er seit 1982. Seinen Hauptschulabschluss hatte Pasaga Alimanovic aus Bosnien mitgebracht, eine Lehre in Hamburg als Dreher musste er nach zwei Jahren wegen Sprachschwierigkeiten abbrechen. 1985 hat er sein jugoslawisches Abitur per Fernstudium an der Universität Belgrad abgelegt.

Zu seinen vielfältigen Aufgaben in der Förderschule Carsten-Rehder-Straße gehört auch der muttersprachliche Unterricht in Serbisch, »... damit die Kinder sich verständigen können, wenn sie in ihre Heimat zurückgeschickt werden. Die Eltern hier sprechen mit ihnen nur Romanés«.

»Dass Herr A. hier ist, halte ich für einen pädagogischen Fortschritt, einen gesellschaftlichen Fortschritt, fast einen politischen Fortschritt. Das ist schon Klasse!« Rektor Scharmacher macht aus seiner Begeisterung über die Mitarbeit von Pasaga Alimanovic keinen Hehl. »Und die Kinder aus dem ex-jugoslawischen Kulturkreis sind nicht mehr in der Buhmann-Rolle, die sie vorher – meines Erachtens manchmal auch zu Recht – hatten. Es gab schon Gruppen hier, die den Schulalltag höchst unerfreulich dominiert hatten, und das ist (klopft dreimal auf Holz) nicht mehr so. Was man früher oft hörte: ›Das waren die Roma!‹, gibt es nicht mehr. Wenn, dann haben wir heute Probleme mit Einzelnen und zwar aus den unterschiedlichsten Gruppen.« Auch im Lehrerkollegium hat sich Pasaga Alimanovic Respekt und Anerkennung erworben, nachdem der Problemdruck im Schulalltag spürbar nachgelassen hatte.

Unter den Schülerinnen und Schülern erfreut er sich ebenfalls großer Beliebtheit, was unter anderem auch auf sein Engagement beim Aufbau einer Schülerband und einer Fußballmannschaft zurückzuführen ist – (»unser Cheftrainer«). Dank ihres Beitrages zur interkulturellen Verständigung von Roma und Nicht-Roma mehrerer Nationalitäten trägt gerade die Fußballmannschaft in erheblichem Umfang zum Schulfrieden bei. Die Musikgruppe entwickelt in der kulturell vernachlässigten Nachbarschaft der Schule so hohe Anziehungskraft auch über die Schulgrenzen hinaus, dass nach einigen schlechten Erfahrungen Schulleitung und Lehrerkonferenz beschlossen: »Herr Alimanovic gehört nur *unseren* Schülerinnen und Schülern!«

Derlei Abgrenzung gegen Interessen aus der Nachbarschaft steht im Widerspruch zu den positiven Erfahrungen zahlreicher gemeinwesenorientierter Parallelbeispiele. Dennoch wird der Konferenzbeschluss verständlich angesichts der Tatsache, dass die Förderschule Carsten-Rehder-Straße eine Mittelpunktschule mit einem sehr großen Einzugsbereich ist (St. Pauli und Altona). Die Stabilisierung des inneren Friedens, nicht zuletzt auch mithilfe von schultypischen Identifikationssymbolen, steht umso eher im Vordergrund, als vielen der 250 Schülerinnen und Schüler ein nachbarschaftlicher Bezug fehlt. Sie haben zum Teil einen sehr weiten Schulweg, was auch die Elternarbeit nachhaltig erschwert. Gerade hier aber sieht Pasaga Alimanovic seine zentrale Aufgabe: In der Kontaktpflege zwischen Schule und Familie, als Vermittler zwischen den Kulturen. Sein Hauptinteresse gilt zunächst der Anwesenheit der Kinder in der Schule:

»Zum Beispiel, wenn ein Schüler tagelang, oder monatelang gefehlt hat, dann besuche ich mit dem Klassenlehrer die Familie. Und wenn nach diesem Hausbesuch das Kind wieder in die Schule kommt, auch regelmäßig wiederkommt, dann ist das ein großer Erfolg für mich.«

Umgekehrt klärt er die Konferenz über die Gründe auf, die manchmal für das Fehlen der Kinder verantwortlich sind. Er erläutert zum Beispiel die für die Roma-Kultur zentrale Bedeutung von Familienveranstaltungen, die nach landläufigem Lehrerverständnis keine Entschuldigung für Fernbleiben von der Schule darstellen. So kommt es, dass, seitdem Pasaga an der Schule Carsten-Rehder-Straße mitarbeitet, zahlreiche Kolleginnen und Kollegen oft besser in der Lage sind, zu verstehen, warum ihr Schützling nicht zur Schule kommen *konnte*.

Der Schulleiter Rolf Scharmacher lobt auch die sozialintegrative Kompetenz des neuen Kollegen im Hinblick auf den Umgang der Kinder und Jugendlichen untereinander und mit den Erwachsenen. »Das ist etwas, das sich, seit Herr Alimanovic hier ist, signifikant verbessert hat. Es gab, *bevor* er hier war, sehr viel häufiger massive, kaum zu lösende Konflikte, auch aggressive Auseinandersetzungen zwischen Kindern und Jugendlichen aus dem Roma-Kulturkreis und Altersgenossen aus anderen Familien und mit den Lehrerinnen und Lehrern. Da wirkt Herr Alimanovic nicht nur aufgrund seiner Anwesenheit, sondern auch aufgrund seiner Persönlichkeit absolut gedeihlich, entspannend und vermittelnd.«

Das Klientel der Schule ist schwierig und stellt das Engagement und die Kompetenzen des Kollegiums oft genug auf härteste Proben. An der Förderschule Carsten-Rehder-Straße landen alle, die nirgendwo sonst ankommen, bzw. woanders überall rausgeflogen sind. Früher nannte man sie »verhaltensauffällig«, heute spricht man von Kindern und Jugendlichen mit besonderem »Förderbedarf im Bereich der sozial-emotionalen Entwicklung«.

Fünfzehn verschiedene Herkunftssprachen sind an der Schule selbstverständlich; nach den Türken stellen Roma mit 75 Schülerinnen und Schülern (etwa zehn aus Polen und der Rest aus Ex-Jugoslawien) die zweitgrößte Minderheit (= 30 Prozent).

Pasaga Alimanovic ist überzeugt: »An der Intelligenz scheitert es nicht, weil die haben alle was in der Birne. Das größte Problem ist der unregelmäßige Schulbesuch.« Immerhin bescheinigt der Schulleiter seinem neuen Kollegen, erheblich zur Stabilisierung des Schulbesuchs beigetragen zu haben.

Die Förderschule Carsten-Rehder-Straße möchte, »dass diese Kinder hier schulisch, beruflich und gesellschaftlich integriert werden und möglichst in einer berufsvorbereitenden Maßnahme ankommen«. Wenn sie diese erfolgreich hinter sich bringen haben sie die Voraussetzungen geschafft, um einen Weg – wenn schon nicht in eine reguläre Berufsausbildung – so doch in ein seriöses Beschäftigungsverhältnis zu finden. Als Voraussetzung dafür bezeichnet Rektor Scharmacher ein »Grundcurriculum von Kulturtechniken, an dem wir uns orientieren. Dazu rechne ich auch so genannte »Arbeitstugenden«, zum Beispiel Pünktlichkeit und Durchhaltevermögen; das heißt, dass man so lange da bleibt, wie es der Stundenplan vorsieht, und dass man sich dem System und den Anweisungen der hier arbeitenden Menschen anpasst, dass man sich friedlich und freundlich gegenüber den Schulkameraden und auch gegenüber den Erwachsenen verhält. Und wenn wir das erreichen, dann haben wir auch ein ganz gutes Gewissen, wenn wir unsere Schülerinnen und Schüler entlassen«.

Bleibt die Sorge, dass die jungen Erwachsenen, wenn sie »draußen« sind, in ein »Betreuungsloch« fallen, weshalb der Schulleiter weiteren Personalbedarf anmeldet, um so etwas wie eine »nachgehende Fürsorge« zugewährleisten. Tatsächlich hat Pasaga Alimanovic seit dem Schuljahr 2002/2003 auch den Auftrag übernommen, einen Teil seiner Zeit dafür zu reservieren, »den schulentlassenen Jugendlichen betreuend und den Mitarbeiter/innen der berufsvorbereitenden Einrichtung beratend zur Seite« zu stehen. Sobald die Jugendlichen die Schule verlassen, versucht er mit ihnen Kontakt zu halten und bietet ihnen in allen Fragen der Alltagsbewältigung seine Unterstützung an. Im Bedarfsfall begleitet er sie auch zum Arbeitsamt und hilft ihnen bei der Antragstellung im Hinblick auf berufsfördernde Maßnahmen.

Sein Hauptaugenmerk allerdings richtet der Schulsozialarbeiter auf die Arbeit in der Schule. Und hier stellen sich ihm vor allem zwei Hauptaufgaben: a) die Arbeit mit den Eltern und die Stabilisierung des Schulbesuchs ihrer Kinder; b) die Vermittlung bei schulinternen Konflikten, in die Roma verwickelt sind.

Gesprächskontakte mit den Eltern ergeben sich aus unterschiedlichen Gründen. Zunächst einmal haben die Schülerinnen und Schüler zu Hause von der Anwesenheit Pasaga Alimanovics (seit Februar 2001) berichtet und damit nicht selten die Neugier ihrer Eltern geweckt. Vor dem Hintergrund ihrer eigenen Sozialisation waren diese davon überzeugt, dass ihren Kindern in der Schule nichts wirklich Brauchbares geboten würde.

Andere kamen (und kommen) mit Pasaga Alimanovic ins Gespräch, weil sie sich dafür interessieren, wie er an diesen Job gekommen sei. »Darauf antworte ich: Durch die Schule. Ohne meine Schulbildung hätte ich keine Möglichkeit, diese Arbeit zu machen.«

Wieder andere begegnen dem Begriff »Sonderschule« mit größtem Misstrauen, was auch mit ihrer Erfahrung der »special schola« in der ehemals jugoslawischen

Heimat zusammenhängt, in die vorzugsweise gewalttätige Kinder und Jugendliche buchstäblich »abgesondert« wurden.

Wie auch immer – in den allermeisten Fällen gelingt es ihm während seiner Hausbesuche bei den Eltern Verständnis für die Schule als Teil der deutschen Kultur zu wecken und erklärt nebenbei die unterschiedlichen Zielsetzungen der einzelnen Schulformen, insbesondere auch die der Förderschule. »Das Hauptproblem ist, dass die Roma-Kinder nicht regelmäßig zur Schule gehen, denn »lernbehindert« sind sie nicht; im Gegenteil, die meisten sind sogar sehr intelligent.« Bestes Beispiel ist Mile, der jüngst aus der 5. Klasse der Förderschule ohne große Schwierigkeiten in die 6. Klasse der Hauptschule versetzt wurde.

Voraussetzung für jegliche schulische Laufbahn ist die Beherrschung des ABC, deshalb möchte Pasaga Alimanovic »... vor allem erreichen, dass die Kinder hier richtig lesen und schreiben lernen. Wenn sie dann den Förderschulabschluss bekommen, dann ist mein Ziel hier erstmal erreicht. Mit diesem Abschluss können sie weitermachen, im Berufsvorbereitungsjahr. Und wenn dann die Kinder einen Ausbildungsplatz suchen wie Damir, der unbedingt einen Beruf lernen will, und ich so einem Kind helfen kann, dann ist das perfekt«.

Pasaga hat im Schulgebäude einen eigenen Raum, der auch Platz für einige Schultische bietet. Im Moment sind Damir (15, 9. Klasse) und Zuhra (14, 8. Klasse) anwesend und damit beschäftigt, einen deutschen Text ins Serbische zu übersetzen. Als Damir seinen Namen hört, blickt er kurz auf und lächelt etwas verlegen. Er wird ab dem nächsten Herbst im Rahmen des Berufsvorbereitungsjahres den Hauptschulabschluss nachmachen. Warum geht er diesen Umweg? »In der 2. Klasse hatte ich Schwierigkeiten mit der Rechtschreibung. Da haben mich die Lehrer hierher geschickt. Damals wusste ich nicht, was »Sonderschule« heißt. Bald aber merkte ich, dass ich hier meistens der Beste und Schnellste im Unterricht war. Das hat mir gefallen, deshalb bin ich geblieben.«

Die Förderschule verändert sich in besonderem Maße in dem Bemühen, ihr Programm gerade in den oberen Klassen an den Erwartungen der Gesellschaft, sprich der Eltern und des Arbeitsmarktes zu orientieren. Hauptsache, die Jugendlichen finden nach der Schule den Weg in ein geregeltes Arbeitsverhältnis, denn – so weiß der Schulleiter Rolf Scharmacher aus Erfahrung – »... wenn derjenige dann 18, 19 oder 20 ist, dann hat er vielleicht keinen Bock mehr, jetzt noch die zweite oder dritte Berufsvorbereitung schleifenhaft nochmal zu besuchen. Wir hatten hier mal ein Projekt gefahren für unsere großen Roma-Jungs zusammen mit der Caritas. Da besuchten die Schüler des 9. und 10. Schulbesuchsjahres eine Jugendwerkstatt, begleitet von einem Lehrer. Das war eine ganz tolle Sache, vor allem auch messbar an dem Besuch der Jugendlichen. Das scheiterte dann aber nach zwei Jahren Laufzeit aus juristischen Gründen, denn da waren einige Schüler mit ungesichertem Aufenthaltsstatus dabei. Und schließlich ist dann auch der Kollege, der das Projekt unter seine Fittiche genommen hatte, weggegangen. – Vieles hängt eben nicht nur an den Ideen, sondern auch an den einzelnen Menschen. Genauso die Erfolge, die wir hier haben, sind natürlich in hohem Maße an Herrn Alimanovic geknüpft«.

Ähnlich, wie gegenüber den Eltern, argumentiert Pasaga auch gegenüber den Kindern mit seiner Vorbildrolle: »Beispiel Computer. Da werde ich oft von Kindern gefragt, wieso ich damit umgehen kann, ihre Eltern wüssten kaum, wie man die Dinger anschaltet, geschweige denn, dass sie damit etwas anfangen könnten. Ja, sage ich dann, das ist eben diese Bildung! Das ist das Ergebnis dieses langen Weges, den ich auch gegangen bin: Schule, viele Kurse mitgemacht und so – sonst landest du nur beim Reinigungsdienst.«

Als schwierigstes Problem und größtes Bildungshindernis sieht Pasaga Alimanovic die frühe Verheiratung der meist noch jugendlichen Mädchen und Jungen. Allein in der Förderschule Carsten-Rehder-Straße sitzen in den Klassen 8 und 9 drei Ehepaare, sofern sie dann überhaupt noch in die Schule kommen, denn meist sind dann auch schnell Kinder unterwegs, ein Umstand, der für den Schulleiter Rolf Scharmacher kaum mehr nachvollziehbar ist, »... weil es ein für mich inakzeptables Maß der Unfreiheit für diese Mädchen bedeutet, die sich dann ja eben nicht frei nach unseren Normen und Wertvorstellungen entwickeln können, sondern in der Familie mehr oder minder verschwinden. Manchmal düst dann auch der Vater nach dem ersten oder zweiten Kind ab. Aber das – habe ich inzwischen auch gelernt – sind jahrtausendealte kulturelle Vorstellungen, die man auch mit Empörung nicht ändern kann«.

In der Tat, bestätigt Pasaga Alimanovic, ist unter den vorherrschenden Existenzbedingungen in den ohnehin meist viel zu kleinen Wohnungen auch der viel beschworene familiäre Zusammenhalt der Roma nicht mehr so stabil wie ehedem. »Wenn der junge Vater, der ja die Frau, mit der er verheiratet wurde, vielleicht gar nicht so geliebt hat, mit 18 Jahren zwei oder drei Kinder hat und dann plötzlich eine Frau trifft, in die er sich nun wirklich verliebt, dann geht er eben einfach weg.« Die einzige aussichtsreiche Möglichkeit einer solchen Entwicklung vorzubeugen, sieht der Schulsozialarbeiter darin, das Problem in der fraglichen Altersgruppe (6./7. Klasse) offen anzusprechen. Erstaunlicherweise ist es ihm in den knapp eineinhalb Jahren seiner Anwesenheit in der Schule gelungen, auch als Mann in einer solch delikaten Frage das Vertrauen der Roma-Mädchen zu gewinnen.

»Wir hatten gerade so einen Fall – die älteren Menschen, in dem Fall die Oma, wollen halt, dass die Tradition eingehalten wird, das heißt ein Roma-Mädchen muss auf jeden Fall einen Roma-Jungen heiraten. Das Mädchen wollte aber nicht und hatte mir gegenüber damit gedroht, wegzulaufen. Da hat auch die Oma eingesehen, dass sie das Mädchen nicht mit Gewalt zwingen kann und hat auf die Zwangsheirat verzichtet.«

Unterstützung seines präventiven Ansatzes erhofft sich Pasaga Alimanovic von der Anerkennung der Förderschule Carsten-Rehder-Straße als Ganztagsschule »... auch und gerade für die Roma-Mädchen, die, solange sie zu Hause sind, kaum Ausgang haben. Und in einer Ganztagsschule hätten sie dann mehr Freiheit«.

Tatsächlich lieferten sich früher, »in der Zeit vor Alimanovic« gerade die Mädchen dieser Altersgruppe erbitterte Auseinandersetzungen mit Lehrerinnen und Lehrern – laut Scharmacher: »... bis an die Grenze der körperlichen Aggression. Da war es mehr als Gold wert, dass Herr Alimanovic zu diesen Mädchen einen Zugang gefunden hat. Ich weiß ja nicht, was er ihnen sagt, da er ja die Gespräche auf Romanés führt. Aber hinterher habe ich den Eindruck, dass die Mädchen nicht verschreckt, verschüchtert oder verängstigt ihr Verhalten geändert haben, sondern dass sich daraufhin die Kommunikation zwischen den Jugendlichen und den Lehrern gebessert hat, dass sogar auch Schülerinnen bereit waren, Verständnis aufzubringen für die Situation der Lehrerinnen. – Was für den Schulfrieden unendlich wichtig ist und den sehr positiven Effekt hat, dass auch die Akzeptanz des Kollegiums gegenüber einzelnen Schülerinnen und Schülern gewachsen ist; denn früher gab es hier durchaus auch die Haltung, »Oh Gott, warum tun wir uns das an. Wenn die nicht in die Schule kommen wollen, dann lassen wir sie doch außerhalb der Schule.‹ – Das habe ich, seitdem Herr Alimanovic hier ist, nicht mehr gehört«.

Ganztagsschule St. Pauli

»Eigentlich ganz normal ...«

»World peace is dead«, deklamiert ein Graffiti von der Fassade eines Gründerzeitbaues, ausgewiesen als *Internationales Zentrum*. Gegenüber kann man durch die Schaufenster eines ehemaligen Ladengeschäftes einen Blick in die ordentlich aufgeräumten Büros des *Sozialdienstes St. Pauli* und der *Gesellschaft für Berufsberatung* werfen; daneben öffnet gerade »Babsies Biercontainer« seine Pforten.

Es ist 9.00 Uhr. In Sichtweite an der nächsten Kreuzung warten bereits die ersten Nutten auf ihre Freier, im Westen winken die Kräne der Dockanlagen des Hamburger Hafens. – Diese für das Quartier typischen Aussichten bieten sich von einem lauschigen Plätzchen, das die Kommune Hein Köllisch gewidmet hat, dem legendären Sänger von St. Pauli. Durch ein Tor erreicht man die rückwärtige Grünanlage, die zu den Häusern am Platz gehört. Am Ende des Weges ist ein Zaun. Gleich mehrere Emaille-Schilder sorgen hier für Ordnung: »Ballspielen untersagt«, daneben auf weißem Grund der Schattenriss eines Hundes, rot umrundet und von dem charakteristischen roten Diagonalbalken gekreuzt: »Hundeverbot«. Wer lesen kann, erfährt außerdem: »Schulfremden Personen ist das Betreten des Grundstückes verboten.« Das stabile Metalltor ist abgeschlossen. In diesem Moment macht ein drahtiger Jüngling seinem Sweatshirt »Sports« alle Ehre und klettert leichtfüßig darüber, zwei Minuten später tut es ihm ein Kleinerer gleich. Als schließlich noch ein etwa 10-Jähriger denselben Weg nimmt, nicht ohne vorher seinen City-Roller darüber gehoben zu haben, mache ich kehrt und suche den offiziellen Eingang von der Friedrichstraße aus.

Was immer man hier – zwischen Verwahrlosung und Neuanfang – auf dem Elbhang am südwestlichen Zipfel von St. Pauli erwartet haben mag, die »Ganztagsschule St. Pauli« – besser bekannt als »Schule Friedrichstraße« – ist jedenfalls eine Überraschung. In jeder Hinsicht. Das gilt für das hochmoderne Grundschulgebäude mit Dachterrasse, Pausenhalle und Cafeteria, das Mitte der 1990er-Jahre in einer Baulücke oberhalb der berühmt berüchtigten Hafenstraße entstanden ist, ebenso für die grunderneuerten Häuser der Klassen 4 bis 10, das Verwaltungsgebäude mit den naturwissenschaftlichen und handwerklichen Fachräumen (u.a. Lehrküche, Holz-/Metallwerkstatt und Informatik), das gilt auch für den völlig neu gestalteten Schulhof – eine veritable Pausenlandschaft mit Wiesen, gepflasterten Strecken, Biotopen und Schulgarten; das gilt besonders auch für die fast futuristisch anmutende Sporthalle, die auf einem Grundstücksrest an der Hafenrandstraße gebaut wurde, auf deren Dach der »Antonipark« entsteht, durch den man die knapp hundert Meter bis zum Schulhof zu Fuß gehen kann; – und das gilt erst recht für das pädagogische Profil der Grundschule und der Integrierten Haupt- und Realschule mit 380 Schülerinnen und Schülern. Kaum ein Drittel von ihnen kennt *Deutsch* als Muttersprache.

»Wir machen eigentlich ganz normal Schule, nur mit dem Unterschied, dass wir vielleicht anders mit den Kindern umgehen«, sagt die Grundschullehrerin Eva Walloch mit fast britischem Understatement. Aber dann wird sie deutlicher: »Wir sitzen oft in der Hundescheiße aber wir sehen eben auch die Blümchen daneben. Wenn ein Kind in einem Diktat mit achtzig Wörtern vierzig falsch schreibt, dann hat es immerhin vierzig Wörter richtig.«

An der Schule Friedrichstraße sind 15 Prozent der Kinder Roma. Ihnen gilt Frau Wallochs besondere Sympathie, »... auch wenn ichs nicht immer zurückbekomme«. Schulschwänzern begegnet sie wohl mit Kritik, doch auch hier macht der Ton die Musik: »›Schön, dass du wieder da bist!‹, scheint mir zunächst mal die bessere Antwort, wenn eins der Kinder nach ein paar Tagen Pause wieder erscheint.« Damit allerdings begibt sie sich auf eine Gratwanderung, denn häufig sind die anderen Kinder empört, wenn Klassenkameraden ohne stichhaltigen Grund einfach wegbleiben. Eva Walloch weiß, mit einseitiger Bevorzugung der Roma-Kinder erreicht sie das Gegenteil dessen, was sie eigentlich anstrebt. Die Sonderschule jedoch kommt nicht infrage »für Kinder, die so viele Kompetenzen haben, die häufig drei oder vier Sprachen sprechen und sich alltäglich in zwei ganz unterschiedlichen Welten bewegen können«. Eva Walloch vermeidet ausdrücklich, alle Kinder über einen Kamm zu scheren oder gar »zurechtzubiegen«. Sie plädiert stattdessen für gründliche Binnendifferenzierung. »Ich kann nicht von allen Kindern dasselbe erwarten. Ein Kind muss das, was zu tun ist, *gerne* tun, sonst wird es frustriert und seine Neugierde erlahmt. Solange die Frage – Lernt das Kind noch etwas? – positiv beantwortet werden kann, ist es hier richtig.« – Und dann holt sie aus der Schublade die Geschichte von Tomas aus der 4a:

Die Lehrerin, die nicht rechnen, malen und schreiben kann.

Eines Tages ging Frau Schlauberg zum Rektor und fragt: »Darf ich Lehrerin sein?«
Der Rektor denkt nach. »Wie heißen sie?«
»Ich heiße Frau Schlauberg.« –
»Okay!«

Einen Tag später geht sie in die Schule, in die Klasse 4a. Dann ist jetzt Mathe. Sie schreibt tausend plus hundert. Frau Schlauberg denkt nach.
»Zehn!«
Die Schüler lachen. Die Lehrerin schämte sich. Dann war Pause. Frau Schlauberg geht ins Lehrerzimmer. Frau Schlauberg antwortet dem Direktor. »Ja, wie viel ist zehn plus zehn?«
»Fünfzig.«
»Falsch, zwanzig. Also, sie müssen in die 3. Klasse.«
»Okay!«, antwortet Frau Schlauberg.
Als Frau Schlauberg in die Klasse gegangen ist, war Malen. Die Kinder sagen: »Frau Schlauberg, kannst du einen Mann malen?«
»Ja!«, antwortet Frau Schlauberg. Sie kann nicht malen. Sie hat nur einen Kopf gemalt.
Die Kinder lachen. »Soll das ein Mensch sein?«
»Ja!«
Dann war Schulschluss.
Einen Tag später kam sie nicht mehr in die Schule. Sie war traurig.
Nach einer Woche kam sie wieder in die Schule und der Direktor schimpfte. »Warum kommst du nicht in die Schule?« schreit der Direktor furchtbar.
»Weil ich nicht schreiben, rechnen und malen kann.«
»Ja, warum hast du mir das nicht gesagt?«
»Weil ich mich geschämt habe.«
»Okay, geh in die Klasse. Nach der Pause kommt eine Lehrerin, die heißt Frau Weltmeisterin, die rechnen kann. Sie kann malen und schreiben. Jetzt geh in deine Klasse.«
»Okay!«, sagte Frau Schlauberg leise.
Als sie in der Klasse war, lachten die Schüler. »Frau Schlauberg, wie viel ist eins plus eins?«
Sie schämte sich.
Und dann war Schreiben. Sie wusste nicht mal, wie das kleine z geht. Sie guckte im Lehrerbuch nach. Sie durfte nicht gucken, weil das nicht ihr Buch war. Das gehörte Herrn Bund, aber sie hatte gesehen, wie das kleine z geht.
Dann war die erste Pause. Sie musste ins Lehrerzimmer. Da war Frau Weltmeisterin. »Okay, dann lass uns anfangen. Mit was willst du anfangen?«
»Rechnen«, antwortete Frau Schlauberg.
»Okay, wie viel sind ein mal eins?«
»Hundert?«
»Nein, falsch, eins. Oh, es klingelt. Übermorgen erste Pause und zweite Pause kommst du ins Lehrerzimmer. Jetzt geh in die Klasse. Oh, warte mal, hier ist ein Buch. Da kannst du rechnen, schreiben und malen lernen, Frau Schlauberg. Du kannst nach Hause gehen.«
»Danke!«

Als sie zu Hause war, machte sie Hausaufgaben. Da klingelt es. Frau Schlauberg geht zur Tür. Der Mann sagt: »Wir wollen angeln gehen.«
»Ja, ich komme gleich!«
Zwei Tage später. Frau Weltmeisterin fragte: »Frau Schlauberg, hast du deine Hausaufgaben?«
»Oh, ich habe sie vergessen!«
»Macht nichts. Ich komme zu dir. Sagen wir mal um halb drei.«
»Ja!«, antwortete Frau Schlauberg.
Als Frau Weltmeisterin in ihre Wohnung kam, waren alle Wände mit Postern und Pokemon und noch viel mehr beklebt.
»Sollen wir Trickfilme sehen?«, fragte Frau Schlauberg.
»Ich bin doch hier, um dir zu helfen und nicht, um deine blöden Trickfilme anzusehen. Oder willst du nicht lernen? Lass uns anfangen. Wie viel sind zehn mal zehn?«
»Willst du Chips essen?«, antwortete Frau Schlauberg.
»Halte deinen Mund!«, schreit sie. »Willst du rechnen oder willst du, dass ich dir nicht helfe?«
»Doch,« sagte Frau Schlauberg ganz leise, »doch.«
»Wie viel sind zehn mal zehn?« Aber Frau Schlauberg rief ihre Freundin an, und Frau Weltmeisterin war so böse, dass eine scharfe Paprika in ihrem Mund war.
»Ich habe die Nase voll! Ich gehe jetzt zum Direktor und ich werde ihm sagen, dass ich dir nicht mehr helfe.«
Als sie im Lehrerzimmer war, hat der Direktor zwei Stunden mit ihr geschimpft.
»Frau Weltmeisterin hat mir gesagt, dass du mit Pokemon oder wie das noch wieder heißt ...«
»Pokemon heißt das.«
»Halte deinen Mund zu!«
Und als sie wieder in die Klasse kam, war da noch eine Lehrerin. Frau Schlauberg fragte sie: »Sind sie neu in der Schule?«
»Ja.«
»Ich heiße Frau Schlauberg.«
»Und ich heiße Frau Gutenberg.«
»Was ist denn?«, fragte Frau Schlauberg.
»Ich kann nicht rechnen.«
»Na und, ich kann auch nicht rechnen. Wir können zusammen rechnen.«
»Okay,« sagte Frau Gutenberg, »nach Schulschluss komme ich zu dir.«
»Ja, super!«, sagte Frau Schlauberg.
Als Frau Gutenberg in ihre Wohnung gekommen war, sagte sie: »Ich hab was für dich.«
»Was hast du denn für mich? Vielleicht ein Dragonballposter?«
»Unsinn, ein Rechenbuch, extra für dich gekauft.«
»Ist mir doch egal, was du für mich gekauft hast.«

»Komm jetzt, wir rechnen«, antwortete Frau Gutenberg. »Ist mir doch egal, mit was wir anfangen.« – »Okay, wir rechnen. Eins plus eins.«
»Hmmm ...« Sie denkt nach.
Aber Frau Schlauberg guckte Pokemon auf Video an, und dann fing der Streit an.
»Warum guckst du Pokemon Filme?«
»Weil ich Bock habe!«
»Wir wollen doch rechnen!«
»Blödes Rechnen! Und jetzt geh raus!«
»Nein!«, antwortete Frau Gutenberg.
»Hahaha, ist das deine Wohnung? Geh raus!«
»Nein!« Und dann hat Frau Schlauberg ihr einen Arschtritt gegeben. »Und Tschüss!«, sagte Frau Schlauberg.
Einen Tag später haben sie sich auf dem Schulhof getroffen und gehen zum Direktor. »Warum hast du Frau Gutenberg rausgeschmissen?«
»Ich weiß nicht.«
»Wie bei Frau Weltmeisterin. Geh jetzt in deine Klasse. Jetzt raus!«, schreit der Direktor.
Als sie in die Klasse kam, hat sie Frau Gutenberg getroffen und beide sagten »Entschuldigung.«
»Wie kann ich das wieder gut machen?«, fragte Frau Gutenberg. »Kauf mir ein Dragonballposter und hundert Stück Digimon-Kaugummi und zehn Poster von Pokemon!«
»Und was kaufst du für mich?«, fragte Frau Gutenberg.
»Ich kaufe was für dich«, sagte Frau Schlauberg.
»Ach ja, und was?«
»20 Chips.«
»Und noch was.« – »20 Döner.«
»Noch was!«, sagte Frau Gutenberg.
»Oh ja, 10 Cola, und das letzte sind Eier, das ist alles.«
Und nachdem Frau Gutenberg in den Laden gegangen war, klingelte es. »Das ist vielleicht Frau Gutenberg. Meine Pokemonposter sind da. Hast du die?«
»Ja!«, antwortete Frau Gutenberg und zieht ein ganzes Paket aus dem Arm. »Was hast du für mich?« – »Da hast du ein ganzes Paket voll Süßigkeiten.«
»Eh, Frau Schlauberg, kannst du mir das ausleihen?«
»Was denn?«, fragte Frau Schlauberg.
»Einen Füller!«
»Nein!«, sagte Frau Schlauberg.
Einen Tag später geht sie in die Schule. Natürlich zum Direktor. »Wie viel ist eins plus eins?«
»Zwei!«
Der Direktor freute sich toll. »Und wie viel sind zehn mal zehn?«
»Hundert.«
»Du kannst doch rechnen. Geh in die Klasse.«

Als sie in die Klasse kam, war malen. »Frau Schlauberg, kannst du einen Mann malen?«
»Natürlich!«
Sie hat es richtig gemacht. Die Kinder freuen sich. Ja, Frau Schlauberg ist die Größte.
»Danke! Und jetzt setzt euch hin.«
Dann war Schulschluss. Sie war in ihrer Wohnung. »Wie sieht es denn hier aus! Ich schenke Frau Gutenberg alles.« Als sie vor der Tür stand, sagte sie: »Warte hier. Ich hab was für dich. Meine ganzen Trickfilme, das kannst du alles haben. Und jetzt geh und komm nie wieder.«
»Okay!«, antwortete Frau Gutenberg.
Einen Tag später ging sie in die Schule, da war Schreiben, und sie kannte die ganzen Buchstaben.

Tomas war 11 Jahre alt, als er diese Erfahrung von Frau Schlauberg auf 12 Heftseiten handschriftlich festhielt. Sie ist eine von 27 Geschichten und Gedichten, die gezeichnet und/oder geschrieben in einem Heft gebunden wurden. Der Titel, so schlicht wie die Aufmachung: »Geschichten – geschrieben von Kindern der Schule Friedrichstraße«. Zumal in Zeiten von PISA ist die Broschüre ein schöner Beleg für die sprichwörtliche Kreativität von Kindern, gleich aus welchem Kulturkreis sie abstammen. Und – die Kinder sind großzügig. Sie laden die Erwachsenen gerne ein zur Besichtigung ihres Reichtums, meist allerdings außerhalb der Schulmauern. Dass dies auch innerhalb der »Institution« (welch ein Wort für Schule!) stattfindet, ist als Kompliment der Kinder an die beteiligten Erwachsenen zu werten.

Tatsächlich hat die Schule Friedrichstraße seit 1985 einen rasanten Wandel durchgemacht. Damals hatte Jutta Warlies die Schulleitung übernommen. 1991 wurde die Schule als Integrierte Haupt- und Realschule genehmigt. Haupt- und Realschüler lernen in *einem* Klassenverband nach binnendifferenzierten Lehrangeboten. Anschließend setzt eine Kursgliederung ein, die leistungsstärkere Schülerinnen und Schüler zum Realschulabschluss führt, den Klassenverband in den Kernbereichen aber beibehält. 1995 wurde für die Klassen 1 bis 6 ein verbindlicher Ganztagsbetrieb eingeführt mit Unterrichtsveranstaltungen, Hausaufgabenhilfe und Freizeitangeboten bis 16.00 Uhr. Die Klassen 7 bis 10 können aus einer Vielzahl von Angeboten auswählen, was ihnen gefällt. Insgesamt bietet die Schule Platz für rund 380 Kinder und Jugendliche zwischen 5 und 18 Jahren. Neben einer Reihe von therapeutischen Fachleuten auf Honorarbasis, sind rund 40 Lehrkräfte, zwei Sekretärinnen und zwei Hausmeister fest angestellt. Zusätzlich verfügt die Schule über eine volle und zwei halbe Stellen für Sozialpädagogen, zwei 3/4 und zwei halbe Stellen für Erzieher/innen und vier Mitarbeiter/innen in der Küche. Mittagessen, für viele oft die einzige warme Mahlzeit am Tag, kostet 15 Euro im Monat, gibts für »die Kleinen« in den Klassenräumen. (Übungsfeld für [Aus-]Teilen, Helfen, Ordnen, Zähneputzen ...). Die Klassen 7 bis 10 gehen in die geräumige Cafeteria (im Grundschulgebäude) mit Blick auf die Elbe und den Hamburger Hafen.

So reizvoll diese Aussicht, so prekär ist das soziale Umfeld der Schule. St. Pauli ist dafür berühmt und berüchtigt. Jeder vierte Bewohner lebt von Sozialhilfe, die Arbeitslosigkeit ist überdurchschnittlich hoch, das Sozialklima ist aggressiv, aufgeladen, von Gewalttätigkeit geprägt. Dazu kommen rund 20 Millionen Touristen, die jährlich durch das Viertel ziehen und Berge von Müll hinterlassen. Wer den Kindern in diesem Quartier Chancen auf eine aussichtsreiche Zukunft einräumen will, braucht Kraft, einen langen Atem und muss breit ansetzen. Der innovative Elan, mit dem Schulleitung und Kollegium den inneren und äußeren Umbau der Schule vorangetrieben haben, hat sich gelohnt. Die Ganztagsschule St. Pauli zeichnet sich wahrlich nicht nur durch einen neuen Namen und eine gestylte äußere Erscheinung aus. Der eindrucksvollen Architektur entspricht ein vielfältiges und hochdifferenziertes Programm, das schulpädagogische und sozialpädagogische Maßnahmen und Angebote eng miteinander verzahnt. 20 Nationalitäten bevölkern die Schule. Interkulturelles Lernen und muttersprachlicher Unterricht in Türkisch und Romanés sind im Stundenplan verankert. Um die Förderung der Kinder möglichst umfassend zu sichern, greift die Schule neben ihren eigenen Kompetenzen oft auch auf freie Therapeuten zurück. 85 Prozent der Jugendlichen verlassen die Schule mit einem ordentlichen Schulabschluss. Nicht wenige wechseln nach der mittleren Reife in Oberstufenschulen.

»Es war gelungen, eine breite Koalition zu schließen gegen den fortschreitenden Verfall des Viertels«, erinnert sich die frühere Schulleiterin Jutta Warlies. Der Verfall äußerte sich vielfältig und bald ließ sich die Ignoranz der Etablierten gegenüber der Armut der übergroßen Mehrheit nicht mehr verbergen. Die Besetzung der Häuser in der Hafenstraße rückte den lokalen Konflikt ins Rampenlicht der bundesweiten Aufmerksamkeit. Die Proteste gegen den drohenden Abriss der Gründerzeitbauten auf dem zum »Filetstück« veredelten städtischen Boden hagelten aus allen Kreisen der Gesellschaft. »Die Frage war: Lassen wir es zu, dass die Hafenstraße plattgemacht wird oder nicht?«

Die Besetzung der Häuser war aber nur eine von zahlreichen Formen, mit denen die Leute ihren Protest ausdrückten. »Ich bin – vorher nicht und auch hinterher nie wieder – so vielen, so unterschiedlichen Menschen begegnet.«, erzählt Jutta Warlies und bekräftigt einen alten Hamburger Schnack: *Der Hafen gibt allen Unterschlupf.* »Es entstand eine Initiative gegen die Stigmatisierung der Besetzer (»Fürsorgezöglinge«) und gegen ihre Kriminalisierung. Es gab eine ganz breite Solidarität der Anwohner und Institutionen mit großen Teilen der Hamburger Bevölkerung, sonst wären ja auch nicht zwei Regierende (Bürgermeister) an der Lösung dieses Konflikts gescheitert.«[26]

Jutta Warlies gehörte zu den ersten Mitgliedern im »Hafenrandverein für selbstbestimmtes Leben und Wohnen auf St. Pauli e.V.« und avancierte schnell zur Sprecherin des Vereins. Unabhängig und selbstbewusst, weder parteilich gebunden noch institutionell: »Ich war damals immer eine gute Adresse. Für beide Seiten. Mir konn-

26 Klaus von Dohnanyi und Henning Voscherau.

te doch nichts passieren!«, begründet sie heute ihr Engagement und fügt hinzu: »Als Beamtin und Schulleiterin hat man auch besondere Aufgaben.« Ihrem diplomatischen Geschick verdankt die Schule heute unter anderem auch das elegante und funktionale Grundschulgebäude mit dem Logenblick auf den Hamburger Hafen und die hypermoderne Sporthalle am Ende der einst heiß umkämpften Hafenmeile. »Die Schule war beengt, und hier bot sich eine günstige Möglichkeit, sich auszudehnen.«

Entspannung ...

»Schule muss schmecken!«

Unter Jutta Warlies Regie wurde auch 1995 der muttersprachliche Unterricht in Romanés an der Schule Friedrichstraße eingeführt. Das allerdings war nur deshalb möglich, weil jemand bereitstand, diese Aufgabe zu übernehmen: Stefan Glowacki. »Ich bin Musiker und habe in Polen schon viel Zeit mit Musikunterricht für Kinder zugebracht. Schon mit 12 Jahren habe ich meine ersten Stücke komponiert.« Vielleicht sein größtes Werk hat er 2001 auf die Bühne gebracht mit dem Oratorium über den Holocaust an Roma und Sinti, das verschiedentlich aufgeführt und schließlich auch vom NDR in einer eindrucksvollen Aufzeichnung der Aufführung in der St. Petri Kirche in Lübeck ausgestrahlt wurde.[27] Auch hier spielt natürlich das Akkordeon von Stefan Glowacki alias *Stefan Romeyan* eine unverzichtbare Rolle. »Es

27 »Pempe, Albine und das ewige Leben der Roma und Sinti.«

ist aber weniger das Stück selbst als vielmehr die Art, wie man spielt, was die »Zigeunermusik« ausmacht. Der Ton muss fließen. Viel Farbe ist dabei, viel Fantasie. Musik ist nicht so direkt wie Sprache.«

... im Unterricht.

Das Akkordeon ist für Stefan Glowacki unersetzlich, sein Unterricht ohne Musik undenkbar. Kein Zufall, dass in seinem Klassenraum auch ein Veranstaltungsplakat hängt, das ein Konzert mit *Stefan Romeyan* ankündigt.

Stefan Glowacki ist reguläres Mitglied mit Sitz und Stimme im Kollegium der Schule Friedrichstraße. Ursprünglich kommt er aus Polen, deshalb unterscheidet sich sein Romanés sehr deutlich von dem seiner Schüler, die meist vom Balkan stammen, aus Serbien, Mazedonien, Albanien. Alle sprechen sie unterschiedliche Dialekte des Romanés. »Wenn wir eine Geschichte lesen, dann melden sich die Kinder immer wieder, weil sie ein Wort nicht verstehen. So ist die Praxis.« Trotzdem beharrt er auf dem Sprachunterricht, »... weil es einfacher ist, Deutsch zu lernen, wenn man sich in der eigenen Sprache gut auskennt«. Doch davon muss er die Eltern erstmal überzeugen, damit sie ihre Kinder in den Unterricht schicken. Oft genug erfährt er dabei, dass die Eltern nicht immer Wert darauf legen, dass ihre Kinder in den Romanés-Unterricht gehen. Manche fordern, die Kinder sollten lieber Deutsch lernen statt Romanés. Nicht selten muss er sich auch vorwerfen lassen, dass er nicht den richtigen Dialekt spricht: »Dann muss ich den halt lernen. Das gehört zu meinem Job dazu. Aber mit dem Lernen ist das wie mit dem Wald. Je tiefer man hineingeht, desto mehr Bäume findet man.« Dann wieder berichtet Stefan Glowacki von »starken Kindern, die trotz der Eltern kommen«.

In seinem Unterricht setzt er klare Prioritäten. »Mir ist es am wichtigsten, sagen zu können: Ich bin ein Rom oder ich bin eine Romni, eine Sintezza und ich kann genauso viel wie die anderen auch. Aber da ist die Frage: Kann ich als Rom auch bestehen in dieser Welt? Ganz normal sein, wie die anderen, ohne Angst zu haben? Und dann kommt es zu Gesprächen mit den Eltern, die immer Angst haben, es könnte ihren Kindern irgendwas in der Schule passieren.«

Stefan Glowacki versteht sich als »Wegweiser«. Seit 1995 Jahren ist er an der Schule Friedrichstraße fest angestellter Lehrer für muttersprachlichen Unterricht und er hat die Erfahrung gemacht, dass der Erfolg »... mit der Zeit kommt. Ich kann die Kinder ja nicht zwingen. Ich möchte ihnen nur Wege zeigen. Bildung ist ein Prozess. Das geht nicht sofort«. Auch im Lehrerzimmer hat es eine Weile gedauert, bis Stefan Glowacki die Anerkennung gefunden hat, die ihm heute entgegengebracht wird. »Der Anfang war sehr schwierig. Ich musste den Kollegen immer jede Kleinigkeit zeigen, alles erklären und immer wieder betonen, was für uns Roma alles wichtig ist. Das müssen wir hier wiederfinden. Schule muss ja auch schmecken.«

1998 sah er sich veranlasst, ein vorläufiges Resümee seiner Erfahrungen zu ziehen und seine Schlussfolgerungen in Form eines Briefes an seine Kolleginnen und Kollegen an der Schule Friedrichstraße zu richten.

Liebe Kolleginnen und Kollegen,

aufgrund mangelnder Leistungen einzelner Kinder wurde ich seitens der Schule gebeten, darauf hinzuwirken, dass die Eltern ihr Einverständnis für eine Überprüfung auf Förderschulbedürftigkeit geben. Mir wurde gesagt, dass die dazu erforderliche Unterschrift lediglich das Einverständnis für den Test – nicht aber für eine eventuelle Umschulung erklärt. Im Vertrauen auf meine diesbezügliche Information haben Eltern ihr Einverständnis mit dem Test per Unterschrift bekundet.
Tatsächlich ist bei den überprüften Kindern in der Regel ein erhöhter Förderbedarf festgestellt worden.
Nunmehr wurden die Kinder zur Förderschule umgemeldet – nach Auskunft der Eltern ohne deren Einverständnis. Einige Eltern fügen sich, wenn auch mit Schmerzen, in die Umschulung und schicken ihre Kinder mehr oder weniger regelmäßig zur Förderschule. Von anderen Familien weiß ich, dass sie ihren Kindern die Schmach und den weiteren Schulweg ersparen, und diese Kinder zu Hause behalten.
Entsprechend stellt sich die Frage, wem nützt eine festgestellte Förderschulbedürftigkeit, wenn sie von den »Bedürftigen« de facto nicht angenommen wird, bzw. auf Grund kulturspezifischer Gegebenheiten nicht angenommen werden kann?
Und für mich bedeutet diese Praxis, dass ich für die entsprechenden Eltern unglaubwürdig geworden bin. Sie sehen in mir nunmehr den verlängerten Arm der Schuladministration, der seine Vertrauensstellung missbraucht und sie zu einer Unterschrift veranlasst hat, deren Konsequenzen ihren Interessen entgegenstehen.
Die einzige Möglichkeit, den bereits entstandenen Schaden zu reparieren sehe ich darin, dem erhöhten Förderbedarf einzelner Roma-Kinder in den Räumlichkeiten unserer Schule Rechnung zu tragen. Sollte die Praxis der quasi »automatischen« Aussortierung leistungsschwacher Schüler zur Sonderschule beibehalten werden, ist absehbar, dass –

- dies für die Mehrzahl der betroffenen Kinder das Ende ihrer Schulkarriere bedeutet,
- ich für die Roma zunehmend unglaubwürdiger werde, und
- jene Kinder, die sich der Umschulung fügen, zwar in den Genuss der Förderung kommen, dafür aber auf Muttersprach- und Kulturunterricht verzichten müssen.

Um diese Kausalkette zu vermeiden, bitte ich alle in die betreffenden Vorgänge Involvierten, meinen Appell und die bisher geübte Praxis im Umgang mit leistungsschwachen Roma-Kindern zu überdenken und mitzuhelfen, Fördermaßnahmen zu initiieren, die den Bedürfnissen der Kinder und ihrer Eltern gerecht werden können. Ich bitte, diesbezüglich weiter zu bedenken, dass es nicht im Interesse der Gesellschaft liegen kann, wenn Kinder ihre Schulkarriere vorzeitig beenden, obwohl dies zu vermeiden gewesen wäre ...

Für den Fall, dass auch dieser Appell keine Änderung der geübten Praxis bewirken sollte, sehe ich eine der wichtigsten Grundlagen meiner Arbeit, das Vertrauen der Roma-Eltern in solchem Maße gefährdet, dass meine weitere Beschäftigung in der Schule zunehmend an Sinn verliert. Abgesehen von der Unterrichtung meiner Muttersprache sehe ich als Hauptziel meiner Arbeit die allumfassende Integration der Kinder meines Volkes in die Gesamtgesellschaft. Mit dem Ruf eines »Verräters« bzw. »Kollaborateurs mit der ungeliebten Administration« ist mir dies allerdings unmöglich.

Vielmehr wünsche ich mir eine enge und fruchtbare Zusammenarbeit mit allen Kollegen unseres Kollegiums zum Wohle der Kinder. Dies setzt allerdings voraus, dass die Kommunikation im Zusammenhang mit Entscheidungen bezüglich der Schulkarrieren von Roma-Kindern entscheidend verbessert werden muss. Mir ist bewusst, dass alle reichlich Arbeit und Sorgen haben, und manche Kollegin bzw. Kollege mein Ansinnen als Anmaßung, Zumutung oder Einmischung in ihre Kompetenzen empfinden mögen. Auch wenn ich dem pädagogischen Personal unserer Schule keine adäquate Qualifikation entgegenstellen kann, sehe ich mich doch in hohem Maße qualifiziert, im Zusammenhang mit den spezifischen Problemen der Menschen meines Volkes in der Konfrontation mit der Gesellschaft der Nicht-Roma (Gadje) vermittelnd tätig zu werden. Dies setzt allerdings voraus, dass eine Zusammenarbeit mit mir gewünscht und praktiziert wird.

Zu Ihrem Verständnis möchte ich darstellen, dass ich gegenwärtig »an drei Fronten kämpfe«:

- es ist äußerst mühsam, einzelne Eltern von der Sinnhaftigkeit des Schulbesuchs ihrer Kinder zu überzeugen,
- es ist gleichfalls mühsam, ohne vorhandenes Unterrichtsmaterial Lektionen und Materialien für den Muttersprachunterricht zu organisieren bzw. zu erstellen,
- besonders mühsam ist allerdings, im Kollegium Verständnis für die spezifischen Probleme der Kinder meines Volkes und meiner Arbeit in diesem Zusammenhang zu wecken.

In der Hoffnung auf bessere Zusammenarbeit danke ich allen, die die Geduld hatten, sich mit meinen Gedanken auseinander zu setzen ...

Mit freundlichen Grüßen
Stefan Glowacki

Dieser Brief ist ein Glied in einer ganzen Kette von Maßnahmen, Vereinbarungen und Grundsätzen, die an der Schule Friedrichstraße entwickelt wurden, um den Roma-Kindern den Zugang zur deutschen Schulbildung zu erleichtern. Entscheidende Voraussetzung für den sich abzeichnenden Erfolg der Bemühungen ist die auch unter dem neuen Leiter Gerald Pump vorherrschende Einsicht, dass es an der Schule ist, den ersten Schritt zu tun und auf die Kinder zuzugehen, anstatt zu erwarten, dass die Roma-Familien von alleine ihre Skepsis gegenüber der deutschen Schule überwinden.

Selbstkritisch räumt Gerald Pump ein, »... dass es uns noch nicht gelungen ist, junge Menschen auch dafür anzuerkennen, was außerhalb unseres Lehrplans liegt«. Als Beispiel dient ihm ein 16-jähriger Junge in der 9. Klasse, der jetzt von der Schule gegangen ist, nachdem seine Frau – gleichfalls eine Schülerin an der Schule Friedrichstraße – ein Baby bekommen hat. »Wir haben vereinbart, dass er nach einem Jahr wieder kommt und wir gemeinsam versuchen, dass er den Hauptschulabschluss schafft. Streng genommen aber muss er, wenn er tatsächlich wiederkommen sollte, das Jahr wiederholen. Welch ein Wahnsinn, denn was der Junge in seinem Babyjahr alles gelernt haben wird, gilt vor den Augen der Schulbehörde nichts. Wir müssen also dahin kommen, dass wir an der Schule auch Lebensleistungen anerkennen und bewerten, anstatt nur Lernleistungen.« Folgerichtig ist auch der größte Wunsch des Schulleiters ein Modellversuch, der die Stationen einer Bildungskarriere nach dem Bausteinprinzip beschreibt. Wer alle Bausteine erworben hat, bekommt den Schulabschluss, ungeachtet dessen, ob er/sie zwischendurch mal eine Auszeit in Form eines Babyjahres genommen hat oder nicht. »Wir müssen auch dazu kommen, die kulturelle Vielfalt, die die Schülerinnen und Schüler hier an der Schule repräsentieren, als Reichtum zu begreifen und nicht als Grund für angebliche Lerndefizite.«

Ein Lernziel sieht der Nachfolger von Jutta Warlies auf dem Schulleiterposten zum Beispiel in Realitätstüchtigkeit. »Wenn ein Schüler abends beizeiten ins Bett geht, weil er weiß, dass er morgen eine Arbeit schreibt, dann ist das doch ein Erfolg: Er lernt, Prioritäten zu setzen und sein Leben danach zu planen.«

Doch Gerald Pump ist kein Träumer. Er gesteht zu, dass die Institution Schule als Ganzes »wahrscheinlich zu schwerfällig« ist, um sich zielgenau auf die Lebensumstände und -bedürfnisse der Kinder und Jugendlichen einzustellen. Und doch gibt es Fortschritte: Eine Ganztagsschule ist beispielsweise besser in der Lage, der Sorge von Roma-Eltern um ihre Töchter Rechnung zu tragen, als eine Schule, die nur vormittags die Mädchen davor beschützen kann, »geklaut« zu werden. Die integrierte Haupt- und Realschule Friedrichstraße bietet also sowohl personell wie strukturell und inhaltlich Möglichkeiten, die vergleichsweise gut in der Lage sind, den höchst diffusen Erwartungen und Ängsten der Eltern gerecht zu werden.

Dennoch haben gerade Roma-Eltern aller Einsicht in die Nützlichkeit eines Schulabschlusses zum Trotz gute Gründe für ihr Misstrauen gegenüber den integrativen Bemühungen einer Institution, die – Ausnahmen wie die Ganztagsschule St. Pauli bestätigen diese Regel – üblicherweise die Sitten und Gebräuche der Roma und Sinti ignoriert und sich monokulturell an den Werten und Normen der Mehrheitsgesellschaft orientiert. Das beginnt damit, dass Schule als pädagogische Einrichtung für Roma und Sinti grundsätzlich fremd ist. In ihrer Kultur ist eine Trennung von familiärer Erziehung und schulischer Bildung nicht üblich. Der vom Konkurrenzdenken geprägte individuelle Wettbewerb, der in der modernen Industriegesellschaft in praktisch allen Lebensbereichen über Erfolg oder Misserfolg entscheidet und der auch die Bewertung schulischer Leistung zugrunde liegt, spielt in der Werteskala der Sinti und Roma kaum eine Rolle. Der Gedanke, durch Steigerung der eigenen Leistung die Mitschüler zu übertrumpfen, ist für Sinti- und Roma-Kinder nicht reizvoll. Sie lernen vielmehr, in ihrem Handeln und Verhalten immer auch an ihre Bezugsgruppe, an die Familie zu denken. In den Worten von Raiko Djuriç, des langjährigen Generalsekretärs der Roma-Weltorganisation Romani Union: »Wenn die Schule der Sinn des Lebens sein soll, müssten »Zigeunerkinder« den Sinn des Lebens anzweifeln.«

Mit dem Schuleintritt beginnt für jedes Kind ein Lebensabschnitt mit neuen Anforderungen an das Selbstbewusstsein und die eigene Leistungsfähigkeit. Das gilt in besonderem Maße für Sinti und Roma: Sie lernen – wie die anderen Kinder auch – der Schulpflicht zu genügen und den Lehrstoff zu beherrschen. Zusätzlich aber müssen sie Deutsch lernen und irgendwie den Spagat bewältigen zwischen ihren vertrauten Sitten und der Schule, in der sie keinerlei Anknüpfungspunkte finden für ihre Muttersprache, ihre Lebensweise, von der Geschichte ihres Volkes ganz zu schweigen. Vielmehr sehen sie sich häufig mit einem Klima konfrontiert, in dem Ablehnung und Vorurteile gegenüber den »Zigeunern« an der Tagesordnung sind.

Konkret

Seit der Fertigstellung des neuen Grundschulgebäudes hat auch Stefan Glowacki endlich ein »eigenes« Klassenzimmer für den Romanés-Unterricht, nicht übermäßig groß, aber licht und hell und mit rund 25 Quadratmetern durchaus angemessen für 10 bis 12 Kinder. Die Rückwand ist überwiegend von einer großen Weltkarte bedeckt, unter der auf zwei nebeneinander gestellten Schultischen die Dokumentationen verschiedener Unterrichtsprojekte ausgelegt sind; dazu jede Menge Roma- und Sinti-Literatur und Privatfotos, darunter auch die Kinder- und Jugendbilder von Stefan Glowacki selber. Daneben steht ein Schrank für Unterrichtsmaterialien. Auf der Schranktür das Plakat mit der Ankündigung von *Stefan Romeyan*. In der Ecke hinter einer Abseite verbirgt sich eine kleine Teeküche, perfekt eingerichtet mit Spüle, Kühlschrank und Geschirrspülmaschine. Rechts davon, an der Längswand zum Flur hängen in buntem Durcheinander gemalte Bilder der Kinder, Erinnerungsfotos, ein Plakat der Gruppe *Recht auf Asyl* (»Vertrieben, verfolgt, vergast! Keine Abschiebung!«), Lehrmaterialien und Tafeln mit Buchstaben in kyrillischer und in lateinischer Schrift; mittendrin eine große Wanduhr. Die obligatorische Tafel an der Stirnwand ist etwas kleiner als üblich und lässt neben sich noch Platz für liebevoll ausgeschnittene und angemalte Papierblumen. Der Raum wird aber geprägt durch die andere Längswand, die von der Decke bis zum Fußboden verglast ist und ebenerdig an das gepflasterte Ende der Hafenstraße anschließt. Ins Auge fallen die grün sprießenden Furchen zwischen den alten Basaltsteinen. Darüber fängt sich der Blick in den Hafenanlagen mit den Docks und den hoch aufragenden Ladekränen auf den Kais.

Wenn laut Stundenplan hier *Romanés* und in einem anderen Raum *Türkisch* stattfindet, dann kommen aus jedem Jahrgang die entsprechenden Kinder zusammen. Im muttersprachlichen Unterricht Romanés der Jahrgangsstufe 4 sind das zwischen 8 und 12 Schülerinnen und Schüler, die drei Stunden pro Woche bei Stefan Glowacki verbringen. Für sie ist er der »Kako« – ein »Onkel«, der überlieferte Begriff für einen erwachsenen Freund der Kinder, dem diese auch ihren Respekt zu erweisen haben.

Die Kultur der Roma und ihre Tradition, ihre Sitten und Gebräuche sind für Stefan ein zentrales Thema, das er bei jeder sich bietenden Gelegenheit aufgreift und im Unterricht bearbeitet. »Viele Leute, die nach Assimilation streben, halten die Tradition für überflüssig, gar für hinderlich. Aber für mich ist unsere Tradition die Basis für alles, für Disziplin, für Erziehung, für unsere Ethik, Religion, Kultur – alles: Sein oder Nichtsein!« Daher auch sein Künstlername: *Romeyan*. Musik ist für Stefan das ideale Medium, um auch das Lebensgefühl auszudrücken, das für ihn mit der Kultur seines Volkes untrennbar verbunden ist. Stefans Unterricht ist ohne Musik nicht denkbar. Ihm ist besonders an der Förderung der musischen Begabungen seiner Schüler gelegen. Dabei kommt es ihm darauf an, »... nicht nur nach der Vergrößerung des Wissens der Schüler zu streben, sondern auch nach der Gestaltung ihrer Charakter. In der Person eines Lehrers, der der eigenen ethnischen Gruppe angehört, werden stereotype Vorstellungen und tradierte Verhaltensmuster durchbrochen. Unter der Voraussetzung, dass ein solcher Lehrer die Akzeptanz der Schüler und der Eltern findet, ergibt sich eine für diese ethnische Gruppe neue Vorbildfunktion. Auf der Grundlage meiner eigenen Erfahrungen in der Kindheit, sowie durch intensive Auseinandersetzung mit der Problematik der Schulverweigerung und des Misserfolgs der Mehrheit der Roma-Kinder fühle ich mich qualifiziert, eine Brücke zwischen der Institution Schule und den Kindern meines Volkes zu bilden«.

Ein bis zwei Stunden vor seinem Unterricht kommt er in die Schule, um letzte Vorbereitungen zu treffen. »Ich weiß ja nicht, ob die Kinder gut gelaunt sind, ob sie gut geschlafen haben. Man weiß auch nie genau, welche Kinder heute da sind. Wo genau kommen sie her, vom Land, aus der Stadt. Das spielt immer eine Rolle bei der Frage, was könnte sie interessieren. Ich kann auch nicht alle Kinder in einen Korb nehmen. Ich muss jedes Kind da abholen, wo es steht. Dazu brauche ich Geduld, einen festen Willen und dann kann ich langsam vorwärts gehen.«

Die Tür geht auf, und mehrere Mädchen kommen herein. Es dauert ein Weilchen bis alle da sind, Kibarie kommt heute zu spät. Als auch sie endlich da ist, fehlt noch Seycan. »Sie kann nicht kommen«, berichtet Kibarie, »weil sie einen Tanz übt. Ich wollte eigentlich jetzt auch lieber tanzen«.

»Wir haben jetzt Romanés –« kontert Stefan »– da musst du erst fragen, ob das geht oder nicht«.

»Jaah –« säuselt Kibarie jetzt mit schmelzender Stimme »– darf ich??«

»Noch nicht, wir haben heute erst noch etwas anderes vor.« Freundlich aber bestimmt geleitet sie Stefan zu ihrem Platz. Jetzt sitzen alle: sechs Mädchen, Nurcan, Kibarie, Filiz, Seycan, Snezana, Verica und ein Junge, Tomas.

Stefan Glowacki stellt mich vor, und ich versuche zu erklären, warum ich über 500 Kilometer gefahren bin, nur um jetzt in dieser Klasse zu sitzen. Schließlich frage ich die Kinder nach ihrer Nationalität – »Oder seid ihr Roma?« – »Ja!«, antwortet Seycan unerschrocken, »... aber Zu Hause sprechen wir türkisch«. Snezana hat offenbar den Hintergedanken meiner Frage geahnt und setzt noch eins drauf: »Weißt du, oft wollen wir das nicht zugeben und ich sage dann, ich komme aus Mazedonien. Aber dann sagen sie doch: Du bist ein Scheißzigeuner und so.« Stefans Gesicht fängt förmlich an zu leuchten. Offensichtlich freut er sich über die Antworten seiner Schülerinnen.

Doch jetzt, nachdem die ersten 20 Minuten dem Gast gewidmet wurden, soll es endlich losgehen mit dem Thema für heute. Allerdings: Was ist ein Thema? Und wie spricht man es aus? Spricht man das H hinter dem T? »Aber –«, korrigiert sich Stefan sofort selber, »– wir haben ja heute kein Deutsch sondern Romanés«. Und er hebt ein Bild hoch mit Wolken – »Wie heißt das auf Romanés? – »O Bloko.« – »Richtig!« Die Kinder schreiben das Wort an die Tafel, jedes auf seine Weise. Anschließend wird besprochen, ob groß, ob klein, zusammen oder auseinander – jede Schreibweise wird ausgiebig gewürdigt, und in der Klasse entspinnt sich ein lebendiges Hin und Her zwischen Romanés und »deutschen« Zwischentönen wie »okay« – »ah ja« und »alles klar«.

Die Geschichte mit den Wolken wird fortgesetzt, bis sich Stefan einen Satz herauspickt und auffordert, ihn in Romanés zu übersetzen. Die Kinder antworten alle und sofort wird klar, wie sehr sich die einzelnen Dialekte im Romanés unterscheiden. Wieder wird jede Übersetzung an die Tafel geschrieben und besprochen. Ein lebhaftes Geschnatter erfüllt den Raum, immer wieder unüberhörbar durchdrungen von Stefan Glowackis Bass, der je nach Bedarf erstaunlich viel Druck in seine sonst so sanfte Stimme zu legen vermag. Das Gewirr der unterschiedlichen Klangfarben und Sprachmelodien hinterlässt im Ensemble den Eindruck eines letztlich doch wohl geregelten Chores.

»Stefan, warum hast du so viel Haare auf dem Arm?«, unterbricht Snezana unvermittelt. Ohne mit der Wimper zu zucken, antwortet der Lehrer: »Das ist nicht unser Thema.« Als dann Snezana – offenbar zufrieden mit der knappen Antwort – den fraglichen Satz in ihren Dialekt übersetzt, beginnen plötzlich rechts und links von ihr Seycan und Verica ein kleines Liedchen zu trällern. – »Hey !–«, fährt Stefan ihnen in die Parade: »Könnt ihr es nicht aushalten? Habt wohl heute schon zu viel Musik zu Hause gehört?« –

»Nehmen Sie das alles auf?«, fragt mich Seycan mit Blick auf das Mikrofon. – »Ja –«, antworte ich. »Aber du kannst ruhig du zu mir sagen. Ich sage ja auch du zu dir.« Seycan schaut mich verwundert an. »Nein, Roma-Kinder haben Respekt vor Erwachsenen.« – Und sie sind auffallend höflich. Als Nurcan vorzeitig ihre Tasche packt, weil sie weg muss, verabschiedet sie sich mit Handschlag von mir.

Der Arbeitstisch der Mädchen wird von emsigem Murmeln und Stöhnen beherrscht. Schritt für Schritt werden die Arbeitsblätter durchgeackert, nicht ohne sich wieder und wieder mit der Nachbarin zu vergleichen, abzusprechen. Gelegentlich fragt eins der Kinder: »Stefan, stimmt das so?« Sichtlich zufrieden über das Engagement seiner Schützlinge beugt er sich immer wieder herab, gibt Tipps, korrigiert, lobt und ermuntert alle, die fertig sind, ihr Blatt auch bunt zu verzieren und auszumalen. Tomas sitzt an der Stirnseite des Tisches tief gebeugt und ist konzentriert damit beschäftigt, den deutschen Text auch schriftlich ins Romanés zu übersetzen. Schließlich fordert ihn Stefan auf, vorzulesen, was er geschrieben hat. Mit leiser Stimme aber flüssig und fehlerfrei trägt Tomas seine Übersetzung vor.

»Wunderbar!« Das Lob seines Lehrers lässt seine Wangen flüchtig erröten.

»Was bedeutet dieses Zeichen?«, fragt Stefan Glowacki und zeigt mit dem Finger in das Heft von Kibarie. – »Weiß nicht«, antwortet diese. – »Ahh!«, richtet sich Stefan auf, und fragt mit hochgezogenen Brauen in die Runde: »Habt ihr gehört? – Dieses Zeichen bedeutet: »Weiß nicht.«« – Ein Schmunzeln geht durch den Raum; doch jetzt, nach 40 Minuten lässt die Konzentration spürbar nach. Umso durchdringender erhebt Stefan nochmals seine Stimme, um sicherzustellen, dass auch alle sieben die Lektion von heute mit einem gemeinsamen Ergebnis abschließen.

Giggelnd albert Filiz mit Seycan rum. »Seycan!« – dröhnt der Ordnungsruf des Lehrers durch den Raum, »Wir werden jetzt lesen. Filiz, schlage bitte das Buch auf. Seite 12. Die Geschichte eines Jungen aus Jugoslawien. Du fängst an und dann geht es mit Seycan weiter« –

Geboren in Mazedonien. Mein Vater hat dort das Brot ausgefahren, meine Mutter hat mit vielen Frauen auf den Feldern gearbeitet. Vor drei Jahren sind wir weggegangen wegen dem Krieg. Ich lebe mit drei Brüdern und meinen Eltern zusammen ... –

Seycan liest nicht ganz so flüssig, dafür wird ihr von Nachbarinnen immer wieder über die schwierigsten Hürden geholfen:

Am Anfang haben wir in einem Hotel auf der Reeperbahn gewohnt. Alle zusammen in einem Zimmer. Dort sind auch noch viele gute Freunde von mir. Dann haben wir eine Wohnung in Billbrook gesucht. Dort gefällt es mir besser.

Mit Verica beginnt eine zweite Geschichte:

Ich komme aus Mazedonien. Wir sind sechs Jahre in Deutschland. Meine Familie ist groß. Meine Tante wohnt in Stuttgart. Sie kommt in den Ferien immer zu uns. Mein Vater hat im Keller von einem Krankenhaus geputzt.[28] *Jetzt macht er das aber nicht mehr. Meine Mutter hat in Jugoslawien in einer Fabrik gearbeitet. Wir haben eine Au-fen-talts-genehmi ...* – Bei dem schwierigsten Wort in dem Text kommt gleich von mehreren Seiten phonetische Unterstützung.

Meine kurze Zwischenfrage – »Was ist das, eine Aufenthaltsgenehmigung?« – wird von den Kindern prompt und ohne zu stottern korrekt beantwortet. Derweil ist Nurcan schon am Ende der Geschichte angekommen

»*... In den Ferien fahren wir nach Mazedonien, aber wir werden zurückkommen.*«

28 Die Vorstellung, in einem Krankenhaus zu arbeiten ist für Sinti undenkbar!

Stefan richtet sich auf und verkündet mit ruhiger Stimme: »So jetzt haben wir gut gearbeitet, jetzt entspannen wir ein bisschen mit Musik.« Er greift hinter sich, holt das Akkordeon aus dem Koffer und langt in die Tasten. Schon nach wenigen Takten hat der Rhythmus die ganze Klasse erfasst. Ein Volkslied, das in immer schnelleren Wiederholungen eine furiose Zäsur zwischen die Schreibtischarbeit und das letzte Drittel der Doppelstunde setzt. Eigentlich wollten die Kinder raus, aber jetzt, mit dem Akkordeon hat Stefan sie alle gebannt. Mit blitzenden Augen und breitem Grinsen wird die ganze Palette bekannter Songs durchgespielt Von »*A – B – C – D – E – F – Gee, lernen tut nicht weh* ...«, über *Frère Jâcques* auf Romanés bis – »Ach Stefan, spiel doch mal wieder die *Kobra*.« – ein mazedonisches Volkslied. Und plötzlich können sich Seycan und Nurcan nicht mehr halten. Anfänglich noch etwas schamhaft kichernd wiegen sie ihre Hüften tanzen sich aber schnell frei und liefern eine beeindruckende Vorstellung ihrer Bauchtanzkunst.

Ganztagsschule St. Pauli: Schule schmeckt

Natürlich dominieren die Mädchen die Szene, nicht nur weil sie zu sechst sind. Auch vom Temperament her. Etwas abseits lehnt Tomas an einem Schultisch und beobachtet aufmerksam und sichtlich amüsiert die Szene.

Die Eltern

Sie sind am Anfang misstrauisch. Und irgendwann kommt die Frage an Stefan Glowacki: »Bist du ein Rom?« – Ein Rom, angestellt in einer deutschen Schule –? Das passt nicht ins Bild. Vielleicht ist er ein Verräter, ein Judas?

»Ich muss ihnen zeigen, dass ich auf ihrer Seite stehe. Ich nehme mir also Sachen, die ich zusammen mit den Kindern gemacht habe, zeige sie den Eltern und erzähle, wie und wofür wir das gebastelt, geschrieben, gemalt haben. Und ich versuche zu begründen, warum es gut ist, wenn die Kinder die deutsche Sprache lernen.«

Ein Widerspruch, wo er doch vor allem dazu da ist, mit den Kindern muttersprachlichen Unterricht in Romanés zu veranstalten? Nicht für Stefan: »Ich denke, dass es leichter ist, andere Sprachen zu lernen, wenn man sich in der eigenen Sprache gut auskennt.«

Die Reaktion der Eltern ist unterschiedlich, je nachdem woher sie kommen und welche Berufe sie ausüben. »Wenn jemand alles abblockt und darauf beharrt, sich nur in seinem Dialekt zu verständigen, dann wird es für mich kompliziert. Wenn jemand viel von der Welt weiß, vielleicht weil er viel gereist ist, dann ist die Chance größer, dass ich in solchen Leuten Partner für mich finde.«

Tatsächlich haben manche so große Scheu, sich als Roma zu bekennen, dass sie umziehen, wenn sie brieflich aufgefordert werden, ihre Kinder zur Schule zu schicken. Der Romanés-Unterricht in der Schule Friedrichstraße würde ja ihre Herkunft offenbaren. Diese Eltern vertreten offensiv die Meinung, ihre Kinder sollten in der Schule Deutsch lernen. Wenn sie – ohnehin als Ausländer bekannt auch noch als »Zigeuner« denunziert werden, fürchten diese Eltern um den letzten Rest ihrer Selbstachtung.

Doch Stefan Glowacki lässt sich nicht irritieren. Ausführlich redet er mit ihnen. »Irgendwann dann kommen die Eltern und gucken in meiner Klasse, was ich den Kindern erzähle. Dabei kommt es mir, wie gesagt, besonders darauf an, was *früher* war mit unserem Volk. Ich möchte gerne die alten Erfahrungen bewahren, aber auch neue Wege gehen. Wenn die Eltern sich darauf einlassen, dann wird es für mich interessant.« – denn dann kommt das Gespräch oft unversehens auch auf Themen wie »gleiche Rechte, gleiche Chancen« und Fragen der eigenen Identität.

Sie zu stärken ist Stefan Glowackis Anliegen vor allem! Lesen, schreiben und rechnen können steigern nicht automatisch das Selbstbewusstsein. Analphabetismus ist in der Roma-Gesellschaft keine Schande. Aber Lesen, Schreiben und Rechnen sind wichtige Voraussetzungen; in den Worten von Stefan Glowacki: »Mittel zum Zweck.« Wers kann, kommt weiter, wers nicht kann, hat es erst recht schwer.

»Deshalb finde ich es so wichtig, dass die Kinder nicht auf die Sonderschule abgeschoben werden, sondern an der Regelschule bleiben, wo man selbstverständlich davon ausgeht, dass die Kinder diese Instrumente beherrschen.«

Es ist auch eine Frage des menschenwürdigen Umgangs, denn wie in der Mehrheitsgesellschaft gilt auch unter vielen Roma die Sonderschule als »Schule für die Dummen«, die am untersten Ende der sozialen Hackordnung stehen. Wenn Roma-

Kinder, die sich in der Familie absolut normal verhalten und den Erwartungen der Eltern und Verwandten durchaus entsprechen, von der Regel- auf die Sonderschule versetzt werden, empfinden das viele Roma-Eltern als beschämend. Stefan Glowacki: »Es widerspricht dem eigenen Ehrgefühl und ist der Verwandtschaft gegenüber kaum zu vertreten, sich dieser Schmach auszusetzen.« – Mit der Konsequenz, dass die Eltern ihrem Kind den Schulbesuch freistellen. Mädchen sind nach der Auffassung sehr vieler Roma-Eltern sowieso zu Hause besser, weil sicherer aufgehoben; im Übrigen ist für Mädchen »Haushaltsführung« ohnehin Lehrfach im Erziehungsprogramm der Roma.

Die Abschiebung von Roma-Kindern in die Sonderschule ist für Stefan Glowacki auch dann nicht zu rechtfertigen, wenn es sich um offensichtlich lernschwache Schülerinnen oder Schüler handelt. Gerade diesen müsse man den Rücken stärken, denn nur wer Selbstvertrauen hat, ist in der Lage zu lernen. »Dazu muss man mit der eigenen Tradition vertraut sein. Unsere Kultur ist der Fußboden, auf dem wir stehen. Wenn diese Basis fehlt, kehren Unsicherheit und Angst ein. Und das sind schlechte Ratgeber.«

Der Ausschluss der Kinder aus der Regelschule und ihre Einweisung in die Sonder- bzw. Förderschule löst die Bildungsprobleme nicht, sondern verlagert sie nur. – Eine Einsicht, die schon lange die »Politik« der Schule Friedrichstraße in dieser Frage bestimmt.

Wer es also ernst meint mit der Integration der Roma, muss zunächst ihr Selbstbewusstsein stärken. Das kann bei den Kindern nicht gelingen, solange die Schule gezielt ihre Bildungslücken aufgreift. Die Chancen, diese Defizite aufzuholen sind größer, wenn der Unterricht bei Themen ansetzt, die Schülerinnen und Schüler vertraut sind und Aufgaben stellt, die aufgrund der vorhandenen Kompetenzen lösbar sind. Dazu gehören alle Erfahrungen aus dem Familienkreis, und seien es Geschichten, wie die von Mala, die an einem Waldrand kampiert.

Wir kriechen langsam von unserem Schlaflager und ziehen unsere von der Sonne ausgebleichten Hosen an. Meine kleine Schwester Mala war bereits auf den Beinen. Im riesigen Krug hatte sie schon Wasser vom Bach, der nebenan vorbeifloss, geholt. Nun sang sie vor sich hin, bis wir alle der Reihe nach kommen würden um unsere verschwitzten Hände und Gesichter zu waschen, die von der Sonne noch stärker aufgeheizt waren, wie Semmeln im Backofen. Mala war ein »wandernder Wasserhahn«. So habe ich sie aus Spaß genannt. Das Gießen war ihre Arbeit und gehörte zu ihren täglichen morgendlichen Pflichten, denen sie ordentlich nachkommen musste, sonst würden Vater und Mutter gehörig schimpfen. Als erster in der Runde marschierte Vater zum Waschen, denn er ist ein Mann, weswegen er in unserer Gesellschaft für wichtiger gehalten wird als eine Frau, dann kam mein Bruder dran, ich und dann Mama. Als allerletzte wusch sich Mala. Die ärmste musste sich selbst irgendwie helfen. Also nahm sie den Mund voller Wasser und spritzte sich in die Hände. Das tat sie so oft, bis sie glänzte wie ein sauberes Glas unter dem hellblauen Hut des Himmels.

»Solche Geschichte erzählen von unseren Wurzeln. Das ist eben meistens schon alles vergessen. Genauso wie die Berufe, die es früher gab, Instrumentenbauer zum Beispiel. Die Kinder fragen dann oft, ob das wahr ist, denn zu Hause hätten sie gehört, dass sie immer schon in Häusern gelebt hätten. Wenn man weiß, wo man herkommt, dann kann man mit dem Neuen besser umgehen. Das Alte sollte man behalten. Aber man muss eben einen Weg finden, wie man das ohne Stress haben kann.«

Allerdings ist Roma-Schulkindern nicht allein damit gedient, dass Geschichten wie die von Mala ins Lesebuch aufgenommen werden. Notwendig ist vielmehr die »leibhaftige« Repräsentanz der Roma-Kultur in der Schule. Für Roma-Kinder heißt das: ohne die »eigenen« Leute geht es nicht. Erst der zwischenmenschliche Kontakt schafft Vertrauen und die Sicherheit, verstanden zu werden. Eine Geschichte auf dem Papier, und sei sie noch so authentisch, ersetzt nicht die direkte Kommunikation. Mit anderen Worten: Schule schmeckt erst dann, wenn auch der Koch persönlich mit am Tisch sitzt.

Zum Schluss

Es soll nicht verschwiegen werden, dass im Sommer 2003 unter der Amtsführung des Nachfolgers von Rosemarie Raab – Schulsenator Rudolf Lange – Helga Büchel von der Förderung nicht deutscher Schülerinnen und Schüler entbunden wurde. Ihre Aufgaben wurden auf mehrere andere Referate verteilt. Die Konsequenzen dieses Schrittes sind noch nicht absehbar.

Vorläufig wird das Hamburger Modell von einem losen Netzwerk gesichert, das allerdings die beständige Aufmerksamkeit und aktive Mitwirkung der Beteiligten fordert. Wie erwähnt spielen hier die regionalen Beratungs- und Unterstützungsstellen (REBUS) eine wichtige Rolle. Die Erfahrungen aus den jeweils beteiligten Schulen werden in regelmäßigen Abständen ausgetauscht; vergleichbar den allmonatlichen Treffen der Roma-Schulsozialarbeiter untereinander. Inzwischen ist es auch zweimal gelungen, alle mit Roma- und Sinti-Fragen befassten REBUS-Mitarbeiter/innen mit den Roma-Schulsozialarbeitern zu versammeln mit dem Ziel, gemeinsam Materialien für die Fortbildung zu Fragen der Methodik und Didaktik der Schriftsprache zu entwickeln.[29]

So gibt es (noch) keinen unmittelbaren Grund, die Versetzung Helga Büchels auf eine »Parkbank« (Expertenjargon) politisch zu bewerten. Die Frage, ob Schule in Zukunft auch Kindern nicht deutscher Herkunft noch schmecken wird, lässt sich zumindest im Schuljahr 2003/2004 nicht eindeutig beantworten. Für die Befürchtung, dass die Behördenspitze Stellen streichen will gibt es (noch) keine Anzeichen. Es ist auch unwahrscheinlich, will sie sich nicht massiven Ärger mit Schulleitungen einhandeln, die immer weniger Zweifel daran lassen, dass sie die Mediatoren für die

29 Fortbildung Methodik und Didaktik der Schriftsprache Roma-Schülerinnen und -Schüler. Brunhilde Krühler (Tel.: 040/452290).

schulische Förderung und soziale Integration von Roma-Kindern dringend brauchen. Tatsächlich gehören die Schulleiter, die die Mitarbeit der Roma-Schulsozialarbeiter zu schätzen gelernt haben, heute zu den engagiertesten Vertretern des Hamburger Modells. Offenbar hat sich diese Erfahrung auch rumgesprochen, denn in den ersten drei Monaten des Schuljahres 2003/2004 sind bereits vier Bedarfsmeldungen von Schulen eingegangen, an denen bisher noch keine Roma-Schulsozialarbeiter tätig waren. Diese Anfragen wurden im Landesinstitut bekannt, wo es Mareile Krause gelungen ist – »Obwohl nicht mehr zuständig, fühle ich mich angesprochen und helfe ehrenamtlich, wo immer ich kann.« – erforderliche Honorarmittel locker zu machen. Auf diese Weise konnte auch für das Schuljahr 2003/2004 das Vorjahresbudget mit 10.000 Euro zur Finanzierung von Roma-Schulsozialarbeit auf Honorarbasis gesichert werden. »Zum Glück hängt die Arbeit schon lange nicht mehr nur an einer Person, sonst wären wir heute nicht da, wo wir sind.«

»Wir können viel mehr, als wir bisher erreicht haben«

Sami Dzemailovski

Zu Gast in einer Roma-Familie

»In erster Linie bin ich Rom. Man kann aus seiner Haut nicht raus. Ich *will* auch nicht verleugnen, wer ich bin –«, und dann schränkt er doch ein: »– wenigstens nicht gegenüber den Leuten, die ich schätze«. Sami Dzemailovski, stolzer Vater von zwei Söhnen, in Düsseldorf verheiratet mit Ibadet, einer Romni aus Kavadarci in Mazedonien, ist mazedonischer Staatsangehörigkeit. Er spricht fließend Deutsch, schlägt sich gelegentlich mit Dolmetscherdiensten durchs Leben und hat bis vor kurzem als sozialpädagogischer Betreuer ein über zwei Jahre laufendes EU-Projekt (»Integra«) zur beruflichen Orientierung und Bildung junger Roma begleitet.[30]

30 »Durch ein Theater- und Medienprojekt erhalten junge Roma Motivation und Berufsorientierung. Ihnen werden Kenntnisse und Fähigkeiten von Medienberufen und kulturschaffenden Berufen vermittelt. Ziel ist die Eingliederung in Ausbildung und Arbeitsmarkt.«

Der Träger des Projekts, die »Regionale Arbeitsstelle für Ausländerfragen« in Düsseldorf hat inzwischen mit seiner Hilfe ein Anschlussprojekt entwickelt, das gleichfalls auf der 1989 von den Bildungsministern der EU verabredeten »Entschließung zur schulischen Betreuung von Kindern von Sinti und Roma und Fahrenden«[31] fußt und dazu beitragen soll, die Bildungschancen von »Zigeuner«-Kindern zu verbessern. Mit seinem Erfahrungshintergrund, seinen Sprachkenntnissen und seinen zahlreichen Beziehungen in die Roma-Szene in Düsseldorf und Umgebung ist Sami Dzemailovski eine der ganz wichtigen Bezugspersonen der RAA Düsseldorf. »Ihn wollen wir unbedingt halten«, bekräftigt die Leiterin Ingeborg Barnikol-Demirok in der Hoffnung, die Finanzierung für das Modellprojekt aus Mitteln von Stadt, Land und EU sichern zu können. Wenn das gelingt, hat Sami seinen Traumjob als interkultureller Verbindungsmann zwischen den pädagogischen Mitarbeitern des Projektes und den Lehrerinnen und Lehrern der beteiligten Schulen gefunden. Der Job hätte zudem für Sami eine existenzielle Komponente. Damit würde er die Bedingung der Ausländerbehörde für seine Arbeitsgenehmigung und Aufenthaltsberechtigung erfüllen, innerhalb eines Jahres eine Anstellung zu finden.

»... auch als Zigeuner ein ganz normaler Mensch?«

Um diesen Druck endlich abzuschütteln, würde Sami fast jede Stellung akzeptieren. Er wäre nicht der erste akademisch gebildete »Zigeuner«, der als Putzmann arbeitet. Die Chance, auch beruflich zur Stabilisierung des Selbstbewusstseins seines Volkes

31 Vom 22.5.1989 lt. Amtsblatt der Europäischen Gemeinschaften Nr. C 153/3 vom 21.6.1989 (s. Anhang).

und seiner Identität beizutragen, lockt ihn ganz besonders. Er träumt davon, endlich »auch als Zigeuner ein ganz normaler Mensch« sein zu dürfen. Sicher, auch mit dem Staat Jugoslawien hat er sich früher identifiziert; – auch heute noch, wie angesichts seiner Freude über den jugoslawischen Europameistertitel im Basketball deutlich wird. »Jeder Mensch will sich irgendwo zugehörig fühlen!« – Aber bietet Restjugoslawien nicht viel, geschweige denn, dass das zerrissene Mazedonien etwas vorzuweisen hätte, woran dem familiär orientierten Sami auch gelegen ist: »Man will ja auch in Schutz genommen werden und sich geborgen fühlen.« Während er das sagt, lächelt er und fügt hinzu: »Ja, ich habe die mazedonische Staatsbürgerschaft und ich fühle mich auch wohl in Mazedonien. Ich mag das Land, ich mag meine Nachbarn, meine Freunde, aber in erster Linie bin ich ein Rom. Und selbst wenn ich es vergessen sollte: es gibt genügend Gelegenheiten, wo ich zu spüren bekomme, dass ich ein Zigeuner bin.«

Die Eltern Dzemailovski

»Nimm dir Milch und Zucker, dann tu ich das weg. Es ist sonst zu eng hier.« Tatsächlich ist auf dem kleinen Küchentisch neben zwei Frühstückstellern, Tassen und Besteck kaum noch Platz. Doch jetzt stellt Sami noch einen Teller mit Aufschnitt, einen mit Käse und noch einen dritten mit geschnittenen Tomaten, Gurken und Zwiebeln dazu. Liebevoll faltet er eine Papierserviette in den kleinen Korb, bevor er die Brötchen hineinlegt. Der Brotkorb aber passt nun wirklich nicht mehr dazwischen und wird in Reichweite auf der Arbeitsplatte geparkt.

»Für die Gäste gibt es immer noch was!« – Am Abend erzählt Samis Frau Ibadet aus ihrer mazedonischen Heimat, wo längst flächendeckend nackte Armut grassiert. »Im Sommer ist es nicht so schlimm, da gibt es immer und überall Tomaten, Paprika und Gurken. Und dann noch Schafskäse und Brot – das reicht eigentlich. Aber im Winter –« Sie vollendet den Satz nicht. Jedenfalls sei es in der Zeit nach Tito immer weiter bergab gegangen. Und als hätte sie die Nachfrage vorausgeahnt, fügt sie hinzu: Nein, das sei keine nostalgische Verklärung der Vergangenheit. Allerdings hätten unter Tito die meisten Arbeit gehabt und damit die Chance, ihre Familien aus eigener Kraft satt zu machen. »Ich würde am liebsten allen helfen, meinem ganzen Volk!« Mit einem Seufzer erhebt sich Ibadet und verschwindet im Kinderzimmer, um die beiden Buben zur Ruhe zu bringen.

Das Wochenende ist vorbei und morgen früh ist wieder Schule. Emil geht in die 2. Klasse, Jasar dagegen hat im letzten Herbst im Gymnasium begonnen. Mittags treffen sich die beiden im Hort wieder. Dort machen sie auch ihre Hausaufgaben und spielen noch mit Freunden bis gegen 16.00 Uhr der Opa kommt und die beiden abholt. Ihn lieben die Enkel uneingeschränkt, im Unterschied zur Oma. »Die ist oft so streng!«

Sicher ist es auch die gute Erinnerung an seine eigenen Großeltern, die Sami die Hilfe seiner Eltern gerne annehmen lässt. »Es war eine schöne Zeit, als ich klein war. Ich konnte eigentlich alles machen; – naja so als erster Enkel: Urgroßvater hat mich immer beschützt.« Er hält kurz inne, dann geht noch einmal ein flüchtiges Lächeln über sein Gesicht – »Ja, war ne schöne Zeit. Ich habe mich immer gefreut, wenn viele Leute kamen, all die Verwandten und Tanten und Onkels – weil unser Haus war der Zentralpunkt, das Sammellager der Familie. Da haben wir uns getroffen. Da haben wir gemeinsam gefeiert.«

Die Familie – Festsaal und Schutzraum – Inbegriff für das Leben in der vertrauten Gruppe, für den alltäglichen Umgang mit Menschen, derer man sich sicher sein kann, sicher vor jeglicher Herabsetzung und Diskriminierung. Mit dem Tod der Urgroßeltern zerbröckelte der Verband. Samis Vater ging 1970 als »Gastarbeiter« nach Deutschland. Ihm folgte ein Jahr später auch seine Mutter. Die Kinder wurden auf die Großeltern verteilt. Sami landete bei der Großmutter in Veles, wo er türkisch lernte. Romanés wurde (und wird) in Veles – wenn überhaupt – nur hinter vorgehaltener Hand gesprochen, weil sich die Roma als Türken ausgeben, um auf diese Weise rassistischer Diskriminierung zu entgehen.

Nach der Grundschulzeit zog Sami dann zu seinen Eltern nach Düsseldorf. Mit dem Hauptschulabschluss in der Tasche kehrte er nach Veles zurück und besuchte dort das Gymnasium. Nach dem Abitur und dem obligatorischen Wehrdienst studierte er in Skopje Germanistik. Der größte Teil seiner Familie lebte bereits in Deutschland, als die separatistische Politik Milosevics auch in Mazedonien zu merklichen Erschütterungen führte. Die Angst vor dem Krieg und eine unglückliche Liebe bewegten Sami dazu, Mazedonien wieder den Rücken zu kehren. »Damit hatte ich dann dieses Problem erledigt und die Trennung hinter mir.« 1989 kam er wieder nach Düsseldorf und studierte in Köln Politikwissenschaft und Geschichte. Nach seiner Heirat mit Ibadet 1992 brach er das Studium ab. »Die Kinder kamen, und ich musste ja meine Familie irgendwie ernähren. Das war nicht einfach, alles unter ein Dach zu bringen.«

Sami Dzemailovski sieht rückblickend eine besondere Qualität des *Integra*-Projektes mit dem Roma-Theater Pralipe (»Integration durch Kommunikation«), dass daran wirklich nur Roma beteiligt waren: vom Bühnenarbeiter über die Schauspieler, Musiker und Techniker bis hin zum Regisseur – »alle!«

Die meisten Roma hier in Deutschland leben quasi inkognito, tarnen ihren kulturellen Hintergrund und geben sich als Jugoslawen, Türken oder Albaner aus. Das lernen sie schon im Kindergarten. »Bei meinen Kindern ist das nicht anders. Und das hat auch seine Gründe: weil ich meine Kinder schützen will.« Für seine Kinder ist Sami nichts zu schade. Für sie hat er (fast) immer Zeit, »damit es ihnen gut geht!« Wenn sie schon ihre wahre Abstammung verheimlichen, will er ihnen wenigstens eine Art Äquivalent bieten. Auf alle Fälle aber sollen sie die Schule erfolgreich hinter sich bringen, damit sie eine Berufsausbildung anfangen können – und mit Blick auf die eigene Biografie fügt er hinzu: »– und abschließen, eine gute Karriere machen und einen guten Job finden.«

Als Voraussetzung dafür wünscht sich Sami Dzemailovski für sein Volk Kraft und den Mut zu einem selbstbewussten Bekenntnis zur eigenen Kultur. Seine beiden Söhne – so fürchtet er – sind dafür vielleicht noch zu schwach: »Als Vater habe ich Angst um meine Kinder. Aber das ist wohl Blödsinn! Denn wenn ich nachdenke, merke ich, die sind auch stark. Bei Jasar sind mindestens noch drei Roma-Kinder in der Klasse. Der eine ist Albaner, der andere ist Serbe, der dritte ist Bosniake – Ich erkenne das am Namen, ich sehe die Eltern, ich sehe als was sie sich ausgeben. Zum Beispiel eine Familie aus dem Kosovo: Sie sagen, sie kommen aus Jugoslawien. Sie sind in der Hautfarbe sehr dunkel und sprechen zu Hause Albanisch – da kann irgendetwas nicht stimmen. Oder bei mir in der Jugendgruppe in der Schule sagt einer, er komme aus Mazedonien, spricht aber kein Wort Mazedonisch. Daraufhin habe ich ihn auf Romanés angesprochen, und er antwortete mir in Romanés. Ich erkenne meine Leute. Es ist wahrscheinlich so wie bei den Deutschen im Urlaub. Da erkennen sie sich auch gegenseitig – an den Sandalen bestimmt.«

Seine Vorstellungen von der Zukunft unterscheidet er klar in private Wünsche und gesellschaftliche Ziele. Die Aussicht, als Vermittler zwischen den Kulturen in ein neues RAA-Bildungsprojekt eingebunden zu werden, hätte die beiden Hauptinteressen von Sami Dzemailovski wieder verknüpfen können, doch das Projekt wurde mangels Finanzierungsaussicht erstmal auf Eis gelegt. Deshalb steht die Jobsuche im Augenblick als wichtigster Punkt auf der Tagesordnung:

»Ich muss meine Familie ernähren. – In Punkto Roma tut sich viel zu wenig. Wir haben so viel verpasst. Wir sind nirgendwo vertreten, wir müssen so viel aufholen. Ich versuche, da etwas zu machen und werde das wahrscheinlich auch mein ganzes Leben lang weiter versuchen ...«

Nicht ohne Erfolg. Zahlreiche Initiativen zeugen von seinem beharrlichen Bemühen, die interkulturelle Verständigung zwischen den Roma und der Mehrheitsgesellschaft voranzubringen. Ein wichtiges Instrument dazu ist »Carmen e.V.«, ein Verein der sich die Verbesserung des Images der Roma in Düsseldorf zum Ziel gesetzt hat. Ein greifbares Ergebnis der Vereinsarbeit ist die deutschlandweit erste Moschee einer moslemischen Roma-Gemeinde.

»Damit haben wir jetzt einen festen Bezugspunkt. Das ist ein kleiner Erfolg – übrigens auch ein Ergebnis unserer Zusammenarbeit mit dem Roma-Theater Pralipe. Zu unseren Anliegen gehört aber auch, dass wir öffentlich darüber reden können, wer wir sind, woher wir kommen. Wir wollen deutlich machen, dass wir normal arbeiten, dass wir nicht in Wohnwagen rumfahren, sondern in festen Wohnungen leben – wir wollen den wahren Rom zeigen und nicht Stereotype wiederholen. Wir wollen zeigen, dass es schon lange Roma in Düsseldorf gibt, als Handwerker und Hilfsarbeiter – als ganz »normale« Menschen jedenfalls.«

Der Vater und seine Söhne

Sami Dzemailovski beschränkt sich nicht nur auf Pläne und Ideen, sondern engagiert sich auch praktisch, zum Beispiel als Fußballtrainer[32] einer interkulturellen Jugendmannschaft. »Ich wäre selbst gerne Sportler geworden.« Er liebäugelt seit langem mit dem Projekt einer Roma-Zeitschrift, die er gerne gemeinsam mit Freunden[33] herausgeben möchte. In dieser Zeitung mit dem programmatischen Titel

32 In seiner ihm typischen Bescheidenheit korrigiert Sami: »Geschäftsführer im Verein trifft eher zu.«
33 Mitarbeiter/innen der RAA Berlin.

»Dzangavdipe« (»Aufwachen«)[34] soll in zwei Sprachen (Deutsch und Romanés) »unser Leben dargestellt und unsere Themen diskutiert werden«. Die Zeitung soll in der Druckerei hergestellt werden, in der Selim Dalipi arbeitet, einer der jungen Männer, die er einst für das Theater-Projekt geworben und über zweieinhalb Jahre lang begleitet hatte.

Die Zeitung wird dann auch ausreichend Gelegenheit bieten, an konkreten Beispielen die existenzielle Bedeutung eines Schulabschlusses zu erörtern. Außerdem könne man im Zusammenhang mit den Schlussfolgerungen aus dem Theater-Projekt zur Berufsfindung junger Roma feststellen, wie wichtig es sei, die Kinder möglichst früh in die Schule zu schicken; denn das einzige wirkliche Problem der Theaterspieler sei ihr Alter gewesen.

»Man kann viel bewegen, aber man sollte anfangen, wenn die Jugendlichen jünger sind. Es ist sicher nie zu spät, aber man sollte früher, in der Grundschule schon anfangen, das Selbstbewusstsein der Kinder zu stärken.«

In Jugoslawien früher, erinnert sich Sami, war Schule selbstverständlich. Schule war Pflicht, für Roma genauso wie für alle anderen Kinder. Und das müsse auch hier in Deutschland gelten, für die Behörden sowieso, aber auch für die Eltern:

»Die Kinder müssen in die Schule. Viele Roma aber denken: »Ja gut, die Kinder müssen zwar in die Schule, aber es reicht, wenn sie das Mindeste erreichen.« Nein, das reicht eben nicht! Wir müssten das Höchste wollen. Wir können viel mehr, als wir bisher erreicht haben. Unsere Kinder sind ja nicht dümmer als die anderen. Nur es fehlt halt an der entsprechenden Förderung, auch zu Hause. Das hat verschiedene Gründe: Viele Eltern haben nicht die Zeit, weil sie arbeiten müssen, weil sie die Sprache nicht gut beherrschen und mit der deutschen Rechtschreibung ihre Probleme haben etc. – Ich kann mich nicht damit zufrieden geben, dass viele Menschen nur das Wenigste von ihren Kindern fordern, sondern die müssen mehr wollen. Und es muss Beratungsangebote geben, damit die Eltern überhaupt erfahren, wie das deutsche Bildungssystem aufgebaut ist. Damit sie sich Gedanken machen können, welches der richtige Weg für ihre Kinder ist. Das wissen viele nicht.«

Und folgerichtig könnte eine solche Erläuterung über die verschiedenen Wege durch das deutsche Bildungssystem auch Thema einer Ausgabe der Zeitschrift »Dzangavdipe« sein. Genauso gut eigne sich auch Sprache als ein weiteres zentrales Thema. Aber auch für die kontroverse Diskussion um den Umgang mit der Sprache der Roma und Sinti, mit Romanés biete die Zeitung ein ideales Forum. Sami Dzemailovski plädiert dringend dafür, auch die muttersprachliche Kompetenz durch entsprechenden Unterricht in der Schule zu fördern, um das Selbstwertgefühl der Roma-Kinder zu stärken. »Wenn die Kinder sehen, dass Romanés genauso viel gilt, wie andere Sprachen, dann haben sie auch nicht so sehr das Gefühl, weniger wert zu sein als die anderen Kinder.«

Sami möchte gerne, dass auch seine Kinder Romanés perfekt beherrschen. Allerdings wäre dann Ibadet von der Kommunikation ausgeschlossen, weil sie Romanés

34 »Der Titel ›Usten Romalan‹ (›Steht auf Roma!‹) ist vielleicht ein bisschen zu aggressiv?«.

nie gelernt hat, »... was auch der Grund ist, wieso wir es hier in der Familie vielleicht nicht hinkriegen, dass die Kinder Romanés lernen«.

Ibadet ist in Kavadarci aufgewachsen, wo sich die Roma – auch ihre Eltern – gerne als Türken ausgewiesen haben. »Vermutlich, weil sie gedacht haben, wenn sie nicht Romanés sprechen, stehen sie in der Gesellschaft besser da. Viele Roma sprechen Türkisch und meinen dann, sie seien Türken, oder sie sprechen Albanisch und geben sich als Albaner aus, obwohl sie immer wieder hören: »Ihr seid doch Zigeuner!« –

Es gibt viele Roma, die nicht Romanés sprechen. Aber man sagt, Romanés sei ein Bindeglied zwischen allen Roma auf der Welt. Ich denke nicht so darüber. Die Sprache ist nicht das Wichtigste. Das Wichtigste ist, dass man sich als Rom *fühlt*. Natürlich, viele von uns sprechen Romanés, aber je nachdem, wo man lebt, überwiegen die landestypischen Einflüsse. Das Wichtigste, was uns verbindet, das ist der Rassismus uns gegenüber, die Diskriminierung uns gegenüber. Und das gilt auch für unsere Verbindung mit den Sinti.«

Sami macht keinen Hehl daraus, dass er sonst zu Sinti kaum Beziehungen unterhält: »Die Diskriminierung verbindet uns, aber bringt uns nicht zusammen.« Allerdings gilt das ebenso für viele Roma untereinander: »Es ist für Roma wichtig, sich von den anderen zu unterscheiden. Ich komme aus dieser Straße, du kommst aus der anderen Straße. Ich wohne in diesem Haus, du wohnst in einem anderen Haus. Man will immer was Besseres sein als der andere. Ich habe keinen Rom kennen gelernt, der nicht meinte, seine Straße oder sein Dialekt sei besser als die der anderen. Man muss sich immer beweisen. Leider haben wir dabei die Vorurteile der Mehrheitsbevölkerung übernommen und schauen nur noch darauf, dass wir jeder für sich durchs Leben kommen, als einzelner Mensch, aber nicht als Rom. Wir haben nicht so ein Zusammengehörigkeitsgefühl. Ich bin da eher die Ausnahme.«

Mit der Wiederholung bestimmter Klischees der Mehrheitskultur untergraben die Roma häufig ihr eigenes Selbstwertgefühl. Das führt dazu »... dass wir nicht an uns glauben, dass wir daran zweifeln etwas hinzukriegen. Das verhindert, dass wir uns gegenseitig helfen, um dann gemeinsam auch wirklich etwas erreichen können«.

Als zusätzliche Erschwernis sieht Sami Dzemailovski die »ökonomische Lage« seines Volkes. Materieller Reichtum allerdings sei kein Ersatz für mangelhafte Bildung. Bildung, da ist er ganz sicher, ist das Wichtigste, was man heute den Kindern und Jugendlichen mit auf den Weg geben müsse. Dass es auch eine ganze Reihe sehr wohlhabender Roma-Familien mit sehr niedrigem Bildungsstand gebe, spielt dabei keine Rolle:

»Zum Beispiel meine Familie: Wir gehörten in Kumanovo mit unserer Schmiede in den 1950er- und 1960er-Jahren zu den wohlhabensten Familien der Stadt. Wir konnten vielleicht nicht alle schreiben und lesen. Der eine Großvater aber konnte das. Der hätte mit seiner Schulbildung auch in einer Bank arbeiten können. Das wollte er aber nicht und wurde Wagenbauer. Und schließlich haben dann meine Großeltern die beiden Gewerke miteinander verbunden: Wagenbauer und Schmied. Meine Eltern waren nicht so gebildet, wie meine Großeltern, aber das Geschäft lief, und es gab keine Probleme. Ende der 1960er-Jahre kam eine Krise. Die Industrialisierung hat dem Handwerk das Geschäft kaputt gemacht. Ich denke, wenn meine Eltern einen höheren Bildungsgrad gehabt hätten, wären sie dem wirtschaftlichen Zusammenbruch nicht so ausgeliefert gewesen.«

Sami richtet sich auf und blickt auf die Uhr. Um 12.00 Uhr muss er in der Schule sein. Er hat dort an die 30 Kinder, darunter auch die Roma-Kinder aus mehreren Klassen (die sich aber nicht als solche ausgeben) in einer multikulturellen Truppe versammelt. Bei Bedarf hilft er ihnen bei den Hausaufgaben, vor allem aber steht er ihnen in allen Fragen der Alltagsbewältigung Rede und Antwort.

»In erster Linie geht es mir – um es in einem Satz zu sagen – darum, unser Ansehen zu verbessern; denn wenn man heute das Wort ›Zigeuner‹ hört, dann denkt man, ›Au, den will ich nicht als Nachbarn haben, nicht als Kollegen‹. Das sollte abgebaut werden. Dazu kann ich vielleicht einen kleinen Beitrag leisten, aber wir Roma können das nicht alleine machen, wir brauchen da auch Hilfe von außen. Wir müssen angespornt werden, nicht geschoben aber vielleicht ermuntert. Außerdem gibt es auch eine Menge von Einzelheiten, die wir einfach nicht kennen. Wir wissen ja oft nicht, an welcher Tür wir anklopfen sollen. Und da brauchen wir ein bisschen Unterstützung.«

»Theater – das ist wie eine Freikarte zum Atmen«

Integration durch Kommunikation

»Das Projekt wurde hier in diesem Büro geboren. Wir haben mit einigen Leuten darüber gesprochen und dann interessierte sich die RAA dafür und hat die Bearbeitung übernommen.«

Rahim Burhan schaut nur knapp über die Stapel, die seinen Schreibtisch überhäufen. Es ist eng in dem kleinen Büro mit Blick über das Tal der Ruhr. Große Projekte brauchen nicht viel Platz. Sie entstehen zunächst in den Köpfen beherzter Menschen. Rahim Burhan, Regisseur und Antriebskraft des Roma-Theaters Pralipe unter dem Dach des Mühlheimer Theater an der Ruhr erinnert sich an den Herbst 1996 als er mit Freunden und Kollegen die Idee entwickelte, das Punker-Stück »Der Klassenfeind« von Nigel Williams mithilfe von Roma-Jugendlichen zur Aufführung zu bringen. In der RAA Düsseldorf[35] fanden die Theaterleute den richtigen Partner

Premiere »Klassenfeind«

35 RAA (Regionale Arbeitsstelle zur Förderung von Kindern und Jugendlichen aus Zuwandererfamilien), Burgplatz 2, D-40213 Düsseldorf, Kontakt: Ingeborg Barnikol-Demirok, Tel.: 0211/8924061, Fax 0211/8929298.

für das ehrgeizige Unternehmen. Nigel Williams beschreibt das Drama als »ein Stück über Erziehung und Werte und die Wichtigkeit des Strebens nach Wissen in einer der dunkelsten und hoffnungslosesten Ecken der Welt«.

Der Hauptgrund dafür, warum sich die RAA für die Idee begeistern ließ, war (und ist immer noch) die offensichtliche Benachteiligung junger Roma auf dem Ausbildungsmarkt. Allein in Düsseldorf leben etwa 5.000 Roma. Die Kinder unter ihnen besuchen – unabhängig vom Aufenthaltsstatus ihrer Eltern – die Schule nur eine kurze Zeit lang und verlassen sie in der Regel ohne ordentlichen Abschluss. Der Anteil derjenigen, die eine Sonderschule besuchen, ist überproportional hoch. Besonders auffällig ist der Übergang in die Sonderschule während der ersten Schuljahre. Kontrastierend berichten gerade Grundschullehrer von der hohen Lernmotivation der Kinder, die dann aufgrund oft unzureichender Sprachkenntnisse, fehlender schulischer Fördermöglichkeiten und mangelnder Unterstützung durch die Eltern so oft frustriert werden, bis sie den Schulbesuch schließlich aufgeben.

»Und wenn es dann keinen gibt, der dir ständig vorhält, welche Bedeutung Schule für dein Leben hat, der dich motiviert dahin zu gehen, indem er dir erklärt, was du *mit* Schule und was alles du *ohne* Schule *nicht* machen kannst – ich jedenfalls ging dann irgendwann morgens lieber schwimmen, oder wir sind in den *Kaufhof* gegangen oder zu *Karstadt*. Da gab es Computer, mit denen wir gespielt haben. Schule hat mich überhaupt nicht mehr interessiert. Ich war ja auch nicht gut. – Den Lehrern war das auch egal: »Es sind ja sowieso Zigeunerkinder, also was solls. Verbessern kann man die nicht.« Das war so die Reaktion meistens.«

Roma-Kinder finden sehr schnell heraus, dass sie rassistischer Ausgrenzung ausweichen können, wenn sie ihre Herkunft verleugnen. Der Preis dafür ist allerdings hoch. Wer seine Identität verheimlicht läuft Gefahr, sich samt seiner eigenen Persönlichkeit zu verleugnen. Typische Begleiterscheinungen dieses »Versteckspiels« sind mangelndes Selbstvertrauen, Leistungsängste und Orientierungslosigkeit.

Die Gründe dafür sind unterschiedlich: Roma-Kinder empfangen in der deutschen Schule ihnen kulturell vertraute Signale – wenn überhaupt – nur ausnahmsweise. Romanés, die Muttersprache der meisten Roma, kommt in den Bildungseinrichtungen der Mehrheitsgesellschaft nicht vor. Schriftliche Mitteilungen der Schule laufen oft ins Leere, weil Roma-Eltern – sofern sie lesen können – mangels Sprachkenntnissen nicht verstehen, wovon die Rede ist. Umgekehrt beherrscht an der Schule keine/r Romanés. Viele Eltern erwarten von ihren Kindern keinen Schulabschluss, weil sie das differenzierte Schulsystem in Deutschland nicht durchschauen, geschweige denn verstehen. Aufklärung und kompetente Beratung wird Roma-Eltern nur in Ausnahmefällen angeboten. So kommt es, dass der Anteil jugendlicher Roma ohne Ausbildungsplatz und dauerhaftes Beschäftigungsverhältnis auch im Vergleich zu anderen Migrantenjugendlichen überproportional hoch ist.

An dieser Problemlage setzte ein Berufsorientierungsprojekt für junge Roma im Alter zwischen 17 und 25 Jahren an, das die RAA Düsseldorf gemeinsam mit dem Roma-Theater Pralipe im Rahmen der europäischen Gemeinschaftsinitiative »Integra« entwickelte. Dem Leitfaden für Antragsteller zufolge werden Maßnahmen gefördert, »die darauf abzielen, durch die Vermittlung von Fertigkeiten und Qualifikationen in Kombination mit begleitenden Maßnahmen den Zielgruppen die Chance zur Heranführung und schrittweisen Integration in den Arbeitsmarkt zu eröffnen. Hierbei soll möglichst eine Verknüpfung arbeitsmarktlicher Vorhaben mit Aktivitäten der bestehenden sozialen Infrastruktureinrichtungen vor Ort erfolgen«.

Nach der Bewilligung der erforderlichen Fördermittel des Europäischen Sozialfonds und des Landes NRW begann die RAA im Dezember 1997 mit den notwendigen Vorbereitungen. »Integration durch Kommunikation«, so der offizielle Titel des Projektes, das den jungen Erwachsenen helfen sollte »durch eine fachliche Basisqualifizierung in den Bereichen Theater und Medien durch sozialpädagogische Betreuung und die Reintegration in den Regelunterricht einen Weg in die qualifizierte Beschäftigung zu finden. Gefördert wurde die Fähigkeit, die eigene kulturelle Zugehörigkeit – die als Ursache für Ausgrenzung wahrgenommen wurde – als Potenzial zu erkennen, das den Zugang zum Berufsleben erleichtern kann und neue Lebensperspektiven eröffnet. Theater- und Medienarbeit sollten einen Weg bahnen, die eigene Geschichte und Herkunft besser zu verstehen und offensiv mit ihr umzugehen«.

In diesen Sätzen der Projektleiterin Elfi Langner-Öhrmann wird die »Philosophie« des Vorhabens deutlich: Es ging vor allem darum, die Jugendlichen und jungen Erwachsenen in ihren persönlichen Kompetenzen zu bestätigen, um sie auf diese Weise zu ermutigen, ihre Herkunft und die eigene Kultur wertzuschätzen. In dem Roma-Regisseur Rahim Burhan fand die RAA einen kongenialen Partner.

»Als diese jungen Leute zu uns ans Theater gekommen sind, habe ich sehr schnell einen guten Kontakt zu ihnen gefunden und von Anfang an 8 bis 10 Stunden pro Tag mit ihnen gearbeitet. Theorie – Praxis, Theorie – Praxis. Drei Monate haben wir gepowert, und sie haben es geschafft. Sie haben sehr gute Vorstellungen zustande gebracht. – Wir haben zum Beispiel viele Briefe von Schulen bekommen, in denen sie uns bescheinigen, wie überzeugend die Figuren auf der Bühne gewirkt hätten. Ich denke, das ist ein sehr gutes Kompliment an unsere Schauspieler, an die Jugendlichen. Sie haben ein Stück mit Leben erfüllt, das ein wunderbarer Schriftsteller vor mehr als 20 Jahren in London geschrieben hat. Und vergessen sie nicht: jedes dieser Kinder war vorher in der Sonderschule. – Wo gibt es also Probleme? Es ist doch alles eine Frage der Kommunikation, *unserer* Kommunikation. Man muss für jedes Kind einen eigenen Weg finden, aber man muss ihn *finden*, sonst kann es ihn nicht gehen. Genauso wie man am besten für den Französisch-Unterricht einen Franzosen engagiert, sollte man für Roma-Kinder einen Roma-Lehrer finden, sonst kommt keine Verständigung zu Stande. Dann braucht es natürlich noch ein bisschen Psychologie, Einfühlungsvermögen. Und das muss über lange Zeit aufrecht erhalten werden. Aber wahrscheinlich wird man kein Land auf der Welt finden, wo ein solches Bildungsprogramm für Roma über 50 Jahre lang gefördert wird. Stattdessen fordert man überall von uns Anpassung und Assimilation. In Nordrhein-Westfalen leben seit 20, 30 Jahren Tausende Roma und zahlen Steuern. Kaum einer von denen traut sich zuzugeben, dass sie Roma sind, sonst würden sie wahrscheinlich sofort ihre Arbeit verlieren. Das ist der Antiziganismus in Deutschland. Und eigentlich müsste sich ein Land schämen, in dem so etwas üblich ist. In einem Land, in dem so viele berühmte Intellektuelle leben, traut man sich nicht seinem Nachbarn zu sagen: »Ich bin Zigeuner.« Mazedonien zum Beispiel ist ein kleines Land. Da braucht man sich über Xenophobie nicht zu wundern, aber in Deutschland, einem großen, kulturell so hoch entwickelten Land –?!«

Insgesamt 10 junge Leute zwischen 18 und 22 Jahren hatten sich entschlossen mitzumachen. Sechs von ihnen wählten die Bühne, vier übernahmen die Öffentlichkeitsarbeit. Auch dafür war eine professionelle Anleitung engagiert worden: das Düsseldorfer Videomagazin »Clipper« hatte die Aufgabe übernommen, die vier Dokumentaristen im Umgang mit unterschiedlichen Medien zu qualifizieren. Sie lernten zu fotografieren – das Programmheft zum Theaterstück[36] und nicht zuletzt auch dieser Text liefern dafür den überzeugenden Nachweis – machten Radiobeiträge, produzierten Videoclips und drehten einen Film, der die Schauspieler und ihre Rollen vorstellt. Nebenbei entstanden noch zwei Musikproduktionen mit eigenen Kompositionen und Texten.

Das Medieninstitut in Düsseldorf – die strukturelle Heimat des Videomagazins »Clipper« – kümmert sich Mitte der 1980er-Jahre um kulturpolitische Arbeit mit Kindern und hatte neben der fachlichen Schulung auch die Koordination und die pädagogische Begleitung der jungen Leute übernommen. In allen drei Disziplinen kamen Profis zum Einsatz, die selber im Beruf stehen. Sie zeigten sich von dem Engagement und den vorhandenen Fähigkeiten ihrer Schüler überrascht. Das war umso erstaunlicher, als es anfangs nicht leicht war, überhaupt ernsthafte Interessenten für das Projekt zu finden. Sami Dzemailovski, der die Aufgabe übernommen hatte, die Jugendlichen für das Projekt zu rekrutieren, machte immer wieder dieselbe Erfahrung:

»Es haben zwar viele spontan zugesagt, doch genauso spontan kamen auch die Absagen. Wir fuhren zu den Eltern, um ihnen die Vorteile zu erklären – sie aber überließen die Entscheidung den Kindern. Die Kinder wiederum fragten sich: »Soll ich jetzt arbeiten – zwar nur als Hilfsarbeiter, Putzmann bei McDonalds – dafür aber 750 Euro verdienen, oder soll ich über irgendeine gemeinnützige Einrichtung eine Ausbildung anpeilen, oder oder …?« Sie waren so unentschlossen wie viele andere junge Leute. Dass sie keine abgeschlossene Schulbildung hatten und dadurch Schwierigkeiten bei der Jobsuche bekommen würden – das haben sie verdrängt.«

Nach einschlägigen Erfahrungen, die die jungen Roma in der Schule und bei verschiedenen Arbeitgebern gemacht hatten, schreckten die meisten vor einer verbindlichen Zusagen zurück. »Sie konnten es nicht fassen, dass man gerade ihnen eine Chance bietet, sich um sie bemüht. Denn die Erfahrung, die sie bisher gemacht hatten, war: Wer nicht mitschwimmen kann, wird zurückgelassen, abgeschoben, vergessen.«

Wie gelang es diesen Heranwachsenden, den richtigen, den »eigenen Weg« zu finden, den Rahim Burhan als *Voraussetzung* für eine erfolgreiche Verständigung mit Roma-Kindern und Jugendlichen bezeichnet hatte? –

36 Theater an der Ruhr, Heft 38, Spielzeit 1997/98.

Bei den angehenden Schauspielschülern vollzog sich dieser Prozess höchst individuell. Die sechs jungen Männer näherten sich langsam den Figuren an, indem sie bei zahlreichen Leseproben persönliche Affinitäten zwischen Darsteller und Rolle ermittelten. Sie analysierten die Herausforderungen, mit denen die jeweilige Figur im Stück konfrontiert wird und verglichen sie mit ihren eigenen Lebenserfahrungen. »Die Arbeit von Psychoanalytikern hat jeder alleine gemacht: eine Art Analyse des eigenen Lebens. Und das hat geklappt.« Rahim Burhan ist auch noch Jahre später stolz auf seinen Erfolg, bekennt aber auch freimütig:

»Ich habe viel gelernt. Ich wusste nicht, was ich den jungen Leuten zutrauen könnte. Ich hatte große Angst am Anfang. Ich wusste nicht, was ich hätte machen sollen, wenn die Vorstellungen, die ich vier Monate nach dem Start des Projekts geplant hatte, schief gegangen wären. Ich konnte nicht einschätzen, wovon es letztlich abhängen würde, ob es klappt oder nicht. Ich hatte keine Vorstellung davon, was ich dazu beitragen könnte, noch viel weniger, was die Jugendlichen dazu beitragen könnten. Es war zunächst sehr spannend, weil eigentlich jeder etwas anderes wollte. Nach einem Monat, in dem wir zunächst ganz allgemein Schauspielunterricht gemacht haben, hat Aziz plötzlich gesagt: »Ich will nicht mehr.« – ›Warum?‹, habe ich gefragt. Was ist der Grund jetzt? Aziz ist nämlich in seinem Leben immer irgendwann ausgestiegen. So war das auch bei ihm in der Sonderschule gelaufen. In diesem Moment wurde mir klar, wie wichtig es war, auf ihn ganz *persönlich* einzugehen, denn *ihn* wollte ich für die Hauptrolle. Er war genau der Typ für den »Iron«. Wir haben also gearbeitet und sind dran geblieben.«

»Ich bin Iron. Und spiele immer den Boss. Mein Vater hat ein Holzbein. Ich rede immer dazwischen und nerve die anderen, weil ich sie verarsche. Ich habe mit niemandem Mitleid. Lernen interessiert mich überhaupt nicht. Ich gebe damit an, dass ich Frauen vergewaltige und Lehrer verhaue. Meine Stunde geht über Selbstverteidigung. Privat heiße ich Aziz Ismaili.«

Rahim Buran: »Irgendwie fühlte ich mich so, als ob ich ihm einen Kredit gegeben hätte, ohne zu wissen, ob ich jemals einen Pfennig davon wieder sehen würde. Er durfte auf den Tisch hauen und sagen: ›Hauptrolle, aha! Ich bin der Boss hier!‹ und das hat er wunderbar gemacht. Und so etwas müsste es öfters geben. Lehrer müssten mehr Vertrauen in ihre Schüler setzen, sie müssen ihnen eine Chance geben. Und dann sind die Schüler eher bereit, auch selber mehr zu bringen. Für mich war das eine ganz neue Erfahrung, weil – das ist so eine déformation professionelle – wir in unserem Beruf meinen, von vornherein möglichst viele Risiken ausschließen zu müssen. In diesem Fall aber hatte es sich gelohnt, das Risiko einzugehen. Die Besetzung der Hauptrolle war ein Wendepunkt. Aziz wurde ein Motor für das ganze Projekt, denn draußen im Leben spielt er eine ähnliche Rolle. Er ist ein Idol, in der Disco von Mädchen umschwärmt. Als ich das erfuhr, war mir klar, dass er der Richtige für diese Rolle sein würde.«

Die Identifikation mit ihrer Rolle bringen die Darsteller im »Klassenfeind« pointiert auf den Begriff, als sie ihr Konzept für eine Unterrichtsstunde vorstellen und dabei beiläufig auch biografische Details mitteilen: »Ich bin Skylight. Meine Eltern sind blind. Ich muss sie füttern und muss mich um sie kümmern. Deshalb will ich auch oft die anderen beschützen. Das kommt nicht immer gut an. Mal will ich lernen, mal nicht. Ich gebe eine Unterrichtsstunde in Kochen. Orhan Selman ist mein richtiger Name im Leben.«

Rahim Buran: »Jeder ist bis oben hin auf den Himalaya geklettert und hat dann auf dem Gipfel festgestellt: »So, jetzt muss ich mein Leben ändern.««

Der jüngste unter ihnen, Selim Dalipi, gehört zu den wenigen, denen das zu gelingen scheint. Das Unterrichtskonzept, das er als »Nippel« entwickelt, wirft ein bezeichnendes Licht auf die Vergangenheit seiner Figur:

»Ich bin Nippel. Ich bin ein Sozialfall: Meine Mutter ist abgehauen, mein Vater macht jede Nacht ins Bett. Deshalb schlafe ich nicht zu Hause. Iron ist mein Idol, und deshalb will ich auch nicht lernen, eigentlich will ich noch weniger lernen als er. In meinem Unterricht geht es um Ausländer. Mein Name: Selim Dalipi.«

Als er geboren wurde, im Dezember 1980 in Skopje, war die Welt noch einigermaßen in Ordnung. Sein Vater arbeitete in einer Glasfabrik und die Mutter verdingte sich als Haushaltshilfe und Putzfrau in wohlhabenden Familien. In den vier Zimmern des Hauses lebten außerdem die Urgroßeltern, Oma und Opa, Onkel, Tante, ein Cousin und zwei Cousinen und sein Bruder, insgesamt 14 Menschen. Selim hat nur noch unbestimmte Erinnerungen an diese Zeit – »... teilweise gute Sachen, teilweise schlechte Sachen. Gut waren die Feste –«, grinst er und erzählt von den zahlreichen Musikern in seiner Familie. »– Schlecht war, dass es manchmal nicht gereicht hat, obwohl mein Vater gearbeitet hat und mein Opa. Aber wir kamen über die Runden, wie auch immer. Ich war zu klein, um mich genau zu erinnern.«

In der Schule war er einer der besten. Doch dieses Erfolgserlebnis wurde gelegentlich durch Schläge getrübt. Mit einem Stöckchen fünf auf die Linke, fünf auf die Rechte. »Die Frau hat mich wirklich geschlagen. Ich hätte ihr eigentlich die Meinung sagen müssen.«

Als die Wirtschaftslage der Familie sich weiter verschlechterte, wanderte erst sein Onkel nach Deutschland aus und bald darauf auch sein Vater. Zwei Jahre später kamen Selim, seine Mutter und sein Bruder nach. In Duisburg wurden sie in ein Flüchtlingswohnheim einquartiert. »Tja, und dann –« ein verlegenes Lächeln stiehlt sich auf sein Gesicht – »dann fing es eigentlich erst an mit den Problemen. Wir konnten ja die Sprache nicht. Zum Beispiel wenn wir krank waren, haben wir immer unsere deutsche Schwägerin gerufen«. Sieben Monate lebten sie so ohne den Vater bis es zum Hungerstreik der Asylbewerber kam, denen es auf diesem Weg gelang, für 87 Roma-Familien ein Bleiberecht mit Arbeitsgenehmigung zu erwirken. Diesmal fanden Selims Eltern beide einen Job am Flughafen. Morgens verließen sie um 5.00 Uhr das Haus. Selim (10) und sein Bruder (9) blieben notgedrungen sich selbst überlassen. Abends spät, als die Eltern von der Arbeit nach Hause kamen, haben sie wohl gefragt, ob die beiden in der Schule waren, erinnert sich Selim. »»Ja«, habe ich immer geantwortet – aber die konnten das gar nicht nachvollziehen. Und wenn es dann keinen gibt, der dir ständig vorhält, welche Bedeutung Schule für dein Leben hat, der dich motiviert dahin zu gehen, indem er dir erklärt, was du *mit* Schule und was du *ohne* Schule *nicht* machen kannst. – Also ich persönlich finde das sehr wichtig, so eine moralische Unterstützung von den Eltern. In Jugoslawien war das ganz anders. Da musste ich zur Schule gehen. In Deutschland auf einmal nicht mehr.«

Immer deutlicher erfuhr Selim seine Diskriminierung als »Zigeuner« – bei dem es auch die Lehrer nicht so genau nahmen, ob er nun zum Unterricht kam oder nicht. »Und so bin ich eben in der Sonderschule gelandet. Da hat es mir sogar gefallen, dort waren auch viele Freunde von mir, und es lief einigermaßen. Man ging halt hin, um Leute zu treffen. Das war alles. Aber so etwas wie »Bildung« hat das nicht gebracht – weil ich nicht mitgemacht habe.« Selim sieht rückblickend, durch Pausen im Redefluss merklich abgesetzt, auch seinen ganz persönlichen Anteil an der Misere. »Vier oder fünf Jahre war ich an der Sonderschule – angemeldet.«

Zum Schluss bekam er sogar ein Abgangszeugnis, »... obwohl ich so selten da war«. Doch recht bald erkannte er: »Damit konnte ich eigentlich gar nichts anfangen.« Wie auch für Hauptschulabgänger ohne Abschluss üblich, meldete er sich für ein Jahr bei der Jugendberufshilfe zum Praktikum, um auf diesem Wege zu einem Ausbildungsplatz zu kommen. In dieser Situation begegnete er Sami Dzemailovski, der ihn fragte, ob er bei dem Pralipe-Projekt mitmachen wollte. »Ich sagte dann: Hör mal, ich kann kaum lesen, wie soll ich da Schauspieler werden. Aber Sami ließ nicht locker und meine Eltern meinten, ich sollte das tun, was für mich das Beste wäre. Damals kam der Zeitpunkt, wo ich merkte, dass ich besser als sie verstand, was Schulbildung für den Beruf bedeutete.«

Anfangs waren es 20 Heranwachsende, die sich für eine Mitarbeit interessierten. Übrig geblieben sind schließlich zehn. Keiner von ihnen erwartete, jetzt den Grundstein für eine Schauspielerkarriere zu legen. »Man hat uns schulische Weiterbildung versprochen, und jeder hatte die Hoffnung, am Ende seinen Weg zu finden.«

Selim erinnert sich noch sehr genau an die Anfangszeit, da habe »ziemlich viel Druck« geherrscht. Aber – »... wir haben es praktisch gespürt: Man wird von Tag zu Tag schlauer. Ständig haben wir von Dingen erfahren, von denen ich vorher noch nie etwas gehört hatte. Zum Beispiel war ich noch nie in einem Theater gewesen, ich hatte auch noch nie ein Theaterstück gesehen. Das war wie ein Traum. Wir haben damals Romeo und Julia gesehen. Das war etwas Wunderbares, ich konnte es kaum fassen. Wie die Schauspieler es schafften, so einen langen Text zu behalten! Wie lange brauchten die dafür? Die eine heulte an einer Stelle, und die erste Frage, die wir hinterher gestellt haben, *wie* heulst du? Und sie hat geantwortet: »Es ist etwas in dir, was in vier Wände eingeschlossen ist. Du lässt es heraus und du wirst es schaffen.« – Naja, und dann haben wir angefangen Atemübungen zu machen, und die Vokale auszusprechen und zu lesen. Mehr als die Hälfte konnte kaum lesen. Es war unvorstellbar. Die Leute haben zu Rahim gesagt, wie willst du ein Stück mit solchen Kindern machen, die können ja noch nicht mal lesen. Aber er hat Vertrauen zu uns gehabt und gesagt: Diese Jungs werden das schon schaffen. Am Anfang haben wir stundenlang Zeitungen ausgeschnitten und gelesen und versucht zu analysieren. Kam natürlich sofort die Frage: »Analysieren« – was ist das? Mit der Zeit fanden wir die Antwort und mit der Zeit konnten wir auch besser lesen. Vier Monate später, am 5. Mai war die Premiere. Ich finde, das ging schon schnell, dafür dass da Leute auf der Bühne standen, die kaum lesen konnten.«

»Nippel« und »Iron«

Rahim Burhan ist davon überzeugt, dass das Theater ein sehr geeignetes Medium ist, um die Roma in ihrem notwendigen Prozess der Selbstfindung zu unterstützen: »Unsere Geschichte ist sehr alt und hat ihre Wurzeln in Indien. Jeder meiner Berufskollegen kennt die große Theatertradition in Indien. Natürlich haben wir auf dem langen Weg durch 1.000 Jahre viel von dem vergessen. Aber für mich ist Theater so etwas wie eine Freikarte zum Atmen. Jeder Mensch muss atmen, *will* atmen, um zu leben. Mit dem Atmen kommen die Worte, die Sprache. Das braucht eine Nation. Ein Volk will atmen, will leben, sprechen, aber mit der *eigenen* Stimme. Das ist für die Identität unersetzlich. Eine Nation ohne Theater ist ein Volk ohne Stimme, das ist – das ist – kein – kein – gar nichts! Da geht es uns Roma nicht anders als anderen Völkern und Nationen in Europa. Aber für Roma ist es deshalb noch etwas besonderes, weil wir damit auch diese Kultur kennen lernen. Wir übersetzen jetzt Shakespeare in Romanés. Wir haben Sophokles übersetzt. Und wir spielen Roma-Autoren. Wer macht das denn sonst?«

Derartige Vorhaben setzen allerdings voraus, dass Romanés – eine überwiegend *gesprochene* Sprache – auch aufgeschrieben und veröffentlicht wird. Roma haben damit keine Schwierigkeiten im Unterschied zu den deutschen Sinti, für die ihre

Sprache das letzte kulturelle Rückzugsgebiet ist, das zu betreten nur den Sinti selber gestattet ist. Gerade im Hinblick auf eine gerechte Verteilung der Bildungschancen liegt hier ein tief greifender Konflikt begraben, der längst auch von Rahim Burhan als Problem erkannt wurde:

»Das ist etwas, das mir sehr Leid tut. Ich habe großen Respekt vor Sinti. Aber dieses Problem ist Ausdruck einer Zeit, die für die Sinti in Deutschland die Katastrophe war. Dabei haben die Sinti den Wunsch, sich öffentlich in ihrer Sprache zu artikulieren, verloren. Ich weiß nicht, wie viele Sinti es in Europa gibt. Aber ich weiß, dass sie ohne frühzeitig schreiben und lesen zu lernen keine Chancen haben. Dafür brauchen wir Schulen und Lehrer. Sonst hat Integration keine Aussicht auf Erfolg.« [37]

So blieb es naturgemäß den Roma vorbehalten, ein Thema auch für die Bühne zu bearbeiten, das für die Sinti der Grund dafür ist, dass sie die Veröffentlichung ihrer Sprache ablehnen: der Völkermord an den Sinti und Roma zwischen 1933 und 1945. Nach Abschluss des »Klassenfeind«-Projektes hat sich das Roma-Theater Pralipe diesem Thema gewidmet und mit »Z 2001 – Die Tinte unter meiner Haut« ein Stück geschaffen, dem Rahim Burhan einen Satz der Antigone voranstellt: »Für die Liebe bin ich geboren, nicht für den Hass.«

»Z 2001 – Die Tinte unter meiner Haut«

37 Ein Beispiel von vielen für die Überwachung dieser Sinti-Regel durch den Zentralrat der deutschen Sinti und Roma: Im Sommer 1998 hat die PH Weingarten eine bundesweite Recherche zur Ermittlung der schulischen Situation von Roma-Kindern und -Jugendlichen angestrengt, die jedoch ohne Ergebnis geblieben ist, da der Zentralrat den Boykott und die anschließende Vernichtung des Fragebogens erzwungen hatte (s. Anhang).

»Ich habe viele Jahre über dieses Projekt nachgedacht und bin zu dem Ergebnis gekommen: Es kann nur ein Rom machen und er muss die Roma konfrontieren mit diesem Thema. Und wenn man wie ich jeden Tag mit dem herrschenden Antiziganismus zu tun hat, dann habe ich natürlich auch das Bedürfnis, über dieses Problem zu reden. Aber nicht so plakativ und politisch, sondern mehr über die menschlichen, emotionalen Aspekte. Es gibt ja viele sehr klare, harte, politische Äußerungen zu dem Thema, aber nur ganz wenige, die versuchen, auch die emotionale, menschliche Seite dieser Katastrophe zum Ausdruck zu bringen. Und ich glaube, das entspricht unserer Kultur, die ja sehr stark auch von Gefühlen geprägt ist. In ›Z 2001‹ erzählen Menschen ihre eigene Geschichte, eine ruhige, langsame Erinnerung über ihr Leben, das eigene Schicksal. Ich glaube, keiner in Europa hat dieses Thema auf so eine Weise für die Bühne bearbeitet.«

Das Roma-Theater Pralipe ist in mehrfacher Hinsicht ein Unikum. Gegründet Anfang der 1970er-Jahre in der mazedonischen Hauptstadt Skopje entwickelte es sich in kurzer Zeit zu einem der bedeutendsten Theater Jugoslawiens. Gastspielreisen in der Heimat und in mehr als 20 europäischen Ländern, sowie wiederholte Einladungen zu verschiedenen Festivals zeugen von der wachsenden Anerkennung des Roma-Theaters. Bis heute ist es das einzige Theater der Roma in Europa, das sich der eigenen wie der europäischen Theaterkultur annimmt. Zu seinem Repertoire gehören Werke von der Antike bis Beckett und selbst entwickelte Stücke.

Die Idee, mithilfe eines Theaterstückes ein sozialpädagogisches Modellprojekt zur Berufsorientierung und Berufsfindung für gestrandete Roma-Jugendliche zu machen, passt nahtlos in das ambitionierte Profil von Pralipe.

Mehr als 50 Mal wurde der »Klassenfeind« in der Fassung des Roma-Theaters in vielen Städten in Deutschland aufgeführt. Ein Nebeneffekt der Tourneen durch das Land ist, dass die Mitglieder des Laien-Ensembles ihre zweite Heimat gründlich kennen gelernt haben und präzise beschreiben können wo Ludwigshafen und Frankfurt an der Oder liegen. Doch so stolz, wie die Beteiligten sich auch abschließend zeigten, als einzigartiges Erlebnis ist allen die Premiere in Erinnerung geblieben. Kein Wunder, denn wo sonst, wenn nicht im Theater, bietet sich die Gelegenheit, den Ernstfall zu proben, der dann auch programmgemäß eintritt.

Selim: »Bei der Premiere – auh! – das war eins der schönsten Gefühle, die ich je gehabt habe. Das ist ein Lohn, den man nie bezahlen kann, das ist unvorstellbar! Das Theater, also dieses Projekt hat mich wachgerüttelt und ich habe gemerkt: Im Leben gibts noch andere Farben als meinetwegen nur blau.«

Sami Dzemailovski, der dank seiner Kontakte in die Roma-Szene in der Lage gewesen war, die Jugendlichen für das Theater-Projekt zu gewinnen und sie im Verlauf der Arbeit auch begleitete, ist begeistert davon, wie sich Selim alias »Nippel« im Laufe der zwei Jahre des Projektes entwickelt hat:

»Selim ist der Philosoph in der Gruppe. Er hat ein größeres Blickfeld, und jetzt hat er die Erfahrung gemacht, dass man etwas verändern kann und, dass auch *er* seinen eigenen Beitrag dazu leisten kann. Und er sieht auch, dass seine schulische Laufbahn anders verlaufen wäre, wenn er mehr Unterstützung erfahren hätte.«

»Der Philosoph«

Unterm Strich bewerten die Beteiligten den Erfolg des Projektes unterschiedlich. Für Sami Dzemailovski war es eine gute Zeit, nicht zuletzt deshalb, weil er über zwei Jahre als sozialpädagogischer Betreuer einen festen Job gehabt hat, der ganz viel mit den Problemen zu tun hat, mit denen auch er sich als Rom und Vater von zwei Söhnen herumschlägt. Dennoch sieht er rückblickend auch ein grundsätzliches Problem:

»Wie viele Roma in Deutschland gehen schon ins Theater. Besser geeignet fände ich zum Beispiel eine Roma-Fußballmannschaft, die auch in einer Liga mitspielt. Da gibt es viele Möglichkeiten für die Beteiligung von viel mehr Leuten und viele Ereignisse, die nur dadurch zustande kommen, weil sie von vielen mitgetragen werden. Theater ist eben auch unter Roma ein Minderheitenprogramm.«

Silvia Pinku, Ensemblemitglied im Roma-Theater Pralipe, die mit Rahim Burhan gemeinsam die Jugendlichen für ihre neue ungewohnte Aufgabe auf der Bühne trainierte, zeigt sich überrascht von den zahlreichen neuen Erfahrungen. Nicht zuletzt auch davon, selbst nicht als Schauspielerin, sondern als Lehrende mit eingebunden zu werden. »Zu Beginn meiner Arbeit mit den jungen Roma war es gar nicht einfach: Sie hielten das Ganze für schönen Zeitvertreib und machten viele Späßchen. Als wir uns aber immer besser kennen lernten, wuchs das gegenseitige Vertrauen und sie begriffen, dass ihre Probenarbeit sehr wohl ernst gemeint, dass aber auch Spaß keinesfalls ausgeschlossen war. – Die Arbeit machte mehr und mehr Spaß, weil ich das Interesse der jungen Leute spüren konnte, und weil sie oft länger probieren wollten als geplant. Ich habe mit meiner Arbeit dazu beitragen wollen, einen Traum unseres Theaters zu verwirklichen – den Traum, jungen Leuten die Möglichkeit zu geben, ihre Kultur, ihre Sprache öffentlich zu machen und daraus Selbstbewusstsein und Selbstvertrauen für die Zukunft zu entwickeln.«

Rahim Burhan, der nimmermüde Autor, Regisseur und Theaterdirektor von Pralipe ist schon dabei neue, weit reichende Ideen zu spinnen, Träume, die auch dazu beitragen sollen, die mitunter tiefen Gräben zwischen den hierzulande meist deutschen Sinti und den zuwandernden Roma zu überbrücken. »Die Distanz zwischen den Roma und den Sinti wird von den Sinti gewünscht. Deshalb möchte ich die Quellen unserer Kultur erforschen und darstellen. Ich würde gerne mit Theaterleuten, mit Musikern und Malern drei Monate nach Indien auf Recherche gehen, ein Projekt entwickeln und dann zurückkommen, um es hier auf die Bühne zu bringen. Denn das, was uns zunächst mal mit den Sinti verbindet, sind natürlich die gemeinsamen Wurzeln in derselben Kultur. Und das ist etwas, was ich höre wenn Sinti zum Beispiel Jazz spielen und dabei improvisieren. Da höre ich *unsere* Kultur. Das kommt nicht aus Amerika. Das kommt aus dem Bauch, das ist Indien. Jeder spielt dort in der Improvisation. Machen wir die Tür besser ganz auf und sagen: das ist die indische Kultur.«

»Ich bin jetzt aufgewacht!«

»Vorgestern waren wir in der Spielothek, bisschen Flipper spielen. Da war ein Typ, der auch schon ziemlich lange in Deutschland lebt, aber kaum Deutsch kann. Neben ihm ein Spielautomat, da stand groß *OLYMPIA* drauf. Der Typ deutet auf das Y und fragt: »Was ist das für ein Buchstabe?« Sein Freund weiß es nicht. Der Typ wieder: »Was ist das für ein Buchstabe?« Da sage ich von hinten: »Ein Ypsilon.« Wendet der Typ sich um zu mir und fragt: »Hey, was soll das? Willst du mir was beibringen, oder was?!« Das ist typisch: Zigeuner können sehr hart abblocken. Und wenn dann einer mit der »Tour aus der Schule« kommt, wirds sofort eng; weil jeder ist überzeugt: »Ich bin der Bessere.««

Selim Dalipi scheut sich nicht, auch mit seinesgleichen hart ins Gericht zu gehen. Mit Anfang 20 hat er schon eine ziemliche Berg- und Talfahrt hinter sich: Geboren im Dezember 1980 in Skopje, der Hauptstadt Mazedoniens, damals noch Teil des jugoslawischen Staates. Im Laufe der 1980er-Jahre verschlechtern sich die Lebensbedingungen in Skopje drastisch. Nachdem er die Grundschule in Skopje absolviert hat, kommt er 1990 mit seiner Mutter und seinem Bruder nach Duisburg. Onkel und Vater leben schon seit zwei Jahren als Gastarbeiter hier. Am Flughafen Düsseldorf finden seine Eltern Arbeit. Morgens um 5.00 Uhr verlassen sie die Wohnung. Die Kinder bleiben alleine. Anfangs gehen sie noch brav in die Schule.

»Ich werde meine Kinder total anders aufziehen. Erster Punkt ist die Schule. Schule muss sein, und irgendwie muss ich es schaffen, dass meine Kinder Ehrgeiz für die Schule entwickeln. Ich kritisiere meine Eltern nicht. Ich bin aufgezogen worden wie 99 Prozent unserer Kinder. Nein, sie haben nichts falsch gemacht. Aber wenn ich hier, in Deutschland leben will, dann haben sie alles komplett falsch gemacht. Wären wir in Mazedonien geblieben, wäre alles ganz normal und gut gelaufen. Da hatte ich einen Klassenkameraden, der saß neben mir und war so gut wie ich. Und ich war so gut wie er. In manchen Dingen war ich besser, in manchen Dingen war er besser. Jetzt wird er bald studieren. Er ist in Mazedonien geblieben und hat dort Abitur gemacht. Als ich vor 11 Jahren nach Deutschland kam, ging ich hier zur Schule und habe nichts verstanden, weil ich die Sprache nicht konnte. Wie sollte ich also lernen, und was? Sollte ich Mathe lernen oder Deutsch?«

Ich habe Selim in der Druckerei abgeholt, in der er seit einem drei viertel Jahr arbeitet. Er beherrscht alle Maschinen, auch die große Heidelberger Zweifarben-Maschine. Er kann überall eingesetzt werden, das heißt: er ist »Springer«. So bewegt er sich auch. Nicht besonders groß, schmal und sehr behende. »Am Anfang habe ich hart gearbeitet. Ich war 13, 15, 17 Stunden da. Ich wollte das unbedingt lernen. Ich wollte drucken lernen. Das habe ich geschafft, und es hat unheimlich Spaß gemacht. Und dann habe ich gemeinsam mit einem Freund die Ausbildung angefangen. Nach zwei, drei Wochen schon kam der nicht mehr. Ich habs länger ausgehalten, immerhin sechs Monate lang. Es war doch ein bisschen komplizierter, als ich dachte, aber mit der Rechtschreibung bin ich nicht klargekommen. Und als Drucker muss man in Rechtschreibung gut sein. In einer Arbeit zum Beispiel haben fast alle eine Fünf oder Sechs geschrieben; und einer, der Abitur hatte, hat gerade noch eine Drei minus! So schwer ist das. Ich war nicht so weit. – Noch nicht.«

Er hat die Ausbildung abgebrochen, weil er das Theoretische nicht gepackt hat. Praktisch ist er aber so gut, dass ihn sein Chef behalten hat. Ein leichtes Lächeln fliegt über sein Gesicht, doch in der Sache macht er einen entschlossenen Eindruck. Manchmal ärgert er sich über sein Scheitern in der Schule. Aber wie hätte er es vermeiden sollen?

»Damals in diesem Alter kam ich mir total blöd vor, in der Bank zu sitzen und nicht zu verstehen, wovon die Rede war. Da hatte ich keinen Bock mehr in die Schule zu gehen. Man wollte ja nicht als Depp dastehen. Und das ständig immer wieder. Nee, da hat doch keiner Lust dazu! – Das war der Anfang. Aber ich ging dann trotzdem zur Schule, doch gelernt habe ich nicht viel. – Na ja, und die Eltern waren auch nicht ganz unschuldig. Die haben irgendwo gearbeitet, wo sie keine Deutschkenntnisse brauchten. Im Vergleich zu ihnen habe ich ganz schnell die Sprache gelernt. Meine Mutter kann inzwischen auch sehr gut Deutsch.«

Sein Bruder heiratet bald. Er ist jetzt 19, genau das richtige Alter für die Hochzeit. »Wer mit 24, 25 noch nicht verheiratet ist, der kriegt leicht Probleme und kommt da manchmal nur schwer drüber weg. Es ist nicht üblich bei uns, dass man sagt, »Leb erst mal dein Leben.««

Selim fällt aus dem Rahmen. Er liebäugelt heute mit dem Gedanken, wieder in die Schule zu gehen und den Realschulabschluss zu machen. Als er die Druckerlehre begann hat er sich einen Laptop gekauft und tagelang in seinem Zimmer gesessen und ein Buch abgeschrieben. Fehler hat die Rechtschreibkorrektur markiert.

»Und das habe ich jeden Tag gemacht, auch samstags und sonntags. Nach ein paar Wochen haben viele gesagt: »Ach lass den, der ist so geworden wie ein Deutscher und der hält sich wohl für was besseres.« – Das nur mal als Beispiel, wie schnell man rausfliegt aus dem Freundeskreis. – Normalerweise sieht das bei uns so aus, dass man zur Schule geht, so ungefähr bis 16, 17. Dann macht man vielleicht Abitur. Man muss aber auch heiraten. Und wenn man heiratet, muss man arbeiten, muss man die Frau ernähren können. Und da fängt es schon an: Wie soll man das machen? Mein Bruder ist Analphabet. Er kann gerade noch seinen Namen schreiben und nur sehr schwach lesen. Er arbeitet jetzt mit meinem Vater bei einer Security-Firma am Flughafen, seit fast zwei Jahren. Und das ist nicht der einzige Fall.«

Jeder Fünfte von Selims Altersgenossen in Duisburg ist ohne Arbeit. Aber Selim ist nicht bereit, irgendeinen Job zu machen; nicht, nachdem er gemeinsam mit 9 anderen Roma zwei Jahre lang bei einem Theater- und Medienprojekt mitgearbeitet hat, durch das – so die Kurzbeschreibung im Förderantrag der RAA Düsseldorf an die Europäische Kommission und die NRW-Landesregierung – »junge Roma Motivation und Berufsorientierung erhalten. Ihnen werden Kenntnisse und Fähigkeiten von Medienberufen und kulturschaffenden Berufen vermittelt. Ziel ist die Eingliederung in Ausbildung und Arbeitsmarkt«.

Das scheint bei Selim geklappt zu haben. Er hat einen festen Anstellungsvertrag in der Druckerei. Doch er widerspricht:

»Nur zwei von zehn haben es geschafft. Ich bin nicht dabei. Einer macht eine Ausbildung bei Opel, und ein anderer ist im Theater geblieben. Ich könnte auch im Theater bleiben, aber ich will etwas anderes. Ich will eine richtige Familie haben, einen Job, der täglich 8 Stunden dauert, und dann komm ich nach Hause und will mit meinen Kindern was machen. Im Theater ist das unmöglich, und am Wochenende ist man auf Tour. Ich mag Theater sehr, ich vermisse das auch sehr. Aber vielleicht ist es mir dann doch zu viel, wenn ich wochenlang rumreise. Ich will immer da sein. Bei meiner Frau und meinen Kindern.«

Andererseits kann er ziemlich genau einschätzen, in welcher Weise er von seiner Mitwirkung in dem Theaterprojekt profitiert hat: Sein Wortschatz ist größer geworden, er kann sich besser ausdrücken, »... Fremdwörter und alles drum und dran«. Vor allem aber ist er sich seiner selbst sicherer geworden.

»Ich bin jetzt aufgewacht, ja, ich bin aufgewacht. Theater ist eine gute Gelegenheit, um zu sagen, steh auf, steh auf! – Wir haben das Stück zwei Jahre lang gespielt, über 50 Mal. Überall, kreuz und quer in Deutschland. Frankfurt/Oder, Ludwigshafen, Wuppertal, Essen, Ratingen. Es war schön und es war immer klar, dass da Zigeuner auf der Bühne stehen. Wir haben das ganze Stück auf uns Roma bezogen. Es geht ja darum, aus der Enge des eigenen Lebens rauszukommen. Wir sind zwar alle Zigeuner, aber deswegen müssen wir nicht alle immer so schlecht dastehen und immer nur putzen! Aber viele wollen das nicht. Sie sind zufrieden mit ihrem Leben. Sie wollen sich nicht anstrengen. Der Mensch von Natur aus will seinen Kopf nicht anstrengen. Es gibt sehr wenige, die das geschafft haben. Das finde ich tragisch. Es gibt bei uns einfach viel zu wenige, die eine Ausbildung geschafft haben, die einen Beruf haben. Ich kenne nur einen. Ich finde, wir müssen uns mehr Mühe geben. Ich finde, wir müssen uns sehr viel Mühe geben, wenn wir unsere Kinder großziehen. Das ist der Punkt. Viele Zigeuner sagen: »Ich habe einen Superjob.« Was machen sie? Sie sind Fahrer. Wie bitte, Fahrer ist ein Superjob? Ich finde das traurig. Ich verstehe was anderes unter einem guten Job. Aber die Leute sind träge und machen nichts. Dass man auch anders leben kann, das können wir uns nicht vorstellen.«

Selims Bedauern ist echt, umso mehr als er sich selber nicht ausklammert. Andererseits ist er viel anspruchsvoller als früher und bedauert, mit seinem Bruder kaum noch etwas zu tun zu haben. Der interessiere sich eben für andere Themen, und wenn Selim von Büchern erzählt, die ihn beeindruckt haben –

»... dann hörts schon auf, denn er fragt, wer das geschrieben hat und warum. Das muss ich ihm erst mal erzählen, aber so funktioniert doch keine Unterhaltung. Da habe ich doch nichts davon. – Es gibt Leute, die nehmen für sich in Anspruch: Ich bin der Beste. Aber wenn man ihr Leben auseinander nimmt, dann ist das ein Schrotthaufen. Trotzdem behauptet er: Ich bin der Beste. – Das Wichtigste bei uns ist, Geld zu haben. Hat man Geld, hat man auch ein schönes Auto und wird bewundert von anderen. Auch wenn man putzen geht, oder strohdoof ist, egal. Als ich meine Ausbildung angefangen habe, haben Kumpels zu mir gesagt: »Junge bist du doof? Was willst du denn mit 450 Euro machen?« Da habe ich gesagt: »Na und? 450 Euro reicht mir.« Also wegen der Zigeuner habe ich die Ausbildung nicht aufgehört. Meine Kumpels habe ich abgeblockt und habe gesagt: Ist okay, ihr seid besser. Ein alter Freund von mir – wir haben zusammen die Schule besucht – fragt: Was machst du da, komm doch raus. Und er rechnet mir aus, was ich in 3 Jahren verliere.

Das ist eine der größten Schwächen von uns. Ich denke mir, es dreht sich nicht immer alles ums Geld. Es gibt Sachen, bei denen spielt Geld keine Rolle, aber wenn du sie als Mensch machst, dann fühlst du dich besser.«

Isoliert betrachtet ist Selim ein wandelnder Beleg für den Erfolg des RAA-Projekts »Integration durch Kommunikation«, wenngleich er rückblickend kritisch anmerkt: »Wir waren zu alt. Man muss viel früher anfangen. So hat es nicht allen von uns viel gebracht. Einer verkauft Schuhe im Bahnhof, vier sind arbeitslos, einer ist noch im Praktikum in der Jugendberufshilfe und ein Mädchen arbeitet als Kassiererin am Flughafen. Komisch, dabei ist die wirklich schlau. Sie spricht sogar Englisch und kann gut lesen und schreiben. Doch eigentlich unterscheiden sich alle von den anderen Roma-Jugendlichen. Das merkt man daran, dass sie irgendwie eine andere Vorstellung vom Leben gewonnen haben. Zum Beispiel im Umgang mit Frauen. Frauen haben bei uns nicht viel zu sagen. Ich aber will eine Frau haben, die mit mir diskutiert, die nicht nur dumm »ja« sagt. Ich will auch nicht, dass meine Frau putzen geht und irgendwann so kaputt ist wie meine Mutter. Ist ja kein Wunder nach zehn Jahren immer nur schrubben.«

Dank seines Geschicks und seiner professionellen Umsicht verdient Selim als Springer nicht schlecht, aber natürlich nicht so viel wie ein gelernter Drucker mit Gesellenbrief. Manchmal träumt er davon, Jura zu studieren. Am liebsten aber wäre er Philosoph. Doch er bleibt durchaus auf dem Teppich:

»Die Hauptschwierigkeiten habe ich hinter mir. Aber was kommt, ist sicher kein Zuckerschlecken. Ich habe sehr viel Spaß an meiner Arbeit, auch an dem Handwerklichen. Ich mag das Papier irgendwie. Das ist ein schönes Gefühl, wenn man es aufstapelt – alles ist so schön glatt. Das sieht gut aus. Deswegen liege ich mit dem Job bestimmt nicht falsch. Ich mag auch Bücher sehr. Ich habe zu Hause über 90 Bücher. Leider arbeite ich viel zu viel. Und wenn ich zu Hause bin, bin ich zu müde. Aber lesen ist etwas Schönes. Was man liest, kann man sich bildlich vorstellen und dann findet eigentlich jeder lesen schön.«

Selim bekennt sich freimütig zu seiner Herkunft. Aber auch in Auseinandersetzungen mit seinen Leuten nimmt er kein Blatt vor den Mund: »Ich habe meine Meinung auch vor unseren Leuten vertreten. Da tu ich mir keinen Zwang an. Aber ich behaupte nicht, besser zu sein als die anderen, ich rede halt nur manchmal davon, was viele *nicht* tun. – Manchmal ist das aber auch schwierig. Als Einzelner gegen 20 kommt man nicht an und irgendwie merke ich dann tief drinnen, ich *bin* ein Zigeuner. Ich will zwar weggehen, raus aus meiner Umgebung, aber irgendwie geht das nicht, weil ich tief drinnen ein Zigeuner bin. Heiraten, ein dickes Auto, viel Geld machen, vielleicht will ich das, aber irgendwie auch nicht.

Immerhin arbeite ich auch dann, wenn es mir mal nicht son Spaß macht. So versuche ich, mich in diese Gesellschaft einzupassen mehr oder weniger. Viele meiner Freunde sind arbeitslos, deshalb würde ich sie aber nie zu den »Schlechten« zählen. Eins steht allerdings fest: Man muss einfach begreifen, dass wir gemeinsam ein Volk sind, dass wir aber kein Land haben. Wir müssen aber irgendwo leben. Wir können uns doch nicht in Luft auflösen oder im Meer schwimmen gehen.«

»Als wenn es für mich selber wäre.«

Die Göttinger Beratungsstelle für Sinti und Roma

Wer von »niedrigschwelligen Angeboten« spricht, denkt meist an gut zugängliche Einrichtungen der organisierten Sozialarbeit. Wer hier auftaucht, sucht Rat, braucht Hilfe. Der Fachbegriff spiegelt die Zuversicht der Profis, die Schwelle, das heißt die Hemmungen und das Misstrauen ihres Klientel buchstäblich unterlaufen zu können. Jedoch: auch wenn sie noch so niedrig ist, die Schwelle bleibt. Und sei es nur der persönliche Stolz der Klienten, der diese hindert, die angebotene Hilfe anzunehmen. Die Göttinger Beratungsstelle kennt das Phänomen, doch es spielt hier keine große Rolle. Um im Bild zu bleiben: die Betreiberinnen der Göttinger Beratungsstelle für Sinti und Roma können ihre Einrichtung mit Fug und Recht als »ebenerdiges Angebot« bezeichnen. Das Besondere und in Deutschland Einzigartige an dieser Einrichtung ist, dass hier Sintezzas in Eigenregie Hilfe und Beratung für Sinti *und* Roma anbieten und organisieren.

Ursprünglich von Tilmann Zülch und der »Gesellschaft für bedrohte Völker e.V.« ins Leben gerufen, wurde die Beratungsstelle 1990 als gemeinnütziger Verein gegründet (*Göttinger Beratungsstelle für Sinti und Roma e.V.*)[38] und 1993 als Träger der freien Jugendhilfe anerkannt. Die Stadt Göttingen stellt seitdem die Räumlichkeiten kostenlos zur Verfügung und gewährt eine jährliche Verwaltungskostenpauschale (2002 rund 3.000 Euro). Personalkosten wurden in den 1990er-Jahren meist aus entsprechenden Etats beim Arbeits- und Sozialamt (ABM, BSHG 19) finanziert.

Vertrauen

Wer in früheren Jahren im Maschmühlenweg die hölzernen Stufen zu dem 1950er-Jahre-Behelfswohnungsbau hinaufstieg, erkannte schon vor dem ersten Blick hinter die Wohnungstür, dass hier keine seelenlose Behörde ihres Amtes waltete, sondern dass in der schlichten, wenn nicht gar ärmlichen 5-Zimmer-Wohnung Leute arbeiteten, die eine komfortablere Ausstattung vielleicht wünschenswert gefunden hätten, aber offenbar andere Prioritäten gesetzt hatten. Die kontinuierlich anwesenden Frauen Angela Franz (Vereinsvorsitzende) und Monika Kos-Rochlitz (zeitweise angestellt) erfreuten und erfreuen sich des Vertrauens ihrer Klientel. Der Umzug im

38 §2 der Satzung: »Zweck des Vereins ist die Förderung der Volks- und Berufsbildung. Diese Zwecke werden verwirklicht insbesondere durch a) den Auf- und Ausbau einer sozialen Beratungsstelle für Sinti und Roma; b) Schularbeitenhilfe für Kinder und Jugendliche aus Sinti- und Roma-Familien; c) Sozialarbeit für Roma-Flüchtlinge.«

Jahre 2001 in neue Räume um die Ecke in die Groner Landstraße 28 hat daran nichts geändert. Die Aufmerksamkeit der Beratungsstelle gilt nach wie vor den Familien in der Nachbarschaft. Im Maschmühlenweg hat die Stadt Göttingen anstelle der Schlichtbauten moderne Sozialwohnungen errichtet, in denen auch Roma-Familien endlich eine menschenwürdige Bleibe gefunden haben. Problematisch allerdings erscheint die Strategie der Stadt, in der traditionell schlecht angesehenen »Weststadt« immer mehr Roma-Familien zu konzentrieren. Viele von ihnen wohnten früher im Südosten der Stadt in einem Flüchtlingswohnheim, das in der leer stehenden »Zieten-Kaserne« im Stadtteil Geismar eingerichtet worden war. Diese Unterkunft wurde inzwischen aufgelöst, weil es sich nicht mit den Plänen einer baulichen Aufwertung des Quartiers (heute: »Zieten-Terrassen«) vertrug. Die Familien wurden dezentral in anderen Stadtteilen untergebracht und bevorzugt in der Weststadt zwischen Hagenweg, Rosenwinkel und Maschmühlenweg konzentriert. Mit der Räumung der Kaserne wurde auch die Betreuung der Flüchtlinge durch städtische Sozialarbeiter/innen aufgegeben. Ihre Planstellen wurden ersatzlos gestrichen. Unaufgefordert, quasi automatisch fühlten sich nun die Sintezzas der Beratungsstelle (GBSR) dafür zuständig, wenn nicht gar verpflichtet »... den Leute hier zu helfen. Aber wir müssen hier erst mal den Zugang zu diesen Familien finden«. Mitte der 1990er-Jahre betreute die Beratungsstelle etwa 50 Roma – Sinti-Familien sind in Göttingen relativ gut integriert und nehmen die GBSR nur selten in Anspruch – im Jahre 2002 schätzen Mitarbeiterinnen die meist vom Kosovo und aus Mazedonien zugewanderten Roma auf ca. 800 Personen. Ihr Bedarf an den Diensten der Beratungsstelle nahm kontinuierlich zu. Gleichzeitig sank die Aussicht auf eine leistungsgerechte Unterstützung durch die öffentliche Hand. Das aber hinderte zahlreiche Behörden der Stadt Göttingen nicht, die Sachkenntnis der Mitarbeiterinnen und ihre Verbindungen zu den Familien immer wieder in Anspruch zu nehmen. Gegen Jahresende 2002 kümmerten sich insgesamt fünf Frauen darum, dass die Roma-Familien Anschluss und Wohnung finden, den Umgang mit deutschen Behörden lernen und ihre Kinder in die Schule schicken: Manja Weiss, Vorsitzende des Vereins *Göttinger Beratungsstelle für Sinti und Roma e.V.*, Angela Franz, Monika Kos-Rochlitz, Gabriela Weiß und Rosetta Castiglione.

Während sich die vier Sintezzas vor allem mit der Beratung der Familien beschäftigen, hat Rosetta Castiglione, die einzige Gadje (»... unsere Mafiosi-Braut. Passt zu uns.«), organisatorische und pädagogische Aufgaben. Die Italienerin ist von Haus aus Juristin und erfahren in der Bildungsarbeit mit erwachsenen Migranten. Sie ist unter all den Ehrenamtlichen die einzige Angestellte der Beratungsstelle mit einem Teilzeitvertrag auf der Grundlage von BSHG 19 und kümmert sich nebenher auch um die Verwaltung des Vereins. Gleichzeitig entwickelt sie für heranwachsende Sintezzas und Roma-Frauen Qualifizierungskonzepte, die sie perspektivisch mit der Volkshochschule und dem privaten Träger eines beruflichen Bildungswerkes realisieren möchte.

In Göttingen haben die seit Generationen hier ansässigen Sinti meistens ganz normal die Schule besucht und sind in der Bearbeitung behördlicher Anforderungen vergleichsweise erfahren und routiniert. Ausnahmen bestätigen die Regel. »Das war auch schon früher so, bei meinen Eltern –«, erinnert sich Angela Franz »– die haben ihre Sachen auch alle alleine gemacht«. Wahrscheinlich hängt das damit zusammen, dass Schule für Sinti in Göttingen erstaunlicherweise nie etwas besonderes bedeutete. »Ich denke, dass da von Anfang an ein ganz anderer Kontakt besteht.« Die Vertrautheit beruht offenbar auf Gegenseitigkeit. »Die Stadt Göttingen ist eigentlich im Großen und Ganzen unseren Sinti recht wohlgesonnen«, resümiert Monika Kos-Rochlitz. – Was angesichts der unermüdlichen Bereitschaft der Mitarbeiterinnen der GBSR zur Selbstausbeutung nicht verwundern kann.

Kooperation

Tatsächlich genießt die Beratungsstelle bei der Stadtverwaltung großes Ansehen. Die Arbeitsersparnis, die die kommunalen Angestellten der einzelnen Fachämter dem ausdauernden Engagement der Sintezzas zu verdanken haben, lässt sich kaum ermessen. Alle Anträge, ungeachtet ihrer Adressaten (Arbeitsamt, Sozialamt, Wohnungsamt, Jugendamt, Schulamt u.a.) werden in der Beratungsstelle ausgefüllt. So vorbereitet brauchen die Antragsteller »... nur noch hinzugehen und ihre Papiere abgeben, alles andere erledigen wir hier im Vorfeld schon«.

Die Ausländerbeauftragte wollte es erst nicht glauben, dass die Mitarbeiterinnen keinerlei sozialpädagogische Ausbildung hinter sich haben. Die präventive Bedeutung der GBSR liegt auf der Hand. Darüber hinaus wirkt die Einrichtung in gewisser Weise wie eine Pufferzone. »Wir können alles ein bisschen entschärfen.« Amtliche Informationen werden bei Bedarf – bevor sie an die Betroffenen weitergereicht werden – etwas gefiltert bzw. auch im Vorhinein abgesprochen: »Die Sachbearbeiter melden sich oft erst mal hier, bevor sie sich an die Leute wenden.« Umgekehrt gehen Informationen aus den Familien auch nur in Ausnahmefällen ungeprüft an die Ämter. Auf diese Weise können unnötige Missverständnisse vermieden und auch größerer Schaden verhütet werden.

Die Kompetenzen der Sintezzas in der Beratungsstelle werden von den Familien wie von den Ämtern besonders in Finanzfragen geschätzt (Schuldnerberatung, Steuer- und Versicherungsangelegenheiten etc.). Dasselbe gilt für den Umgang mit der Justiz, beispielsweise im Hinblick auf Jugendstrafsachen. Tatsächlich funktioniert die Kooperation der Göttinger Beratungsstelle für Sinti und Roma mit allen relevanten städtischen Stellen sehr gut. »Die nehmen uns wirklich für voll, die Ämter. Sie geben uns Auskunft und sind kooperativ. Das ist uns wichtig.« Besondere Anerkennung genießt die GBSR bei der Sozialdezernentin (Frau Schlappheit-Beck) und dem Leiter des Sozialamtes. Auch Frau Bräutigam, die Vorsitzende des Paritätischen Wohlfahrtsverbandes (DPWV) hat der Beratungsstelle ihre uneingeschränkte Unterstützung signalisiert, nachdem GBSR e.V. Mitglied im DPWV geworden ist.

Zusätzlich zu ihren umfangreichen und vielfältigen Aufgaben hielt die Beratungsstelle in den Sommermonaten immer auch ein wachsames Auge auf den mitunter stark frequentierten Landfahrerplatz der Stadt Göttingen. »Zwischen April und Oktober wird der *Schützenplatz* nicht kalt ...« Doch weil sich nach dem altersbedingten Ausstieg des früheren Platzwartes kein geeigneter Nachfolger fand, hat die Stadtverwaltung dieses Angebot kurzerhand zurückgezogen und die Sanitäreinrichtungen abgebaut.

Schließlich sind da noch die zahlreichen Informationsveranstaltungen und Referate zur Kultur und Geschichte der Sinti und Roma, die die unermüdlichen Sintezzas im Namen der Beratungsstelle zur Fort- und Weiterbildung an Schulen, Universitäten und anderen öffentlichen Einrichtungen beitragen.

Das Erfolgsrezept dieser finanziell notorisch unterversorgten Einrichtung ist ebenso schlicht wie überzeugend: »Die besondere Qualität unserer Arbeit liegt in der Menschlichkeit. – Wir versuchen uns immer in die Person rein zu versetzen: Wenn ich jetzt an deren Stelle wäre, wie würde ich mich fühlen, wie würde ich reagieren.« Die Unfähigkeit der Roma, gewissen Anforderungen der deutschen Bürokratie nachzukommen, zeigt sich spätestens dann, wenn es um die Einhaltung von Terminen und zeitlicher Fristen geht. »Da müssen wir alles wieder ausbügeln.« Die Frauen engagieren sich »... als wenn das für mich selber wäre«. Ob das der Grund ist, weshalb Sinti und Roma aus ganz Deutschland in der Göttinger Beratungsstelle auftauchen? »Das wissen wir nicht, da müssten wir mal n Interview mit den Leuten selbst führen. Wir geben uns so, wie wir selber sind.«

Identität und Integration

Mit dem Kosovokrieg nahm der Zuwanderungsdruck der Roma aus der Region sprunghaft zu. Waren sie in der Lage, ihre Identität als Roma nachzuweisen, blieb ihnen nach dem Ende der NATO-Intervention die von Bund und Ländern betriebene Rückführung vorläufig erspart. Die ethnische Zugehörigkeit konnte den Flüchtlingen allerdings nur eine Sinti- bzw. Roma-Organisation bescheinigen. Die Voraussetzung dafür lieferte in erster Linie die Sprache: Wer Romanés nicht beherrschte, konnte nach amtlichem Verständnis kein Roma sein und hatte auch keinen Anspruch auf das rettende Papier. Folgerichtig akzeptierte auch die Justiz keine Bescheinigungen *deutscher* Behörden. Empörung in Göttingen weckte allerdings die Schamlosigkeit, mit der manche Organisationen der Roma und Sinti die Notsituation der Flüchtlinge ausnutzten und damals bis zu 250 Euro pro Person verlangten. In Göttingen gab es die fragliche Bestätigung umsonst, was dazu führte, dass die Beratungsstelle in den ersten Monaten des Jahres 2000 rund tausend Anträge von Roma-Flüchtlingen aus ganz Deutschland bearbeitete. In der Regel waren dazu umfangreiche Telefonrecherchen bei Ausländerbehörden und Rechtsanwälten im ganzen Bundesgebiet nötig. Wie die Frauen das halbtags neben allen anderen Aufgaben der GBSR bewältigten, blieb ihr Geheimnis.

Als die GBSR e.V. 1990 gegründet wurde, zählten zu ihrem Klientel zunächst die schon lange in Göttingen sesshaften 500 bis 600 Sinti. Dazu gesellten sich bald zahlreiche Roma-Familien, die etwa ab 1985 hier hängen geblieben waren, größtenteils Analphabeten. »Wo die herkamen, wusste kein Mensch genau.«

Monika Kos-Rochlitz und Angela Franz hatten sich mit dieser Unklarheit längst abgefunden, denn dass die Familien ihren Rat und auch die praktische Unterstützung der Sintezzas dringend brauchten, war offensichtlich. »Da waren wir wirklich Mädchen für alles, und daran hat sich bis heute eigentlich nichts geändert.« Das beginnt mit Erläuterungen zum Fahrplan der öffentlichen Verkehrsmittel und reicht über Hilfe und Begleitung im Umgang mit Behörden bis hin zur fürsorglichen Betreuung alter Menschen, die sie auch mal zu einem Ausflug einladen, für die sie gelegentlich einkaufen gehen, denen sie – »... wenn wir sowieso da sind, mal eben« auch die Wohnung putzen. Im Laufe von fünf, sechs Jahren ist es den Sintezzas gelungen, zu diesen »alteingesessenen Roma« ein ebenso stabiles Vertrauensverhältnis aufzubauen, wie es die Beraterinnen auch mit den Göttinger Sinti-Familien verbindet. »Man kann schon sagen, dass mit den Jahren das gegenseitige Vertrauen gewachsen ist. Aus den früheren »Kunden« sind Freunde geworden. – Wir sind ja die einzige Beratungsstelle, die mit Sinti *und* Roma zusammenarbeitet.« Ein Umstand, der dafür gesorgt hat, dass GBSR e.V. sowohl vom *Landesverband der deutschen Sinti und Roma* in Hannover, wie auch vom *Zentralrat der deutschen Sinti und Roma* in Heidelberg geschnitten wird, sieht man mal ab von Bürgerrechtsanträgen auf Entschädigung für den Holocaust an den deutschen Sinti und Roma im Nationalsozialismus. Einige der insgesamt 70 Göttinger »Anträge« sind noch nicht abgeschlossen. Ihre Bearbeitung wird von der Beratungsstelle aufmerksam überwacht.

Der rechtliche Status der Kriegsflüchtlinge aus dem Kosovo ist und bleibt ungesichert. Während es der GBSR im Jahr 2000 in hartnäckigen Verhandlungen mit der Stadt noch gelang, die behördliche Duldung auf ein Jahr auszudehnen, sind heute nur noch drei Monate »drin«. Damit sind noch nicht mal mehr Putzjobs zu kriegen. Erschwerend kommt hinzu, dass die Roma-Flüchtlinge, traumatisiert vom Krieg und der Erfahrung ständiger Diskriminierung, – sich isolieren und für Außenstehende schwer ansprechbar sind.

Für die Mitarbeit im Projekt *Integrationshilfen für Roma-Frauen und Roma-Mädchen* konnte eine Romni gewonnen werden, die jedoch nach Abschluss des Projekts nur noch sporadisch auftauchte und später überhaupt nicht mehr erschienen ist. »Die Roma kannst du leider nicht immer so einspannen, wie du es gerne hättest, weil die nicht immer so belastbar sind, und Termine oft nicht klappen.« Dazu kommt ein gewisser Rollenkonflikt, in den Frauen kommen, die sich »zu selbstständig« machen. Die Frau hat sich grundsätzlich dem Mann und seinen Interessen unterzuordnen. »Es ist eben nicht so einfach mit diesen Roma –«, bilanziert Monika Kos-Rochlitz ihre Erfahrungen. »– aber in fünf bis sechs Familien haben unsere Bemühungen schon etwas gefruchtet. Da bekommen die Frauen jetzt nicht mehr jedes Jahr ein Baby, sondern dürfen sich inzwischen auch schon mal eigenständig in der Stadt bewegen. Sie sind sehr viel selbstständiger geworden und kommen auch nicht mehr wegen jeder Kleinigkeit zu uns.« Unbestritten bleiben die offenkundigen Differenzen zwischen Roma und Sinti vor allem in sittlichen Fragen. »Die Roma haben da in vielen Fragen weniger Probleme, aber sobald es um Fragen der Sexualität geht, sind wir Sinti ja die Altmodischen, die irgendwo stehen geblieben sind. Bei den Kindern ist das was anderes. Die nehmen inzwischen auch den Aufklärungsunterricht in den Schulen mit. Dementsprechend wird Sexualität auch unter den Jugendlichen immer selbstverständlicher zum Thema. Aber da sagen wir: Okay, wenn ihr so denkt, aber behaltet das bitte für euch.« Als jüngst ein junger Roma in die Beratungsstelle kam, um mit den Sintezzas zu erörtern, ob sie seiner Frau eher die Antibaby-Pille oder eine Spirale empfehlen würden, »... waren wir so geschockt, dass wir gar nicht wussten, was wir sagen sollten«. Gabriela Weiß erinnert sich genau an die Situation, denn der junge Mann bat sie um einen Anruf bei einem Frauenarzt: »Das war für mich schon ziemlich komisch; aber dann sollte ich auch noch klären, ob denn seine Frau noch geschützt sei, nachdem sie eine Pille vergessen hatte. »Das kann ich dir auch sagen«, habe ich ihm geantwortet, ›da brauche ich nicht erst anzurufen‹. – Da war es mir dann auch egal. Aber wohl habe ich mich dabei nicht gefühlt.«

Es sind vor allem die Unterschiede in den Tabu-Themen, die dafür verantwortlich gemacht werden, warum viele Sinti-Beratungsstellen nichts mit den Roma zu tun haben wollen. »Und diese Unterschiede werden auch bleiben.« Da ist sich Monika Kos-Rochlitz ganz sicher. Andererseits räumt sie ein, dass viele Sinti-Eltern auch froh sind, »... dass die Schulen den Aufklärungsunterricht anbieten, dann müssen die Eltern nicht an das heikle Thema ran«. Und Gabriela Weiß berichtet von ihrer Nichte, die, als sie lesen konnte, stolz ihrer Oma das Horoskop vorlas: »Nachdem sie zwei Absätze vorgelesen hatte, kam plötzlich »Hmm, hmm, hmm ...« und erst danach hat sie weitergelesen. Was hat sie da ausgelassen? – habe ich mich gefragt, aber erstmal nichts gesagt, sondern später nachgeschaut: ›Sie werden in nächster Zeit ein aufregendes sexuelles Abenteuer haben‹. Das hat sie ihrer Oma wohlweislich nicht vorgelesen. Das wissen die Kinder einfach, dass so etwas bei uns nicht geht.« Allerdings beschränkt sich dieses Tabu auf die Kommunikation unter Sinti, wenn aber Roma mit so einem Thema kämen, »... da könnten auch wir bis ins kleinste Detail gehen; selbst wenn ein Junge käme, könnten wir unsere Schwierigkeiten bei der Diskussion dieser Themen überwinden«.

Rat und Tat

Das wichtigste Hilfsmittel in der Beratungsstelle ist das Telefon. An manchen Tagen klingelt es ununterbrochen. Sehr häufig melden sich auch die Sachbearbeiter der kommunalen Fachämter, suchen Rat und bitten um Auskunft. Spätestens jetzt wird klar, dass die Vermittlungstätigkeit der Sintezzas nicht nur von ihresgleichen gebraucht wird. Auch in privaten und/oder (Nachbarschafts-)Konflikten mit rassistischem Hintergrund zeigt sich die Kompetenz der Mediatorinnen. Fast alle »Kunden« bleiben der Beratungsstelle über den ersten Kontakt hinaus erhalten, auch wenn sie weit weg von Göttingen leben. Sorgen, Erfahrungen und Tipps lassen sich zur Not auch über 500 km Entfernung am Telefon übermitteln, bzw. abfragen.

Die Hilfe suchenden Roma vor Ort sind oft junge Mütter, die mit 13, 14 Jahren verheiratet werden, mit 19 bereits drei Kinder haben und ohne Unterstützung kaum einen Arztbesuch bewältigen. Mit Blick auf das Alter ihrer Klienten nimmt Monika Kos-Rochlitz in der Auseinandersetzung mit den Männern kein Blatt vor den Mund: »Die kommen uns manchmal vor wie aus einer anderen Welt. Zwar werden die Kinder eingeschult, aber später nicht zur Schule geschickt, weil sie mit sechs oder sieben dafür angeblich zu klein sind. Aber ab zehn Jahren sind sie heiratsfähig ...!«

Sie ist sich wohl darüber bewusst, dass ihr Auftreten gegenüber den Männern aus dem Rahmen fällt, »... weil wir »nur« Sinti-Frauen sind. Solange wir den Roma Honig ums Maul schmieren, gibt es keine Probleme; da werden wir anerkannt. Sobald wir aber mal eine Gegenposition beziehen, zum Beispiel wenn wir die Eltern massiv daran erinnern, ihre Kinder zur Schule zu schicken, dann sind wir auf einmal Verräter und »deutsche Kartoffelfresser«. Immerhin haben wir inzwischen den Eindruck, dass sie sich seltsamerweise von uns doch ne ganze Menge sagen lassen«.

Die Roma, die zunächst im Flüchtlingswohnheim in der Zieten-Kaserne untergebracht waren und sich ihre ethnische Zugehörigkeit durch die Sinti-Frauen in der Beratungsstelle bescheinigen ließen, sind die größte Gruppe »über die wir heute unsere Hand halten. Wir bieten den Kindern Hausaufgabenhilfe an, wir ermuntern die Frauen, mal vorbeizukommen und veranstalten gelegentlich auch am Wochenende gemeinsame Aktionen mit Frauen und kleinen Kindern. Das geht jetzt eben genauso los wie damals mit den Roma-Familien, die Anfang der 1990er-Jahre hier aufgetaucht sind«. Das heißt zum Beispiel: amtliche Post übersetzen und gegebenenfalls beantworten, Kontakte mit Behörden vermitteln oder auch Begleitung bei Arztbesuchen. Postwurfsendungen werden häufig ernst genommen und nicht als Werbung identifiziert. Das hat zur Folge, dass nicht selten auch Rechtsanwälte eingeschaltet werden müssen, um Knebelverträge mit Versicherungen, Pay-TV-Anbietern und Handy-Vertretern (um nur einige zu nennen) rückgängig zu machen.

Mitunter turbulent gehts zu, wenn Mütter mit ihren Kindern »nur mal so« vorbeikommen. Dann zeigt sich der große Nutzen der räumlichen Reserven in der Beratungsstelle. Während Monika Kos-Rochlitz oder Angela Franz sich um die Kinder kümmern, genießen es die kaum erwachsenen Mütter, »... mal raus aus der Familie zu kommen und hier ein bisschen zu klönen und zu entspannen«. Ein paar bunte Luftballons an den Gardinenleisten erinnern noch an eine Halloween-Party, zu der die Kinder zahlreicher Sinti- und Roma-Familien (bunt gemischt!) am vergangenen Wochenende in die Räume der Beratungsstelle in der Groner Landstraße gekommen waren. Geheimnisvolle Rituale und kollektive Geisterbeschwörung, glitzernde Geschmeide, Geldmünzen und goldene Ringe, die plötzlich im Griesbrei auftauchten, haben die Kinder in einer Weise fasziniert, dass sie das ganze Programm am liebsten beim nächstbesten Anlass wiederholen möchten. Vielleicht schon an Weihnachten?

Fragt man die Mitarbeiterinnen nach *ihren eigenen* Wünschen, so scheuen sie sich nicht, auch mal auf ihr Klientel zu zeigen: »... dass die Roma von sich aus auch mal geben, anstatt immer nur nehmen nach dem Motto: ›Ihr seid hier die Beratungsstelle, und ihr müsst für uns das und das tun ...‹«. Aber schon im nächsten

Atemzug verweisen sie lebhaft auf die Ausnahmen, »... die mit uns zusammenarbeiten, aktiv versuchen, ihre Probleme anzupacken und gemeinsam mit uns zu bewältigen«.

Im Vergleich dazu sind die schon seit vielen Generationen hier lebenden Sinti sehr selbstständig, »Gott sei Dank!«, betont Monika Kos-Rochlitz. Sie kennt alle Sinti-Familien und deren Verwandtschaft in Göttingen persönlich und gut genug, um sich wohlweislich aus einem Sippenkonflikt herauszuhalten, der die beiden wortführenden Clans seit mehreren Generationen trennt. Im Rahmen ihrer Familienhilfe widmen sich die Mitarbeiterinnen der Beratungsstelle auch und besonders den Alten, wobei sie sich ihrer Verantwortung als vertraute Gesprächspartner und »Seelsorger« (»... damit sie sich nicht so unnütz fühlen.«) sehr bewusst sind.

Für die Kinder!

Die Frauen in der Göttinger Beratungsstelle wissen, wo der wichtigste Ansatzpunkt für ihre Arbeit in Zukunft zu suchen ist: bei den Kindern. Mit Schuljahresbeginn 2002 haben sie 20 Kinder (13 Sinti, 7 Roma) in zwei Gruppen versammelt. Acht bis neun von ihnen kommen nächstes Jahr in die Schule und treffen sich zweimal in der Woche vormittags, die Kleineren werden ebenfalls zweimal wöchentlich nachmittags von zwei Sintezzas betreut, wobei explizit Wert darauf gelegt wird, dass die Mütter mitkommen, »weil wir mit ihnen gezielt etwas anderes machen wollen. Die kriegen wir nämlich nicht ohne weiteres hierher, wenn wir nicht mir »Speck« arbeiten« – begründet Rosetta Castiglione den vergleichsweise hohen Personalaufwand. »Teilweise helfen wir ihnen dann bei der Bewältigung ihres Papierkrams, oder wir machen Internetrecherchen oder wir entwickeln mit ihnen und den Kindern gemeinsame Spiele.« Das Ziel dieser Initiative ist vor allem auch Bildungsförderung der Mütter, um sie in Stand zu setzen, in Zukunft die Hausaufgaben ihrer Kinder wenigstens zu verstehen und ihnen im günstigsten Fall auch mal helfen zu können. Die Sinti-Mütter kommen häufig von alleine, die Roma-Mütter werden meist persönlich abgeholt, in der Hoffnung, dass sie sich irgendwann auch selber auf den Weg machen. Zusätzlich kämpft sich Rosetta Castiglione viermal die Woche nachmittags mit 15 Kindern durch die Hausaufgaben. Fünf von ihnen trainiert sie jeweils einzeln.

Solange dieses Förderangebot allerdings im Wesentlichen ehrenamtlich bestritten wird, bleibt es notwendigerweise in dem beschriebenen Umfang begrenzt und lässt sich nicht ausweiten. Das ist umso problematischer, als die Kommunalverwaltung der gezielten Ansiedlung von Roma-Familien in der Göttinger Weststadt keinerlei strukturelle Stützen zur Seite stellt. Ein wohnortnaher Kindergarten fehlt völlig. Inzwischen haben sich auch die Rektoren der benachbarten Grundschulen, der Egelsbergschule (Frau Müller-Naumann) und der Hagenbergschule (Hans Georg Lembke) in der Beratungsstelle gemeldet und nach den Möglichkeiten gefragt, eine schulische Begleitung der Roma-Kinder durch Mediator/innen der GBSR zugewährleisten. Vor diesem Hintergrund haben die unermüdlichen Frauen in der

Groner Landstraße 28 sich damit beschäftigt, ein Konzept für ein schulvorbereitendes und schulbegleitendes Programm zu entwickeln, das auch dem Bedarf der grundschulpflichtigen Roma-Kinder aus der Weststadt gerecht wird, das aber in jedem Fall an den Schulen umgesetzt werden muss. Denn dafür ist in den 4 Zimmern der Göttinger Beratungsstelle für Sinti und Roma wirklich kein Platz mehr.

Anhang

Bildnachweis

S. 17	Außenanlage Kita Schaworalle	dto.
S. 18	Kindergartengruppe in der Kita Schaworalle	dto.
S. 22	Grundschulgruppe Schaworalle	dto.
S. 24	Grundschulgruppe Schaworalle mit Mika	dto.
S. 47	Mika bei der Arbeit	dto.
S. 48	Auch Hausaufgaben können Spaß machen	dto.
S. 68	Schulhof Papageno-Schule – Zika ist immer ansprechbar ...	Christoph Leucht
S. 71	Schulhof Papageno-Schule – ... und hilft gerne.	dto.
S. 73	Sabina Xhemajli	Florian Lindemann
S. 79	»Das Mädchenprojekt« (Gruppenporträt)	Almut Wilms-Schröder
S. 111	Stefan Glowacki (Entspannung ...)	Florian Lindemann
S. 112	Stefan Glowacki (... im Unterricht II)	dto.
S. 120	Ganztagsschule St. Pauli – Schule schmeckt	dto.
S. 125	Sami D. Zemailovski	dto.
S. 126	»... auch als Zigeuner ein ganz normaler Mensch?«	dto.
S. 127	Die Eltern Dzemailovski	dto.
S. 130	Der Vater und seine Söhne	dto.
S. 134	»Der Klassenfeind« (Premiere)	Medienwerkstatt Clipper
S. 141	Nippel und Iron	dto.
S. 142	»Z 2001 – Die Tinte unter meiner Haut«	Florian Lindemann
S. 144	Selim – Der Philosoph	Medienwerkstatt Clipper
S. 147	Selim (Porträt)	dto.

Literaturhinweise

Balhorn, Heike/Brügelmann, Hans/Kretschmann, Rudolf/Scheerer-Neumann, Gerheid (Hrsg.): Jekh, Duj, Trin ... Romanés. Regenbogen Lesekiste, VPM Hamburg (o.J.).

Benz, Wolfgang: Feindbild und Vorurteil. Beiträge um Ausgrenzung und Verfolgung. München 1996.

Bruchfeld Stéphane/Levine, Paul A.: Erzählt es euren Kinder. Der Holocaust in Europa. München 2000.

Bukow, Wolf-Dieter: Feindbild: Minderheit. Zur Funktion von Ethnisierung. Opladen 1996.

Djuric, Rajko/Becken, Jörg/Bengsch, Bertolt: Ohne Heim und ohne Grab. Die Geschichte der Roma und Sinti. Berlin 1996.

Fienbork, Gundula/Mihók, Brigitte/Müller, Stephan (Hrsg.): Die Roma – Hoffen auf ein Leben ohne Angst. Reinbek bei Hamburg 1992.

Giere, Jaqueline (Hrsg.): Die gesellschaftliche Konstruktion des Zigeuners. Zur Genese eines Vorurteils. Frankfurt a.M./New York 1996.

Grund, Josef C.: Rosita das Zigeunermädchen. Stuttgart/Salzburg/Zürich 1972.

Hessisches Landesinstitut für Pädagogik (Hrsg.): Antiziganismus – Geschichte und Gegenwart deutscher Sinti und Roma. Wiesbaden 1998.

Heuss, Herbert: »Anti-Gypsism ist not a new phenomenon« (veröffentlicht in der Festschrift für Donald Kenrick zum siebzigsten Geburtstag), London 1999.

Hornberg, Sabine (Hrsg.): Die Schulsituation der Sinti und Roma in Europa. Frankfurt a.M. 2000.

Karpati, Mirella (Hrsg.): Sinti und Roma. Gestern und heute. Rom 1994.

Kommunale Ausländerinnen- und Ausländervertretung (KAV) der Stadt Frankfurt am Main (Hrsg.): Roma. Zur Situation einer Minderheit in Frankfurt am Main. Godesberg 1997.

Krause, Mareile: Verfolgung durch Erziehung: Eine Untersuchung über die jahrhundertelange Kontinuität staatlicher Erziehungsmaßnahmen im Dienste der Vernichtung kultureller Identität von Roma und Sinti. Ammersbek bei Hamburg 1989.

Krause, Mareile: Schule ist für uns wie der Beginn eines neuen Tages. Ein Film über Roma- und Sinti-Kinder in der Schule (inkl. Begleitheft; zu beziehen über Landesinstitut für Lehrerbildung und Schulentwicklung Hamburg. Dr. Mareile Krause, Felix-Dahn-Straße 3, D-20357 Hamburg).

Krausnick, Michail: Wo sind sie hingekommen? Der unterschlagene Völkermord an den Sinti und Roma. Gerlingen 1995.

Krausnick, Michail: Auf Wiedersehen im Himmel. Die Geschichte der Angela Reinhardt. München 2001.

Liégeois, Jean-Pierre: Die schulische Betreuung ethnischer Minderheiten: Das Beispiel der Sinti und Roma. Berlin 1999.

Lindemann, Florian: Die Sinti aus dem Ummenwinkel. Ein sozialer Brennpunkt erholt sich. Weinheim 1991.

Lucassen, Leo: Zigeuner. Die Geschichte eines polizeilichen Ordnungsbegriffes in Deutschland 1700–1945. Köln 1996.

Margalit, Gilad: Die Nachkriegsdeutschen und »ihre Zigeuner«. Die Behandlung der Sinti und Roma im Schatten von Auschwitz. Berlin 2001.

Pro Asyl e.V. (Hrsg.): Herzlich willkommen. Karikaturen von Gerhard Mester, Thomas Plassmann, Klaus Stuttmann. Frankfurt a.M. 2002.

Reemtsma, Katrin: Sinti und Roma. Geschichte, Kultur, Gegenwart. München 1996.

Renner, Erich: Zigeunerleben. Der Lebensbericht des Sinti-Musikers und Geigenbauers Adolf Boko Winterstein. Frankfurt a.M. 1988.

Roma & Cinti Union e.V.: Bleiberecht. November 1988–November 1990. Chronologie – Dokumentation – Berichte. Hamburg 1990.

Rose, Romani: Bürgerrechte für Sinti und Roma. Das Buch zum Rassismus in Deutschland. Heidelberg 1987.
Strauß, Daniel (Hrsg.): Die Sinti/Roma-Erzählkunst im Kontext Europäischer Märchenkultur. Heidelberg 1992.
Tomasevic, Nebjsa Bato/Druric, Rajko: Roma. Eine Reise in die verborgene Welt der Zigeuner. Köln 1989.
Tschawo, Latscho: Die Befreiung des Latscho Tschawo. Ein Sinti-Leben in Deutschland. Bornheim-Merten 1984.
Widmann, Peter: An den Rändern der Städte. Sinti und Jenische in der deutschen Kommunalpolitik. Berlin 2001.
Wippermann, Wolfgang: Wie die Zigeuner. Antisemitismus und Antiziganismus im Vergleich. Berlin 1997.
Wurr, Rüdiger/Träbing-Butzmann, Sylvia: Schattenkämpfe. Widerstände und Perspektiven der schulischen Emanzipation deutscher Sinti. Kiel 1998.
Wurr, Zazie (Hrsg.): Newo Ziro – Neue Zeit? Wider die Tsiganomanie. Kiel 2000.
Zülch, Tilmann (Hrsg.): In Auschwitz vergast, bis heute verfolgt. Reinbek bei Hamburg 1979.

Broschüren

Arbeitskreis gegen Fremdenfeindlichkeit für Weltoffenheit und inneren Frieden in den neuen Bundesländern (Hrsg.): Roma-Migration. Arbeit für die Roma-Bevölkerung Rumäniens als transnationale Aufgabe. Hintergründe Heft 3, Berlin 1994.
BTZ Beratungsagentur für transnationale Zusammenarbeit im Trägerverbund Freie Wohlfahrtspflege (Hrsg.): Hinein in die Zukunft. Eine Dokumentation der Transfer-Arbeitsgruppe der BTZ Köln »Integrationspotenziale für MigrantInnen ausschöpfen«. Köln 2000.
Costarelli, Sandro (Hrsg.): Children on minorities: Gypsies. UNICEF, International Child Develoment Centre Florence/Italy.
Der Magistrat der Stadt Frankfurt am Main (Hrsg.): »Dawen bachtale« – »Herzlich willkommen«. Zu Fragen der schulischen Integration von Roma-Kindern. Frankfurt am Main 2002.
Geschichten – geschrieben von Kindern der Schule Friedrichstraße. (Eigenvertrieb) Hamburg 2001.
Gesellschaft für bedrohte Völker e.V. und Göttinger Beratungsstelle für Sinti und Roma e.V.: In Auschwitz vergast, bis heute verfolgt. Begleitheft zur Ausstellung. Göttingen 1995.
Gesellschaft für bedrohte Völker: Die Lage der Roma und Aschkali im Kosovo. Ergebnisse einer Untersuchung von Paul Plansky (August–November 1999) und begleitende Informationen. Göttingen/Bozen/Florenz/Bern/Wien/Luxemburg/Sarajevo 1999.
Heuss, Herbert: Darmstadt. Auschwitz. Die Verfolgung der Sinti in Darmstadt. Darmstadt 1995 (Reihe: Hornhaut auf der Seele. Hrsg. Adam Strauß, Band 1).
Katholische Grundschule Lindenbornstraße, Köln (Hrsg.): Schritte nach vorn. Verbesserung der schulischen Betreuung von Roma- und Sinti-Kindern durch die Zusammenarbeit mit Institutionen (Projekt und Projektbericht, Köln 1995).
Kultusministerium Nordrhein-Westfalen (Hrsg.): Begegnung und Verständnis. Schulische und schulbegleitende Maßnahmen für Kinder aus Sinti- und Roma-Familien. Düsseldorf 7/1993.
Leucht, Christoph: Roma-Flüchtlingskinder und die deutsche Schule. Schulkarrieren und Bildungsstrategien von Roma-Flüchtlingskindern in Berlin. Diplomarbeit FU Berlin 2001.
Rom e.V. (Hrsg.): Das Pogrom. 650 Jahr Roma-Kultur im Kosovo – und ihre Vernichtung. Köln 1999.
Roma-Theater Pralipe (Selbstdarstellung; zu beziehen bei Roma-Theater Pralipe e.V. Annastr. 21, D-50968 Köln) Köln 2000.

Theater an der Ruhr GmbH (Hrsg.): Roma-Theater Pralipe: Nigel Williams »Der Klassenfeind« (Heft 38) Mühlheim 1998.

Roma-Theater Pralipe (Hrsg.): »Z 2001 – Die Tinte unter meiner Haut« (Katalog zum Projekt zu beziehen über Roma-Theater Pralipe e.V.) Düsseldorf 2001.

Zeitschriften

Interface. Sinti, Roma und Reisende. Informationsblatt herausgegeben vom Centre de recherches tsiganes der Universität René Descartes, Paris. Kostenlos zu beziehen über: Centre de recherches tsiganes/Gypsie research Centre, Université René Descartes, 45 Rue des Saint-Péres, Paris Cedex 06, Frankreich.

Katholische Zigeunerseelsorge im Auftrag der Deutschen Bischofskonferenz (Hrsg.): Latscho diwes (Wöchentliches Info-Blatt http://www.kath-zigeunerseelsorge.de).

RAA Berlin (Hrsg.): Interkulturelle Beiträge (div. Ausgaben: zu beziehen über Regionale Arbeitsstellen für Ausländerfragen, Jugendarbeit und Schule e.V., Chausseestraße 29, D-10115 Berlin; http://www.raa-berlin.de).

Romano Centro, Urschenböckgasse 8, A-1100 Wien, Tel./Fax: +43-1/749 63 36.

Dokumente

Amtsblatt der Europäischen Gemeinschaften Nr. C 153/3 vom 21.6.1989: Entschließung des Rates und der im Rat vereinigten Minister für das Bildungswesen vom 22. Mai 1989 zur schulischen Betreuung von Kindern von Sinti und Roma und Fahrenden (89/C/153/02).

Faksimile: »Everything we don't want to hear!« Sabina Xhemajli Nr.1-2000 »Women's rights« European Roma Right Center (Young Roma/Gypsy women: Twice discriminated?).

Faksimile: Pädagogische Hochschule Weingarten. Fragebogen zur schulischen Situation der Roma-Kinder und -Jugendlichen in Deutschland. Juli 1998. (Diese Untersuchung wurde nie durchgeführt, da der Zentralrat der Deutschen Sinti und Roma die Vernichtung des Fragebogens erzwingen konnte. Eine Begründung für dieses Vorgehen konnte ich leider nicht in Erfahrung bringen. gez. F.L.)

ENTSCHLIESSUNG DES RATES UND DER IM RAT VEREINIGTEN MINISTER FÜR DAS BILDUNGSWESEN

vom 22. Mai 1989

zur schulischen Betreuung von Kindern von Sinti und Roma und Fahrenden

(89/V 153/02)

DER RAT UND DIE IM RAT VEREINIGTEN MINISTER FÜR DAS BILDUNGSWESEN

unter Bezugnahme auf die Entschließung des Rates und der im Rat vereinigten Minister für das Bildungswesen vom 9. Februar 1976[3] mit einem Aktionsprogramm im Bildungsbereich,

in Erwägung nachstehender Gründe:

Das Europäische Parlament hat am 24. Mai 1984[4] eine Entschließung zu der Lage der Zigeuner in der Gemeinschaft angenommen, in der es den Regierungen der Mitgliedstaaten insbesondere empfiehlt, ihre Haltung zu koordinieren, und die Kommission ersucht, aus Gemeinschaftsmitteln mitfinanzierte Programme zu entwickeln, um die Lage der Zigeuner zu verbessern, ohne jedoch ihre spezifischen Werte zu zerstören.

Die Bevölkerungsgruppe der Sinti und Roma und der Fahrenden in der Gemeinschaft umfasst gegenwärtig mehr als eine Million Menschen, deren Kultur und Sprache seit über einem halben Jahrtausend zum kulturellen und sprachlichen Erbe der Gemeinschaft gehört.

Die gegenwärtige Lage ist allgemein gesehen und insbesondere im Bereich der schulischen Betreuung besorgniserregend. Nur 30 bis 40 % der Kinder von Sinti und Roma und Fahrenden besuchen einigermaßen -regelmäßig eine Schule. Die Hälfte der Kinder wird niemals schulisch betreut. Nur ein sehr kleiner Prozentsatz erreicht die Sekundarstufe und gelangt darüber hinaus. Die Ergebnisse, insbesondere der geläufige Gebrauch des Lesens und Schreibens entsprechen nicht der angenommenen Dauer des Schulbesuchs. Häufig sind mehr als 50 %, mancherorts sogar 80 % und mehr der Erwachsenen Analphabeten.

Mehr als 500 000 Kinder sind betroffen, und diese Zahl wird aufgrund des geringen Durchschnittsalters der Sinti und Roma und Fahrenden - die Hälfte ist jünger als 16 Jahre noch weiter ansteigen.

(1) ABl. Nr. C 38 vom 19.2.1976, S. 1.

(2) ABL Nr. C 172 vorn 2.7.1984, S. 153

Der Schulunterricht hat insbesondere, weil er das Rüstzeug für eine Anpassung an die sich wandelnde Umwelt und für die persönliche und berufliche Selbständigkeit vermitteln kann, eine wichtige Aufgabe im Hinblick auf die kulturelle, soziale und wirtschaftliche Zukunft der Sinti und Roma zu erfüllen. Die Eltern sind sich dessen bewusst, und die Bereitschaft, die Kinder zur Schule zu schicken, nimmt zu.

Nach Kenntnisnahme der Ergebnisse und Empfehlungen der von der Kommission in Auftrag gegebenen Untersuchungen über die schulische Betreuung der Kinder von Sinti und Roma und Fahrenden in den zwölf Mitgliedstaaten der Gemeinschaft sowie der Orientierungen, die sich aus dem zusammenfassenden Bericht der Anhörung von Vertretern der Sinti und Roma und der Fahrenden und dem Gedankenaustausch zwischen Sachverständigen und Vertretern der Ministerien für Bildungswesen ergeben haben –

NEHMEN FOLGENDE ENTSCHLIESSUNG AN:

Der Rat und die im Rat vereinigten Minister für das Bildungswesen werden bemüht sein, eine Reihe von Maßnahmen auf dem Gebiet der schulischen Betreuung der Kinder von Sinti und Roma und Fahrenden zu fördern, mit denen unbeschadet der von den Mitgliedstaaten entsprechend den spezifischen Gegebenheiten in diesem Bereich bereits durchgeführten Aktionen ein globaler und struktureller Beitrag zur Beseitigung der Haupthindernisse für den Zugang der Kinder von Sinti und Roma und Fahrenden zur Schulausbildung entwickelt werden soll.

Mit diesen Maßnahmen sollen

- die Initiativen gefördert werden, die Neuerungen bewirken können;
- positive und geeignete Aktionen vorgeschlagen und unterstützt werden;
- die organische Gliederung der einzelnen Maßnahmen erreicht werden;
- die sich daraus ergebenden Ergebnisse und Erfahrungswerte in breitem Umfang bekannt gemacht werden;
- der Erfahrungsaustausch gefördert werden,

1. Maßnahmen auf der Ebene der Mitgliedstaaten

Die Mitgliedstaaten werden im Rahmen ihrer verfassungsrechtlichen und finanziellen Möglichkeiten, ihrer Bildungspolitik und ihrer jeweiligen Bildungsstrukturen bemüht sein, folgendes zu fördern:

a) Strukturen:
- Unterstützung für die Schulen durch Bereitstellung der für die Aufnahme der Kinder von Sinti und Roma und Fahrenden nötigen Hilfen;
- unterstützende Maßnahmen für Lehrer, Schüler und Eltern;

b) Pädagogik und Lehrmaterial:
- Versuchsweise Einführung des Fernunterrichts, mit dem der Wirklichkeit des nichtsesshaften Lebens besser entsprochen werden kann;
- Entwicklung von pädagogischen Folgemaßnahmen;
- Maßnahmen zur Erleichterung des Übergangs von der Schule zu weiterbildenden Maßnahmen;
- Berücksichtigung der Geschichte, Kultur und Sprache der Sinti und Roma und der Fahrenden;
- Einsatz der neuen elektronischen Hilfsmittel und der Videotechnik;
- Lehrmaterial für die an der schulischen Betreuung der Kinder von Sinti und Roma und Fahrenden beteiligten Schulen.

c) Einstellung und Aus- und Weiterbildung der Lehrkräfte:
- angemessene Weiter- und Zusatzausbildung für die Lehrkräfte, die mit Kindern von Sinti und Roma und Fahrenden arbeiten;
- wann immer möglich, Ausbildung und Einsatz von Sinti und Roma und Fahrenden als Lehrkräfte.

d) Information und Forschung:
- Intensivierung der Maßnahmen zur Weitergabe von Unterlagen und Informationen an die Schulen, Lehrkräfte, Eltern;
- Förderung der Erforschung von Kultur, Geschichte und Sprache der Sinti und Roma und der Fahrenden.

e) Konzertierung und Koordinierung; Förderung des sozialen Engagements der Bevölkerung:
- Benennung von geschultem Personal, dem Koordinierungsaufgaben übertragen werden;
- Anregung zur Bildung von Kontaktgruppen, in denen Eltern, Lehrkräfte sowie Vertreter der örtlichen Behörden und der Schulbehörden zusammenkommen;
- erforderlichenfalls Benennung einer staatlichen Stelle oder staatlicher Stellen für die schulische Betreuung der Kinder von Sinti und Roma und Fahrenden in den Mitgliedstaaten mit einem hohen Bevölkerungsanteil an Sinti und Roma und Fahrenden, unter deren Beteiligung die erforderlichen Maßnahmen koordiniert werden können, und zwar gegebenenfalls auch im Bereich der Ausbildung von Lehrkräften, der Dokumentation und des Lehrmaterials.

2. Maßnahmen auf Gemeinschaftsebene

2.1. Maßnahmen der Gemeinschaft sind in diesem Bereich zwecks Belebung der einzelstaatlichen Initiativen zum Austausch von Erfahrungen sowie zur Unterstützung von innovativen Pilotvorhaben von Nutzen.

2.2. Organisation eines Gedanken- und Erfahrungsaustauschs durch Treffen der verschiedenen Beteiligten auf Gemeinschaftsebene, und zwar insbesondere von Vertretern der Sinti und Roma und der Fahrenden, von jugendlichen Sinti und Roma sowie Lehrkräften.

2.3. Die Kommission wird für eine kontinuierliche Dokumentation, Anregung, Koordinierung und Bewertung der Maßnahmen auf Gemeinschaftsebene insgesamt sorgen, wobei sie erforderlichenfalls eine externe Struktur zur Unterstützung heranziehen wird.

2.4. Die Kommission wird für die Kohärenz dieser Maßnahmen und der anderen bereits geplanten Gemeinschaftsmaßnahmen im Bildungssektor Sorge tragen. Sie wird insbesondere dafür Sorge tragen, dass sich diese Maßnahmen mit anderen Gemeinschaftsmaßnahmen, etwa des Europäischen Sozialfonds, und mit der Tätigkeit anderer internationaler Organisationen, insbesondere des Europarates, ergänzen.

2.5. Die Kommission unterbreitet dem Rat und dem Europäischen Parlament sowie dem Ausschuss für Bildungsfragen bis zum 31. Dezember 1993 einen Bericht über die Durchführung der in der Entschließung vorgesehenen Maßnahmen.

"Everything we don't want to hear!"

Sabina Xhemajli [6]

(Article published by the **European Roma Right Center**, N° 1-2000 *"Women's rights"*)

The positions of Roman men and Roman women are clearly divided. Unfortunately, women have drawn the losing card. Their lifestyle is comparable to what it was five hundred years ago. The task of the Roman woman is to take care of the children, to maintain the household, and to hold together the extended family. As a mother, she knows precisely the details of her children's lives, including all of the stupid things they do. She often hides this knowledge from her husband, because she knows that she can expect harsh punishment for herself and her children from her husband, because as the mother of the family she is supposed to keep the children from doing stupid things. This lack of openness with respect to her husband weighs heavily upon Romani women — often extremely heavily.

Despite the hard labour assigned to the Romani woman, she generally has a pleasant and a calm day. The fact that in addition to her housework — stressful and tiring in and out — she often also has to take a job, is generally overlooked by the dear husbands.

The men: they are the masters of the family; their word is law. The work of the men consists of co-ordinating the family and talking with other men about world politics (men naturally do this only while they do not work). The co-ordination of the family is really a very tiring and energy-draining activity. Sometimes not everything goes as the men imagine, because the women and the children have their own ideas. Sometimes children don't obey their fathers and then the ruler must step up to the task and shout at or punish the woman and the children.

He reserves his greatest responsibilities for his daughter. He is a vigilant and a fully engaged in her life, especially in issues concerning her free time (to the extent she has such a thing at all). The ruler namely sees it as his task to send his daughter forth into marriage as a virgin. In issues of marriage, the girl concerned, is never asked and this, in my opinion, bothers no one. Sometimes newlyweds in a Roman wedding are twelve years old children.

If the girl is a virgin at the time of marriage, the family becomes blessed with a good reputation and all are pleased. If she is not a virgin, she will be sent back to her family at the same night. And what will happen to her then we can only begin to imagine. The reputation of the family is ruined and the girl is stigmatised.

Concerning school and vocational training, Roman girls are disadvantaged as a result of their early marriage. There are Roman girls who visit school, but they do so irregularly. However, these girls stop attending school at the age of eleven or twelve, when they reach puberty. The parents become afraid of sending them to school because they fear that they will learn "bad things". Among other things, parents are concerned that there are evil boys who hang around the schoolyard.

Not much value is placed on schooling, because the most important thing is the family and women must tend to the family twenty-four hours per day. Especially as a young girl one has to learn to tend to the household: to cook, to clean, to take care of husband and in-laws, to serve guests, to go shopping with the husband and through it all not to forget to smile.

Girls can only go out they are if accompanied. Visits to the cinema or swimming pool are generally out of the question. Most contact with people her own age is within her own family, or in asylum-seekers homes.

---

[6] Sabina Xhemajli was born in Germany to Romani parents from Kosovo. She is an educational assistant and for the past two years she has been a volunteer at the Cologne-based Romani organisation *Rom e.V.*

Most Roma here in Germany live in asylum-seekers homes without a permanent residence status. As a result of this difficult situation, Romani children have few chances to realise their potential and often have very few prospects for the future.

Boys have it much easier than girls. They have a much greater sphere of freedom. They can go out, for example to the cinema, youth centre or disco, and they aren't required to take a chaperone with them. They naturally also bear the burden of the early marriage, but they are not as constricted as the girls. They do not need to be virgins in order to immediately take up responsibility as the head of the household.

The boys learn earlier on how to behave like "real men". They have it practically drilled into them. Their best role models are their fathers, who know very well how to be a real man: different from the girls, who have to sit at home, the father often takes his son to town, on family visits or to gatherings of other men, where much about world politics is discussed and the young man can learn a lot. For many boys it is very difficult to live up to the model of the strong man. They are under heavy pressure because the oldest son becomes responsible when the parents are no longer able to care for the family.

The boys have it somewhat easier in their schooling and professional training than the girls. They don't have to interrupt abruptly their studies at marriage, but because they are neither encouraged nor supported, few finish high school.

The normal development of a person comprise the phases such as child, youth, adult. Among Roma it is different: from childhood one leaps directly into adulthood. Youth is abandoned and this frequently reflect in the relations between individual Roma. For example a sixteen-year-old girl with a child and a second on the way has far too many demands for her age and is really not fully an adult. Another example comes when someone offers, for example, a handicrafts group to Romani children. Along comes a mother, naturally to have a look at what her child does and pretty soon the young mother sits among the children and play along. She has at least as much fun as her child. This shows clearly to me that she wasn't fully able to live through certain phases of her life.

We have many taboos, for example sexuality. Nobody speaks about it. Children are not provided with explanations and everything is left up to them to figure out. This results in much misinformation and also many fears. A further taboo is homosexuality. Gay Roman men and women cannot express their own needs and are forced to lead double lives. Many of the men have girlfriends simply to prove that they are not gay, to save face. They do this so they are not "outed" as gay. I would very much like one day to be able to speak about these things openly, but I think that things always move forwards and they depend on us — on the younger generation. Because we are the only ones who are able right now to create change.

Of course I know that my article sounds rather provocative, but that is exactly what I hope to achieve. I believe that the situation as it exists cannot continue. I also know that there are many Roma who have a completely different lifestyle compared to the one presented here. However, the life I have just described is the daily reality of many families. We find ourselves now in a period of radical change. There are many Roma now who attend school and university. There are also many Roman women who, despite their traditional upbringing, have built their own lives for themselves.

I am absolutely in favor of the idea that we should preserve our language and culture and pass it on to our children. I am, however, not in favor of preserving our traditional relationships, relationships that oppress the personalities of other people. I refuse to accept traditions that imprison people and do not allow them their freedom. The consequences, however, that one takes upon oneself in refusing such practices, are hard. When one stands against tradition, one is shunned from the family. And because for us the family and togetherness are very important, being shunned from one's own family is the cruelest punishment.

"Young Roma/ Gypsy women: twice discriminated...?"

25th October – 1st November 1999, Bulgaria

PÄDAGOGISCHE HOCHSCHULE WEINGARTEN

Prof. Dr. Dr. Joachim S. Hohmann
Soziologie der Bildung und Erziehung an der PH Weingarten

Pädagogische Hochschule • Kirchplatz 2 • 88250 Weingarten

...stadt Düsseldorf
...rgermeisterin
Eing. 24. JULI 1998

Weingarten im Juli 1998

Fernsprecher (07 51) 501-0
Durchwahl 501 -

Telefax (07 51) 501 200

Aktenzeichen:
Bitte bei Antwort angeben

Sehr geehrter Herr Bürgermeister,
sehr geehrte Frau Bürgermeisterin,

sehr herzlich bitte ich Sie heute als Vertreter des Faches „Soziologie der Bildung und Erziehung" um Ihre Hilfe und Unterstützung.
Wir wissen, daß seit der Öffnung der Grenzen 1989/90 auch eine große Zahl von Roma („Zigeuner") meist aus Südosteuropa nach Deutschland gekommen sind. Demgegenüber leben hier - meist als deutsche Staatsbürger - viele Sinti oft schon geraume Zeit.
Mit dem beigefügten Fragebogen möchten wir versuchen, insbesondere die schulische Situation der Roma-Kinder und Roma-Jugendlichen in den Städten erstmals bundesweit zu erfassen.
Sie erhalten den Fragebogen mit der Bitte, ihn durch Ihr Amt ausfüllen zu lassen oder aber ihn an das hierfür zuständige Amt (Schulamt, Sozialbehörde u.a.?) zur Bearbeitung weiterzuleiten. Die Angaben sollen sich ausschließlich auf die Situation in Ihrer Stadt beziehen, Stadtteile selbstverständlich einbezogen.
Über unsere Ergebnisse werde ich Sie gern nach Abschluß der Untersuchung informieren.
Einstweilen recht herzlichen Dank und freundliche Grüße

Prof. Dr. Dr. J. Hohmann

Rücksendung des Fragebogens
bitte innerhalb von sechs Wochen
nach Erhalt. Vielen Dank.

Pädagogische Hochschule
Abteilung Soziologie der Bildung und Erziehung
Professor Dr. Dr. Joachim Hohmann
D-88250 Weingarten

Ihre Anschrift:

____

____

____

Ansprechpartner(in)
(nach Möglichkeit mit Amtsbezeichnung):

____

Telefon mit Durchwahl:

____

1. **Gesamteinwohnerzahl Ihrer Stadt:**

____

davon

männlich: _______________ weiblich: _______________

2. **Ausländeranteil mit Stand vom** _______________

____

davon Personen von 1-6 Jahren ____________________

Personen von 7-15 Jahren ____________________

Personen von 16-21 Jahren ____________________

Regelschulpflichtig sind insgesamt ____________________ Personen

3. **Herkunftsländer der Ausländer:**

Zahl	Land
	Rumänien
	Türkei
	ehem. Jugoslawien
	ehem. Sowjetunion
	Italien
	Spanien

4. **Wieviele regelschulpflichtige Kinder und Jugendliche gibt es in Ihrer Stadt insgesamt in welchen Schulformen?**

Schulform	Anzahl
Grundschule	
Hauptschule	
Realschule	
Gesamtschule	
Sonderschule für Lernbehinderte	
Sonderschule für geistig Behinderte	
andere Sonderschulformen	

5. **Wieviele Ausländerkinder besuchen die genannten Schulformen?**

Schulform	Anzahl
Grundschule	
Hauptschule	
Realschule	
Gesamtschule	
Sonderschule für Lernbehinderte	
Sonderschule für geistig Behinderte	
andere Sonderschulformen	

6. **Befinden sich unter den Ausländerkindern nach Ihrem Wissen auch Roma-Kinder („Zigeunerkinder") und Roma-Jugendliche?**

O ja O nein

7. **Falls ja, nennen Sie bitte die (auch <u>ungefähre</u>) Anzahl:**

Schulform	Anzahl
Grundschule	
Hauptschule	
Realschule	
Gesamtschule	
Sonderschule für Lernbehinderte	
Sonderschule für geistig Behinderte	
andere Sonderschulformen	

8. **Wann sind diese Kinder und Jugendlichen in überwiegender Zahl nach Deutschland gekommen?**

O vor 1990

O im Jahre 1990 oder später

9. **Welche besonderen Probleme bringt die Beschulung dieser Kinder und Jugendlichen Ihrer Einschätzung nach mit sich (Mehrfachnennungen möglich)?**

O mangelnde Sprachkenntnisse

O kulturelle Unterschiede zu anderen Klassenmitgliedern

O mangelnder oder fehlender Arbeitseifer

O Aggressivität

O mangelnde Begabung

- O negativer Einfluß der Eltern
- O negativer Einfluß älterer Geschwister
- O ____________________
- O ____________________

10. **Verfügen einzelne Schulen oder andere Einrichtungen über Hilfsprogramme**
    a) O für ausländische Kinder und Jugendliche allgemein
    b) O für Roma-Kinder und -Jugendliche im besonderen

11. **Wenn b) zutrifft: Wieviele Personen nehmen in der Regel daran teil?**
    Es sind zirka ______ Personen

12. **Worauf zielen diese Hilfsprogramme im einzelnen ab?**
    - O auf die Verbesserung der deutschen Sprache
    - O auf den erstmaligen Erwerb der deutschen Sprache
    - O auf die Vermittlung fachlicher Kompetenz in einzelnen Schulfächern
    - O auf die Gewöhnung an soziale Normen und Regeln
    - O ____________________

13. **Sind zwischen Roma-Mädchen und Roma-Jungen irgendwelche schulbezogenen Unterschiede festzustellen**
    - O Nein, keine bzw. keine erheblichen
    - O Ja, und zwar ____________________

14. **In welchen Fächern zeigen die Kinder und Jugendlichen der Roma besondere Stärken und Schwächen?**
    Stärken: ____________________
    ____
    Schwächen: ____________________
    ____

15. **Gibt es in Ihrer Stadt <u>außerschulische</u> Einrichtungen für**
    - O ausländische Kinder
    - O ausländische Jugendliche
    - O Roma-Kinder
    - O Roma-Jugendliche

    Falls 3. und/oder 4. zutreffen sollte, welcher Art sind diese Einrichtungen?
    ____

16. Wie beurteilen Sie - falls Ihren Erfahrungen und Ihrem Wissen nach möglich - die soziale Situation der Roma in Ihrer Stadt?

17. Können Sie Unterschiede zwischen der Situation der Rc ma und der Situation von Sinti feststellen? Bitte, beziehen Sie sich auf die Lage der Kinde r und Jugendlichen ebenso wie auf die häusliche bzw. familiäre Situation.

18. Verfügen Sie über Zeitungsberichte, Verfügungen, Gut ichten, Forschungsergebnisse usw. bezüglich der Roma und/oder Sinti in Ihrer Stadt? Wir bitten - eventuell unter Aufgabe der Kosten - um Kopien oder genaue Quellenangaben, wo c ie Schriftstücke erhältlich sind.

Quelle:

19. Welche weiteren Aspekte sind auf diesem Fragebogen unberücksichtigt geblieben, aus Ihrer Sicht aber sehr wichtig?
Nehmen Sie bitte die Möglichkeit zur Stellungnahme wa r:

Vielen Dank für Ihre Hilfe, wir werden Sie über die Ergebnis se unterrichten! Die Rückmeldung - gegebenenfalls mit den unter Punkt 18 angesprochenen U iterlagen - sollte in den nächsten 6 Wochen nach Eingang der Anfrage möglich sein. Ein Adreßa ıfkleber ist beigefügt.